Wilhelm Friedrich Hezel

Syrische Sprachlehre

Wilhelm Friedrich Hezel

Syrische Sprachlehre

ISBN/EAN: 9783743315297

Hergestellt in Europa, USA, Kanada, Australien, Japan

Cover: Foto ©Paul-Georg Meister /pixelio.de

Manufactured and distributed by brebook publishing software
(www.brebook.com)

Wilhelm Friedrich Hezel

Syrische Sprachlehre

Wilhelm Friedrich Hezels

Fürstl. Hessischen Geheimen Regierungsraths und
Professors zu Gießen ꝛc.

Syrische

Sprachlehre,

durchaus

nach seiner Hebräischen

eingerichtet,

zum Gebrauch seiner

Zuhörer,

nebst den nöthigen

Paradigmen in Tabellen.

———————————————————————

Lemgo,
im Verlag der Meyerischen Buchhandlung
1788.

Dem Hochwürdigsten Erzbischoff, Fürsten und Herrn,

Herrn

Hieronymus,

Erzbischoffe zu Salzburg, des H. R. R.
Fürsten, Primas von Deutschland ꝛc.

seinem gnädigsten Erzbischoffe, Fürsten und Herrn,

widmet

dieses Buch

zum öffentlichen Denkmal seiner tiefsten Ersurcht,

der Verfasser.

Hochwürdigster Erzbischof,

Gnädigster Fürst und Herr,

Die Beweggründe, diesem Buch, so geringfügig es auch, seinem Inhalt und seiner Bearbeitung nach, seyn mag, den erhabenen Namen Eur. Hochfürstlichen Gnaden vorzusezen, und es dadurch Höchstbenenselben, in tiefster Ehrerbietigkeit, öffentlich zu weihen, liegen mir näher, als es manchem, der mein Unternehmen Vermessenheit schelten wird, dem ersten Blick nach, scheinen dürffte! Eur. Hochfürstlichen Gnaden, von dem unbeschreiblichen wohlthätigen Einfluß der orientalischen Sprachkunde und Literatur auf gründlichere Einsicht in die heilige Schrift überzeugt, waren so großmüthig, einen Geistlichen aus dem Salzburgl. Stiffte Sct. Peter, zur Erlernung der orientalichen Literatur und Schrifterklärung und zur einstigen wohlthätigen Verbreitung derselben in Höchstbero Landen, auszusenden und ihn meiner Leitung und meinem Unterrichte anzuvertrauen.

Dies Buch — ist es, dessen Ausarbeitung der Unterricht jenes mir anvertrauten würdigen Geistlichen unter andern veranlaßt-oder vielmehr nöthig gemacht hat. Ich suche also, indem ich es Höchstdenenselben devotest zu Füßen lege, Eur. Hochfürstlichen Gnaden nicht nur zu überzeugen, daß, wie jener ungemein viel versprechende Geistliche seinerseits alles leistet, was ich nur wünschen, nicht hoffen, mochte, ich auch auf meiner Seite nichts versäume, um diesen Mann so kurz, als möglich, zu seinem Ziel' zu führen, sondern auch zugleich ein öffentliches Denkmal meiner tiefsten und festgegründeten Verehrung gegen einen Fürsten aufzustellen, dessen Andenken, noch im tausendsten Glied seines Volks, im Seegen blühen wird.

Ich empfehle mich der fernern Höchsten Gnade Eur. Hochfürstlichen Gnaden und ersterbe, in tiefstem Respekt,

Eur. Hochfürstl. Gnaden,

Meines Gnädigsten Erzbischoffs, Fürsten und Herrn,

Gießen,
den 20. April.
1788.

unterthänigster

D. Wilhelm Friedrich Hezel.

Vorrede.

Diese Syrische Grammatik hat die Absicht, das Erlernen des Syrischen meinen Zuhörern und andern, welche sich meiner größern, oder kleinern hebräischen Sprachlehre bedienen, zu erleichtern. Ich suche dies hauptsächlich dadurch zu bewirken, daß ich diese Syrische Grammatik ganz nach der Ordnung der Hebräischen, — selbst, so viel es nur immer möglich war, allen Abschnitten, Kapiteln, Paragraphen, Abtheilungen und Unterabtheilungen nach, eingerichtet habe, so daß einer, der nur mit meiner kürzern hebräischen Grammatik bekannt ist, das Syrische durch Hülffe dieser Syrischen Grammatik sehr leicht, ohne mündlichen Unterricht, von selbst lernen könnte. Dieses mir nicht unwichtige Ziel, zu welchem ich, bey der Ausarbeitung, immer hingesehen habe, wird mich entschuldigen, wenn bisweilen die Ordnung der Sachen nicht völlig so natürlich scheint als wenn ich mich nicht an den Plan meiner hebräischen Grammatik gebunden hätte: wiewol dem Grammatiker die Ordnung der vorzutragenden Regeln nicht leicht, ohne Unbescheidenheit, vorgeschrieben werden kann. Er wählt sie, nach seinem Gefühl für Schicklichkeit, und sorgt dabey für denjenigen Theil des gelehrten Publikums, dem er, durch seine Bemühung, einen angenehmen Dienst zu erweisen gedenkt. Hätt' ich nicht Beweggründe vor mir gehabt, den erwähnten Zweck zu erreichen: und wär ich nicht von meinen lieben Zuhörern und unter diesen am meisten von dem würdigen und sehr viel, für seine Kirche, versprechenden katholischen Geistlichen, dem Herrn D. Joh. Hoffer, aus Salzburg, so offt

und

und nachdrücklich zur Ausarbeitung dieser Grammatik, aufgefordert worden: so hätte ich mich der, in Ansehung der Sachen, so fürtrefflichen Grammatik der beyden (um die Syrische Sprache und Literatur so verdienten) Michaelise, auch bey meinem Unterricht im Syrischen bedient, als welche ich, nebst andern vorzüglichen, selbst in Ansehung vieler zwekmäsiger Beispiele, gehörig verglichen und genuzt zu haben, vielleicht mir zur Ehre, laut und dankbar bekenne. — Auch der Jen. allgem. Literaturzeitung verdank ich einige der Erinnerungen, die sie über die hist. krit. Anmerkungen des Herrn R. Michaelis über die Schrift und verschiedenen Alphabethe der Syrer gemacht hat. — Daß übrigens das Gebäude der Syrischen Grammatik, durch diese meine neue Einrichtung, selbst an Gefälligkeit, und Leichtigkeit, etwas — für diejenigen aber, welche mit meiner hebr. Gramm. bekannt sind, sehr viel gewonnen habe, wird nicht leicht zu leugnen seyn. —

Zur ersten Übung im Lesen und Übersetzen hab ich, mit Rüksicht auf Biblische Philologie und Kritik, eine Reihe Stellen, aus dem Pentateuch der Peschito, und zwar nach der fürtreflichen Ausgabe des Herrn R. Kirsch zu Hof, (dessen Syrischen Institute man auch den genauen Druk dieser Syr. Gramm. u. Chrest. zu danken hat) abdrukken lassen. An Syrischen Texten, zur fernern Syrischen Lectüre, fehlts, Gott Lob! nicht mehr.

Sollte sich eine neue Auflage meiner Arabischen und Chaldäischen Grammatik künftig nöthig machen: so würde ich beide, zu gleichem Zwekke, ganz wie gegenwärtige Syrische einrichten. Geschrieben auf der Fürstl. Ludwigsuniversität, zu Gießen; zur Leipziger Jubilate-Messe. 1788.

Hezel.

Nachschrift.

Nachschrift.

Eben las ich im neuesten Stük der Berlinischen Allgem. deutschen Bibliothek eine Recension meiner kürzern hebräischen Sprachlehre, in welcher mir, in Ansehung des beigefügten kleinen Syntaxes, der aber dem Recensenten, wie der etymologische Theil, im Ganzen sehr wohl gefällt, grose Nachläßigkeit und Mangel an Achtung gegen das Publicum, Schuld gegeben wird. Leuchtete nicht aus der ganzen Recension ein Mann hervor, der, ohne Nebenabsichten, ehrlich recensiren wollte: so würde ich bey diesem Vorwurf, wie bey so manchem andern, schweigen. Ich mache also hier nur die kurze Erinnerung, "daß der Syntax "wörtlich derselbe sey, den ich ehedem der neuen Auflage der kleinen Dietrichs "schen hebr. Grammatik beigefügt habe, und den die Verlagshandlung (weil die "Messe zu nahe war) hier wieder beyfügte, ohne das Nöthige erst mit mir deswe- "gen verabredet zu haben — wie schon aus der Vorrede zu meiner kürzern he- "bräischen Sprachlehre, erhellet, in welcher ich (NB. Sie ward gleich mit dem er- "sten Bogen abgedrukt) einen Syntax auf die Zukunft verspreche." —

Durch diesen Fingerzeig gedenk ich mich, gegen den Vorwurf der Nachläßig- keit ꝛc. bei dem Verfasser jener Recension sowohl, als beym übrigen gel. Publikum, hin-

hinlänglich zu sichern. Und zu jenem hab ich das Zutrauen, daß Er, durch dessen Urtheil meine Ehre unverdienter Weise geschmählert werden muß, diesen Aufschluß gebenden Umstand seinem Publikum nicht verschweigen werde.

Auf das übrige, was gedachter Rec. getadelt hat, werde ich bei anderer Gelegenheit antworten und ich bin so stolz, zu glauben, daß mir derselbe im Ganzen seinen Beifall nicht versagen werde.

H.

Erster Theil.

Etymologie.

Namen der Syrischen Buchstaben.		Gestalt der Syrischen Buchstaben.					
		d. Ende unverbunden.	c. Ende verbunden.	b. Mitte verbunden.	a. Anf. u. Mitte unverbund.	Hebräisch.	Zahlbedeutung.
Olaph	ܐܠܦ	١	١	١	١	א	1.
Beth	ܒܝܬ	ܒ	ܒ	ܒ	ܒ	ב	2.
Gomal	ܓܡܠ	ܓ	ܓ	ܓ	ܓ	ג	3.
Dolath	ܕܠܬ	ܕ	ܕ	ܕ	ܕ	ד	4
He	ܗܐ	ܗ	ܗ	ܗ	ܗ	ה	5.
Vau	ܘܘ	ܘ	ܘ	ܘ	ܘ	ו	6.
Saja	ܙܝܢ	ܙ	ܙ	ܙ	ܙ	ז	7.
Hheth	ܚܝܬ	ܚ	ܚ	ܚ	ܚ	ח	8.
Teth	ܛܝܬ	ܛ	ܛ	ܛ	ܛ	ט	9.
Jud	ܝܘܕ	ܝ	ܝ	ܝ	ܝ	י	10.
Coph	ܟܦ	ܟ	ܟ	ܟ	ܟ	כ	20.
Lomad	ܠܡܕ	ܠ	ܠ	ܠ	ܠ	ל	30.
Mim	ܡܝܡ	ܡ	ܡ	ܡ	ܡ	מ	40.
Nun	ܢܘܢ	ܢ	ܢ	ܢ	ܢ	נ	50.
Semkath	ܣܡܟܬ	ܣ	ܣ	ܣ	ܣ	ס	60.
Ee	ܥܐ	ܥ	ܥ	ܥ	ܥ	ע	70.
Phe	ܦܐ	ܦ	ܦ	ܦ	ܦ	פ	80.
Zode	ܨܕܐ	ܨ	ܨ	ܨ	ܨ	צ	90.
Koph	ܩܘܦ	ܩ	ܩ	ܩ	ܩ	ק	100.
Risch	ܪܝܫ	ܪ	ܪ	ܪ	ܪ	ר	200.
Schin	ܫܝܢ	ܫ	ܫ	ܫ	ܫ	ש	300.
Thau	ܬܘ						

Erster Abschnitt.

Von den Buchstaben der Syrer.

Das erste Kapitel.

Von den Buchstaben überhaupt.

§. 1. 2.

Die Syrer haben zwey und zwanzig Buchstaben, deren Gestalt die beygefügte Tabelle enthält.

Anmerk. 1. Die Syrer verbinden im Schreiben alle diejenigen Buchstaben, welche natürlich einer Verbindung fähig sind: bald mit dem vorhergehenden a) bald mit dem folgenden b), bald mit dem vorhergehenden und folgenden zugleich c). Folgende acht Buchstaben aber

können nicht mit dem folgenden verbunden werden.

B 2

Anmerk.

---

a)

b)

c)

Anmerk. 2. Folgende sechs Buchstaben pflegt man, wie im Hebräischen, adspirirte (adspiratas)

 զ ܡ ܟ ܕ ܓ ܒ

zu nennen, weil sie bisweilen mit einer Abspiration ausgesprochen werden. Sollen sie adspirirt ausgesprochen werden: so wird öfters ein Punkt drunter, im gegenseitigen Fall, aber ein Punkt drüber gesetzt, welches Punkt die Aussprache bestimmen soll. (s. §. 49.) Doch häufiger in Handschriften. —

Anmerk. 3. Einige Buchstaben sind einander sehr ähnlich; daher sich der Anfänger für Verwechselung dieser ähnlichen Buchstaben zu hüten hat. Z. B. ܐ (Olaph) und ܙ (Zain), ܠ (Lomad finale) und ܥ (Ee finale), auch ܕ und ܪ oder ܙ unterscheiden sich nur durch die verschiedene Größe oder Länge; ܕ (Dolath) und ܪ (Risch) aber durch das Punkt drüber, oder drunter. —

Anmerk. 4. Das ܐ hat bey den Syrern das Eigne, daß es zwischen zween Vokalen ܐ gelesen wird. d) Das ܘ wird, wenn es den Vokal i unter sich hat, ruhend. (S. §. 13. Reg. 1.' Anmerk. 1.); und das ܥ (Ee) soll, wenn der nächstfolgende zweete Stammbuchstab ܢ ist, wie ܐ ausgesprochen [werden, daher es dann die lin. occult. (§. 51.) bekommt. e) Eine Spur, wie es scheint, daß die Syrer das ܥ sonst gemeiniglich stärker ausgesprochen, als wir es im Hebräischen und Syrischen zu thun gewohnt sind, etwa fast wie das Gain der Araber.

§. 3.

Verschiedene dieser Buchstaben (z. B. ܥ ܕ ܓ) waren einer verschiedenen Aussprache fähig, welche Verschiedenheit der gebohrne Syrer leicht bemerkte. Nach Verschiedenheit der Aussprache waren es eigentlich wieder ganz besondere Buchstaben, welche, ohne Fehler, gar nicht verwechselt werden konnten. Für solche, denen die Syrische Sprache nicht Muttersprache ist, wäre es ein Dienst gewesen, wenn die verschiedene Aussprache dieser Buchstaben, wo nicht durch besondere Züge, doch durch diakritische Zeichen, wie im Arabischen, bemerkt worden wäre. Gewissermaßen thun aber hierinnen die Syrer weniger, als die Hebräer. Die Hebräer unterschieden doch ihr ש von dem ש Dieß thaten die Syrer nicht einmal, sondern ihr (ܫ) ist allezeit Schin -- und das Sin drücken sie, wie bisweilen die Hebräer, allzeit durch ihr Samech (ܣ) aus. Jedoch sind wieder die Syrer, ihrer Art nach, auf der einen Seite genauer, als die Hebräer. Z. E. die Morgenländer haben zweyerley Sain. Die Araber drücken jedes durch einen eignen Schriftzug aus und zwar das eine durch ein lispelndes Daleth.

Die

---

d) ܟܘܠܝ kojém.

e) ܐܬܕܟܪ recordatus est. — ܠܛܫܝܢ lascivus. (Daher letzteres auch selbst mit ܐ geschrieben vorkommt. ܠܐܛܫ. —

Die Hebräer haben für beyde Sain nur Einen Schriftzug (ז). Die Syrer, welche platt reden, drücken das eine Sain durch ihr (ז) und das andere (lispelnde Daleth) durch (ذ) Dolath aus. Das dreyfache Jode der Morgenländer unterscheiden die Hebräer im Schreiben gar nicht; die Syrer unterscheiden doch zwey von einander. Eins ist ihr (צ) und das andere drücken sie durch ע (Ee) aus. — Das doppelte Srhin, welches die Araber (mit Sin und Thse) sorgfältig unterscheiden, unterscheiden die Hebräer wieder nicht. Ihr ש drückt beydes aus. — Die Syrer drücken das eine, (das Arab. Sin) durch ihr (ס) das andere aber (das Arab. Thse, lispelnd ת) sehr regelmäßig durch ث aus. — Auf dieser Seite zeigten also die Syrer wieder mehr Genauigkeit, als die Hebräer, nur daß freylich diese Art von Genauigkeit ihre sehr bestimmte Aussprache erforderte. Auf der andern Seite aber ist die Verwirrung hier wieder zum mindesten eben so groß, als im Hebräischen, wo die verschiedene Aussprache dieser Buchstaben gar nicht bemerkt ist. Z. B. wer siehts nun dem ז an, obs ein ursprüngliches, oder für das eine Sain abwechselndes ز sey? dem ע (Ee): obs ein ursprüngliches, oder für das arab. Das gesetzte ע sey u. s. w. wenn ich nicht die übrigen verwandten Dialekte zu Rath nehme?

§. 4.

Die Ordnung der syrischen Buchstaben geht in hohes Alter zurück. Die Araber nahmen, zu Muhameds Zeit, die Schrift der Syrer, sammt der Ordnung der Buchstaben an. Die Ordnung der syrischen Buchstaben ist dieselbe, wie sie die Hebräer erweislich zum mindesten schon zu Davids Zeit hatten; folglich uralt.

§. 5.

Die Namen der syrischen Buchstaben haben die Bestimmung, durch die erste Sylbe den Laut, und durch ihre Bedeutung die Gestalt derselben zu bezeichnen.

§. 6.

Die erste und ursprüngliche Gestalt der syrischen Buchstaben wird niemand, der an die Geschichte aller Schriftarten der Welt denkt, zu wissen verlangen. Nach Asseman (B. O. Tom. III. P. 2. p. 378.) waren alle syrische Schriften, bis ins neunte Jahrhundert, mit Estrangelo geschrieben. Hierauf ward die verkleinerte Schrift, (N. 3.) neben jener, ohne Unterschied, gebraucht. Im 13ten Jahrhundert fiengen die Maroniten und Jakobiten an, das Peschito zu brauchen; die Nestorianer aber brauchten die verkleinerte Schrift. N. 3. — die sämmtlichen, bis jetzt bekannten syrischen Alphabete liefert Herr R. Michaelis auf einer Tabelle, die ich hier ebenfalls beylege, und begleitet sie mit den nöthigen Anmerkungen, an deren Stelle ich folgende kürzere setze, bisweilen mit einem kleinen Zusatz:

1) Das gemeine syrische Alphabeth (s. Tab. I. zu §. 1. 2. gehörig) ist das gemeine Alphabeth der westlichen Aramäer, oder West-Syrer, dessen sich auch die Maroniten und Jakobiten

kobiten bedienen; seit dem 13ten Jahrhundert. — Diese Schrift nennen daher diese Syrer ܦܫܝܛܬܐ (die simple); ingleichen ܦܫܝܛܬܐ (Schrift gleichsam im vorzüglichen Verstande;
oder — die aus simplen Zügen (lineis) bestehende.

2) Estrangelo ܐܣܛܪܢܓܠܐ. Dieser Schrift bedienen sich die östlichen Syrer. (Nestorianer.)
Sie ist, nach Asseman, die älteste syrische Schrift, die wir bisher kannten. — Die
wahrscheinlichste Ableitung des Namens ist von ܣܓܕ (mit dem prosthetischen ܐ) die
Schrift; und ܐܘܢ (Ar. Evangelium.) Also so viel, als evangelische, oder christliche.
Schrift, im Gegensatz der Arabischen, welcher sich die Muhamedaner und auch die Christen,
diese aber nur in ausserkirchlichen Dingen, bedienten.

3) Die Nestorianische (ܢܣܛܘܪܝܬܐ). Ist nichts anders, als die verkleinerte Estrangelo,
deren sich die Nestorianer, sonderlich seit dem 13ten Jahrhundert, gleichsam ausschlies-
sungsweise, bedienen und von welchen sie diesen Namen erhielt. — In dieser Schriftart ist aber auch gedruckt: *Doctrina Christiana.* Romæ 1665. (in der Propaganda) und
die *Acta Sanctorum martyrum oriental. & occid.* — c. vers. lat. Steph. Euod. *Assemani,* Romæ
1748. Tomi II. fol. — Doch im Letztern etwas abweichend von der Gestalt dieser
Buchstaben bey Amira.

4) Doppelschrift. Alphab. *duplicatum* (ܟܦܝܠܬܐ) heißt auch die gespaltene (ܡܦܠܓܬܐ).
Ist völlig Estrangelo, nur mit zarten Doppelzügen; ganz wie unsre Kalligraphen, oder
Schreibmeister zuweilen auch unsre Frakturschrift verkünsteln. Sie kommt nach dem Amira, nur in jüngern Mss. und zwar ebenfalls zur Verkünstelung, als Frakturschrift, vor.
     Diese vier Schriftarten hat schon der Maronit Amira,*) und Castellus **) Später
entdeckte Syrische Schriftarten sind:

5) Die Palmyrenische; von welcher, aus Palmyrenischen Inschriften, Barthelemy und
sonderlich Swinton das Alphabeth entziffert haben.

6) Die Mendäische, oder Sabische; d. i. die Schrift, deren sich die Mendäer (ܡܢܕܝܐ μα-
Ιναι — nämlich die des Täufers Johannes) oder Sabier (ܨܒܐ d. i. Täufer, Jo-
hannesschriften) bedienen. Ist, dem Ursprung nach, natürlich diejenige Syrische Schrift,
welche ehedem, zur Zeit der ältern Johannesjünger, in Galiläa üblich war. Denn die
Johanneschristen nennen sich selbst Galiläer.

7) Die von Hrn. Adler in einem A. 1030. geschriebenen, die ins Syrische übersetzten evan-
gelischen Pericopen enthaltenden, Vatikanischen Codex XLIX. entdeckte Schrift. Die Sprache
neigt sich stark zum Chaldäischen und Herr R. Michaelis hält sie für den Jerusalemischen
Dialect. — Er nennt diese Schriftart, von dem neuen Entdecker dieser syrischen Handschrift

---

*) *Amira* — Grammatica Syriaca f. Chaldaica. Romæ 1596. 4.
**) *Edmund, Castellus* in der seinem Lexic. Heptaglott. vorgesetzten Harmonia brev. & perpet.
Sex linguar. orr. Col. 2.

7	6	5	4	3	2	1
Mendacum	Palmyrenia Syriac. Secundum Barthele-my	Syriac. Justinum S. Alleri anum	Sc. fistho seu Duplicatum	Dispo-ria-num	Strange ge-10	Separata Seu Simplex
cum U vel I · cum E vel O · cum A Separata · Separata litera						

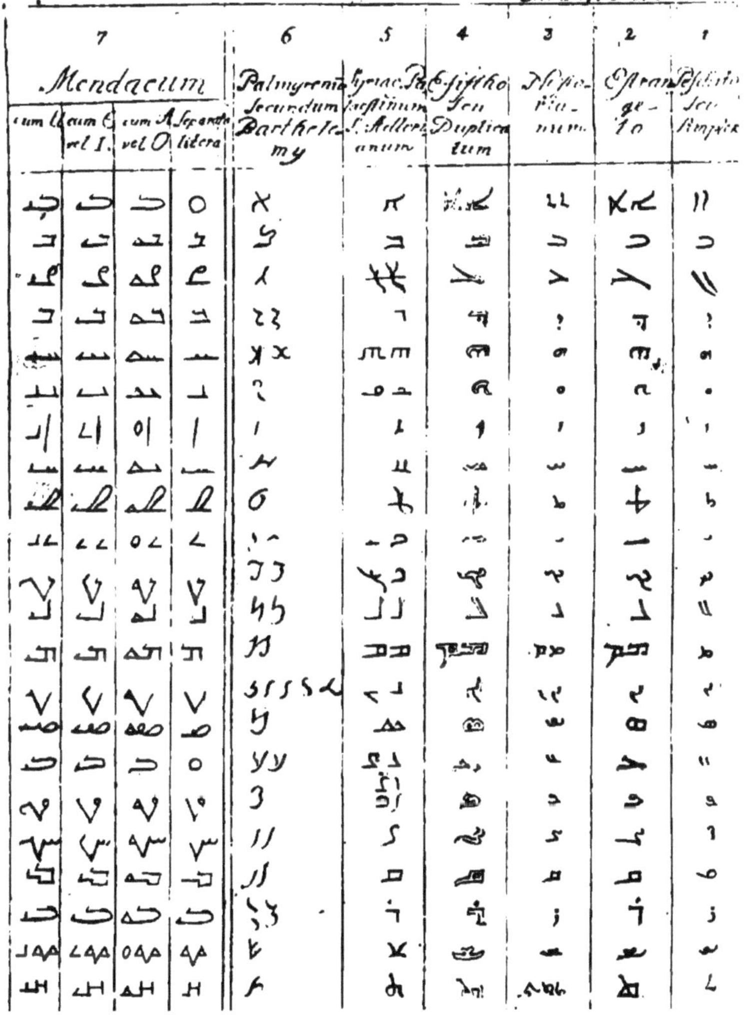

(The remainder of the page consists of a tabular chart of paleographic letter-forms / script glyphs arranged in the columns above; the individual symbols are not reproducible as text.)

schrift, (Adler) die Adler'sche. — In dem Assemanischen (höchstraren) Verzeichniß der Vatikanl. Handschriften (Tom. II. P. I. p. 70 — 103.) steht diese Handschrift schon ausführlich beschrieben und ihr Dialekt und ihre Schrift wird Palästinisch-Syrisch genannt. *)

§. 7.

Die Syrer schreiben von der Rechten zur Linken.

§. 8.

Die Buchstaben der Syrer lassen sich eintheilen:

1) in Ansehung der Gestalt:

in

Veränderliche; Unveränderliche. §. 9. 10.

2) in Ansehung der Sprachorgane, die beym Aussprechen derselben am meisten gebraucht werden:

in

Kehl-, Lippen-, Zungen-, Gaumen- und Zahn-Buchstaben. §. 11.

3) in Ansehung des Lesens oder Aussprechens:

in

Lautbare. Stumme.
d. I. d. I.
Konsonanten, Vocale (Buchstaben.)

4) In Ansehung des Gebrauchs, zur Bildung ganzer Wörter:

in

Stammbuchstaben. Nebenbuchstaben. §. 14. ff.

§. 9.

Unveränderliche Buchstaben sind, welche immer auf einerley Art geschrieben werden: veränderliche aber, welche zuweilen eine veränderte Gestalt bekommen. Unter die Veränderlichen gehö-

*) Codex antiquus in 4to, membranaceus, foliorum 196 literis Syriacis Palæstinis exaratus. — — — — — — Et lectiones quidem evangelicæ sunt versonis & dialecti Syriacæ Palæstinæ, sed tituli lectionum Sermone Arabico, literis tamen Syriacis Palæstinis descripti. — — Codex perrarus imo in toto terrarum orbe, ni fallimur, unicus. Hujus enim Syriacæ versionis & characteris Palæstini neque exemplar aliud in bibliothecis extare adhuc comperimus, neque ullus Syrorum, Græcorum, aut Latinorum auctorum mentionem ejus facit.

gehören 1) die sogenannten Endbuchstaben (finales), welche, wenn sich mit ihnen ein Wort schließt, eine veränderte Gestalt annehmen:

Ee. Nun. Mim. Lomad. Coph.

Anmerkung. Die Ursache dieser Veränderung ist wol kalligraphische Künstelei.

§. 10.

a) Veränderlich in Ansehung der Gestalt sind auch:

a) 1. Dies wird z. B. ins ʊ (Lomad fin.) des vorhergehenden Worts geschlungen; wenn ein ⅃ folgt, wird es nach dem obern schrägen Strich des ⅃ schräg geschrieben; g)

b) ʒ und ʒ bekommen, wenn sie mit dem vorhergehenden Buchstaben verbunden werden sollen, eine etwas eckigte und unten stumpfe Figur. h) — Das charakteristische Punkt dieser beyden Buchstaben haben Abschreiber oft ausgelassen, bisweilen auch falsch gesetzt.
— Soll aber über das ʒ in einem Wort das Ribbui (§. 50.) gesetzt werden; so stellt das eine Punkt des Ribui zugleich das charakteristische Punkt des Risch vor, und das sonstige charakteristische Punkt des Risch wird weggelassen. i)

c) ᴖ. bisweilen ist sehr klein und daher leicht übersehen; bisweilen unproportionirlich groß und dem ᴅ ähnlich. Eine Warnung für Kritiker! —

d) ⅃ vor einem l bequemt sich nach der geraden Linie des letztern, d. i. der obere Strich wird gerade und der untere verkürzt, nur daß er mit dem folgenden l verbunden werden kann. k)

e) Zwey Lomad am Ende eines Worts bekommen diese Figur ʍ, welche aus der Verbindung zweyer ʊ (Lomad fin.) entstanden zu seyn scheint. l)

§. 11.

In Ansehung der Sprachorganen, die hauptsächlich zum Aussprechen eines, oder des andern Buchstaben dienen, theilt man sie in

Kehlbuchstaben (gutturales) ܐܗܚܥ   Lippenbuchstaben (labiales) ܒܘܡܦ

Zungenbuchstaben (linguales) ܕܛܠܢܬ   Gaumenbuchstaben (palatina) ܓܝܟܩ

Zahnbuchstaben (dentales) ܙܣܨܪܫ

§. 12.

---

g) ܠܟܐܘ für ܠܟܐܘ   h) ܦ ܙ ܨ ܢ   i) ܣܦܪܐ scriba.   k) ܠܐ für ܠܐ
l) ܡܠܠܘ für ܡܠܠܘ

§. 12.

In Ansehung des Lesens, oder Aussprechens, theilt man die Buchstaben in lautbare (mobiles) und stumme (mutas) — Lautbar sind die wirklich ausgesprochen werden; (dies können alle Buchstaben des Alphabeths seyn.) Stumm aber, die nicht ausgesprochen werden, Stumm können Buchstaben werden

1) ‍ ‍ ‍ wenn, an ihrer Statt, ein mit ihnen homogenes Vokalzeichen ausgesprochen wird. m) Vergl. §. 13. Reg. I. — (*quiescentes.*)

2) ‍ ‍ ‍ wenn sie weder vor, noch unter, oder über sich ein Vokalzeichen haben und folglich müßig stehn (*otiantur.*) n) Vergl. §. 13. Reg. VII. Anmerk. (*otiantes.*)

3) Ueberhaupt Buchstaben, wenn sie die verbergende Linie (lin. occultantem §. 51.) unter sich bekommen, aus der Absicht, daß sie beym Lesen ausgelassen werden sollen. o) — (*occultata*)

Anmerk. Ein Buchstab mit einem Vokalzeichen (welches hinter, oder nach dem Buchstaben auszusprechen ist) mag voll heißen: ohne Vokalzeichen aber, leer.

§. 13.

‍ ‍ ‍ sind die drey Vokalbuchstaben aller Morgenländer: daher auch der Syrer. *) Sie stehen aber nicht immer als Vokalbuchstaben, sondern auch sehr häufig als Consonanten; ohngefähr wie unser i als Vokal und auch als Consonant (tod) gebraucht wird und — unser u, ein Consonant, sonst auch als Vokal gebraucht wurde, für u, z. B. ein schaw, d. i. schau, — Da nun die drey Vokalbuchstaben nicht immer als Vokalbuchstaben gebraucht werden: so merke man beswegen unter folgenden Regeln; die erste:

Reg. I. Wenn einem leeren Vokalbuchstaben ein homogenes Vokalzeichen vorstehet: so ruhet der Vokalbuchstab in demselben d. i. er stehet dann als Vokalbuchstab. i)

B

a) Mit

---

m) Z. B. ‍ lo. ‍ hu. ‍

n) Zum B. das ‍ in ‍ und ‍ (wenn diese Pronomina pers. mit einem Participio das Tempus præsens ausdrücken sollen. S. Syntax. §. 52. b) — Eben so das o und ‍ in ‍ ‍ occiderunt m. — f. —

o) Z. B. das ‍ in ‍. das ‍ in ‍ ‍ Ego sum. — Das ‍ in ‍ das ‍ in ‍; das 3 in ‍ u. s. w.

*) Es scheint aber auch noch das ‍ mit der verbergenden Linie, als erster Stammbuchstab, wenn der nächstfolgende ‍ ist, als Vokalbuchstab gebraucht zu werden. S. Reg. I. d), und Anmerk.

i) Denn — so lang wir die Vokalzeichen haben, pflegen wir diese auszusprechen und die Vokalbuchstaben, welche ehedem beym Mangel der Vokalzeichen ausgesprochen wurden, lassen wir ruhen.

α) Mit ¦ homogen ist a, e, o, ί. k)　　β) Mit O homogen ist o, u. l)

γ) — ▵ — — — e, i. m)　　𝔇 — ▴ — — — a, e. *)

Anmerkung 1. ¦ und ◡ ingleichen ▵, zu Anfang eines Worts, (theils auch einer Sylbe, in der Mitte eines Worts: z. B. ◡ im Ethpeil der Verb. ▿E) können aber auch in demjenigen homogenen Vokalzeichen ruhen, mit welchem sie voll sind. Z. B. ¦ (zu Anfang) in dem unter sich habenden (˙); n) oder (˙). o)　Und ◡ (zu Anfang) in dem unter sich habenden (˙). p) — (Doch ruhen beyde lieber in einem ihnen vorstehenden Vokalzeichen; daher ihr Vokalzeichen zurückgezogen wird, so bald es nur thunlich wird. Vergl. Reg. III. —) ▵

Anmerk. 2. Der Punktation nach, ruhet in einigen ursprünglich griechischen Wörtern das O auch in a und e, wenn anders die Punktation hier nicht gekünstelt ist. S. Hrn. R. Michaelis Gr. Syr. p. 56.

Reg. II. Ein Vokalbuchstab, der in einem homogenen Vokalzeichen ruhet, pflegt bisweilen mit einem andern, mit welchem das Vokalzeichen ebenfalls homogen ist, nach einer verschiedenen Orthographie verwechselt zu werden. Z. B. ¦ mit ◡, in (˙) q) oder (˙) ruhend ◠ ◡ mit ¦, in (˙) ruhend; r) — ¦ mit ◡ in (˙) oder (˙) ruhend; s) — ▵ mit ¦ in (˙) oder (˙) ruhend. t)

Reg.

---

k) d. i. ˊ ˙˙ ˙ Z. B. ܒ݁ܪܝܠ. ܠܐܡܪ. — ܚܐܙܠܐ ܠܝܢ ܢ — ܦ. ܝܘܣ Auch i — ܩ. B. ܚܐܡܚ ܐܢܚܙ. Wenn man wollte, sogar auch (˙) z. B. ܠܘܝܘܙܐ aus ܠܘܝܘܙܐ. Reg. III. Anmerk. 2. A.

l) d. i. ˊ u. ˙ Z. B. ܩܘܦ (Buchstab Koph). ܝܘܐ. — ܠܐܘܣܘܦܚܠ

m) d. i. ˊ u. ˙ Z. B. ܣܘܝ. ܚܣܝ ◠ ܝܘ݁ܐܢ ܡܘܝ

n) ܠܐܠ didicit; (wofür auch, ganz gleichbedeutend ܕܠܟ vorkommt.) ܠܐܗܐ. ܠܪ. daher im Hebräischen ein solches unter einem leeren ℵ angenommenes Vokalzeichen unrein ist; folglich auch im Hebräischen ein solches ℵ in seinem unter sich stehenden (˙) ruhet.

o) ܐܡܪ dicam; obgleich hier eigentlich ein ruhendes ¦ weggefallen ist (ܐܗܪ).

p) ܢܩܡ. Uet. Ikár. — q) Z. B. ܢܝܗ — mit dem Suff ܢܝܗܘ

r) ܠܐܗܝܘ r) ܥܕܠܟ für ܥܕܠܟ. ܠܠܟ für ܠܠܟ R. ܢܩܡ für ܢܩܡ.

s) Daher ܠܟܘ und ܝܕܟ Didicit.

t) ܝܢܐ für ܝܢܐ ܚܒ Lasciuns.

Reg. III. Wenn ein Vokalbuchstab voll ist oder leer (aber nach hebräischer Analogie ein Schwa bekommen müßte) und ein heterogenes Vokalzeichen vor sich hat: so steht er als Konsonant, oder lautbarer Buchstab. u)

Weil sie aber doch eigentlich Vokalbuchstaben sind; so wollen sie, so häufig, als es nur schicklich, auch als solche gebraucht seyn. Man muß daher in den Vokalzeichen eine solche Veränderung treffen, daß sie als Vokalbuchstaben stehen können.

Anmerk. 1. Wegen des, demohngeachtet als Vokalbuchstab stehenden Anfangs، ܐ mit ˙ oder ˈ; des Anfangs، ܘ mit (˙) und ܝ vor einem ܗ, ſ. Reg. I. Anmerk.

Anmerk. 2. Die Syrer machen einen als Konsonant stehenden Vokalbuchstaben zum Vokalbuchstaben, sonderlich auf zweyerley Art, entweder sie ziehen den Vokal zu den unmittelbar vorhergehenden leeren Buchstaben zurück; oder, wenn kein Vokal da ist, nehmen sie einen, und zwar einen homogenen, an. — Von beyden nun besonders.

A) Sie ziehen das homogene Vokalzeichen, mit welchem der als Consonant stehende Vokalbuchstab voll ist, zu dem vorhergehenden leeren Buchstaben zurück w). Hierbey merke man:

a) Ein mit (˙) volles ܘ kann zwar auch ruhen (vergl. Reg. I. Anm. 1.); es ruhet aber doch lieber, wenn ihm das ˙ vorstehet: daher es, wenn der vorhergehende Buchstab leer ist, zurückgezogen wird. x)

b) Dies Zurückziehen möglich zu machen, wo es an und für sich nicht möglich ist, wird bisweilen ein prosthetisches ܐ vorgesetzt. y) Vergl. §. 39. II.

B 2

c) Von

---

u) Z. B. ܐܪܙܐ (Das erste ܐ mit ˙) — ܚܢܦܬ (Das ܐ leer, mit einem vorhergehenden heterogenen Vokal ˈ — ܢܡܚܕܘ (Das ܘ voll mit ˙) gaudium veſtr. Ioh. 15, 11. u. ſ. w.

w) Z. B. ܢܦܠ für ܢܦܠ (Ne-ſchál für Neſch bál. — ܣܐܢ (San) calceos indue! für ܣܐܢ S-han. (S. auch das Parad. Pael (except. Præt. in den Verbis N.B.) ܚܐܦ für ܚܐܦ. — ܚܐܙܐ (ܟܐܢ) für ܚܐܙܐ. — (ܚܐܠܐ) für ܚܐܠܐ. — ܒܙܥ für ܒܙܥ. — ܢܣܡܩ (ܗܐܪ) für ܢܣܡܩ (ܗܐܪܢ) ܣܡܩ (kum) für ܣܡܩ (kwum,) ܢܣܡܩ für ܢܣܡܩ (oder ܣܡܩܐ forme — ܢܣܡܚ) — ܣܡܩ für ܢܣܡܩ für ܣܡܚ u. ſ. w. So auch ܐ Z. B. ܐܬܕܟܪ für ܐܬܕܟܪ ܘ recordatus eſt. ܐܬܕܟܝܢ für ܐܬܕܟܝܢ 1 Theſſ. 1, 3. u. ſ. w.

x) Z. B. ܢܟܡ; mit dem Präfix aber ܢܟܡ für ܢܟܡ. — So auch im Ethpeel der Verbor. Z. B. ܐܬܟܠ für ܐܬܟܠ. ܚܕܟܢܟ für ܚܕܟܢܟ ܐܢܟܢ für ܐܢܟܢ.

y) Z. B. ܐܣܬܪ aus ܢܣܬܪ; ܐܣܬܪ (honor) aus ܐܪܗ (ויקר).

c) Von der Zurückziehung der Vokale in den entweder statt des verbi substant. oder überflüßig stehenden persönlichen Fürwörtern, ܗܘ̇ und ܗ̇ܝ — zum vorhergehenden Wort rc. s. unten an s. O. §. 136. Anmerk.

B) Sie nehmen auch öfters für einen Vokalbuchstaben, der, weil er leer und lautbar ist, als Konsonant stehet, damit er als Vokal stehen könne, ein homogenes Vokalzeichen an, 1) sonderlich wenn ein Vokalbuchstab, zwischen zween Konsonanten leer stehen sollte, wo dann das ܐ (ܵ), das ܘ (ܘ̇) und das ܝ (ܝ̇) annimmt, 2) sie müßten denn, aus Analogie, andere Vokale bekommen. aa) —

2) ܐ. ܘ und ܝ, wenn sie zu Anfang eines Worts, oder einer Sylbe leer stehen, und folglich lautbar seyn sollten, nehmen unter sich ein homogenes Vokalzeichen an, ܐ und ܘ ein (ܶ) bb) oder ʹ *) und ܝ ein (ܶ), cc) in welchem sie dann ruhen. (Reg. I. Anmerk. 1.

Anmerk. 3. Wenn (nach Anm. 2. A) das Vokalzeichen zurückgezogen worden ist und es folgt auf den Vokalbuchstaben noch einer dergleichen, der mit dem zurückgezogenen Vokalzeichen homogen ist und zuvor darinn geruht hatte: so ruhet der erstere in der Maase, daß man sich ihn, beym Lesen, gleichsam als abwechselnd denkt, oder, beym Lesen, gleichsam übergeht. dd)

Reg. IV. Wenn zween heterogene Vokale (davon aber immer der zweete ein lautbarer Vokalbuchstab ist) zusammen als Eine Sylbe ausgesprochen werden: so entstehet ein Diphthong. ee)

Anmerk. Diphthonge suchen die Syrer, obgleich nicht so sorgfältig, wie die Hebräer zu vermeiden. Denn — in Diphthongen stehen die Vokalbuchstaben als Konsonanten d. i. lautbar. Reg. 3. —

Reg.

---

z) Z. B. ܬܬܦܠܓܘܢ für ܬܬܦܠܓܘܢ vergl. Nr. A. ܚܕܘܬܐ (gaudium) für ܚܕܘܬܐ ܙܢܝܬܐ (meretrix) für ܙܢܝܬܐ.

aa) ܚܕܘܬܟܘܢ Gaudium vestrum, &c.

bb) ܐܘܕܝ für ܐܘܕܝ s. ܐܬܐܘܕܝ (und nach A. ܐܬܐܘܕܝ) wohin auch das ̈ der eigentlich leer stehenden literæ præform. ܐ in der Conj. Pael gehöret.

*) ܐܘܚܘ ede! für ܐ. — cc) ܢܟܡ für ܢܟܡ

dd) Z. B. ܡܕܝܢܬܐ aus ܡܕܝܢܬܐ. — ܠܐܝܬ (defatigatus sum) aus ܠܐܝܬ. ܐܠܐܝ aus ܐܠܐܝ (fatigavit) Ap. Gesch. 24, 4. (Aph.) ܕܘܪܫܐ aus ܕܘܪܫܐ. —

ee) ܠܘ lau. ܒܝ bai. ܠܐܘܬܐ leutho. (labor) ܐܒܘܝ abui. — u. s. w.

Reg. V. Diphthonge zu vermeiden, verwandeln die Syrer bisweilen den mit dem zunächst vorhersstehenden Vokalzeichen heterogenen Vokalbuchstaben in denjenigen, welcher mit dem ihm vorstehenden Vokalzeichen homogen ist. — *) Doch bey weitem nicht so häufig, als die Araber und Hebräer; theils, weil ihre Vokalbuchstaben zum Theil mehrerer Vokaltöne fähig sind, (z. B. ا auch des i; wo nicht gar auch des u) theils, weil den Syrern Diphthonge nicht so unangenehm sind, wie den Arabern und Hebräern.

Anmerk. Auf der einen Seite zeigen die Syrer einen Hang, Diphthonge zu vermeiden, sogar mit einer Feinheit ff); auf der andern Seite aber tolerizen sie sie weit eher, als Araber und Hebräer gg) —, ja bisweilen machen sie sogar Diphthonge, wo es nicht nöthig gewesen wäre, wie es scheint, sogar um flüßigerer oder lebhafterer Aussprache willen. hh) Daher sie z. B. sogar, in den Verbis ܢ, in Aphel, wo das ا in dem ihm vorstehenden bequem ruhen könnte, in ܘ verwandeln, (seltner in ܒ) ii) und hier also mit Bedacht einen Diphthong machen.

Reg. VI. Ein Vokalbuchstab, der in einem homogenen Vokalzeichen ruhet, wird, weil er nicht gelesen wird, auch im Schreiben bisweilen ausgelassen; kk) doch nicht so ganz nach Willkühr, wie öfters im Hebräischen. — Mehr nach Regel fällt aber weg

B 3   A)

---

*) ܩܘܠܐ für ܩܘܠܐ R. ܩܠ vergl. Reg. IX. 2. c. mit §. 75.

ff) Z. B. ا ist, bey den Syrern, sogar mit i ( ) homogen und dennoch nehmen sie häufig nach einem ا ( ), statt des damit auch homogenen ا das doch noch homogenere ܘ an. Z. B. aus ا der Form ܟܬܒܐ (ܟܬܝܒ) machen sie ܟܬܒ. Eben so in allen Præteritis der Verbor. ܢܠ außer Peal. So auch ܐܝܕ für ܐܝܕ. ܣܝܒܝܢ für ܐܬܝܠܕ — von ܝܠܕ. ܗܘܐ u. s. w. (ܐܟܠܬܐ — für ܐܟܠܬܐ von ܐܟܠ)

gg) ܓܠܝܬ g laith. (2 masc. Sing. Praet. Peal. R. ܓܠܐ) Eben so in den meisten übrigen Personen des Praet. Peal in ܢܠ So auch die 2 m. plur. Imperatiuorum in diesen Verbis. z. B. Peal ܓܠܘ u. s. w. und die 2 fem. Sing. ܓܠܝ g loi u. s. w. — Auch die ganze Conj. Aphel in den Verbis ܦܕ gehört hieher.

hh) ܗܕܘܝ hodoi (statt ܗܕܐ — ܐܢܘ Enau (statt ܗܢܘ. — ܟܐܘ kicheu. (statt ܟܗܘ) — —

ii) ܐܘܐܠ statt ܐܐܠ (von ܐܠ) ܐܝܠ statt ܐܙܠ von ܐܙܠ — ܢܣܘܩ statt ܢܣܩ von ܣܠܩ

kk) Z. B. ܐܙܠ (und mit eingerückten überflüßigen ا (Reg. VIII.) ܐܝܙܠ für ܐܙܝܠ oder ܐܙܝܠ. Versetzung anzunehmen scheint mir minder analogisch, als Einschaltung eines

A) ı ı) als erſter Stammbuchſtab in der erſten Perſon des Fut. in Peal und Pael iı) bisweilen auch, ſonderlich in Pael, in den übrigen Perſonen des Futuri ᴍᴍ) und in den Participien. ɴɴ)

2) als dritter Stammbuchſtab in ᷓ ruhend, in der dritten weiblichen Perſon Sing. im Præt. Peal ᴏᴏ) und in der andern weiblichen Perſon des Singulars in den Imperativis dieſer Zeitwörter ᴘᴘ), wie auch in Nennwörtern unter ähnlichen Umſtänden. ϙϙ)

3) Das prosthetiſche] in ܐܠܘܐ ܐܠܘܐ und ܐܠܘܐ wenn nach vorgeſetztem ⸱ Präfix, der Vokal des] zurückgezogen worden iſt. †)

B) ᴏ ı) in der ganzen Conj. Peal und den Infinitiven der übrigen Conj. der Verbi quiesc. ܝܕܥ wenn das ᴏ in dem zurückgezogenen Vokalzeichen ruhet. *)

2) in den beyden Wörtern ܟܠ und ܡܟܠ; wenn ſie anders (denn der Schluß aus Analogie iſt hier doch nicht ganz ſicher!) ja ein in ᷓ ruhendes ᴏ hatten.

C) ܘ ı) als erſter Stammbuchſtab; (entweder ſelbſt, oder vielmehr erſt, nach der Art dieſer Zeitwörter in] verwandelt, in der erſten Perſon des Fut. Peal; ʀʀ) (und in den beyden Zeitwörtern ܘܕܥ und ܘܕܐ im Infinitiv und ganzen Futuro, in ᷓ ruhend, ss) wenn man nicht lieber ſagen will, dieſe beyden Zeitwörter würden wie Verba ܝܕ behandelt.)

2) als mittelſter Stammbuchſtab, in der ganzen Conj. Peal der Verbor quiesc. ܘܝ, wenn das ܘ in dem zurückgezogenen Vokalzeichen ruhet. **)

Anmerk. Wenn nach zurückgezogenem Vokalzeichen, (Reg. III. Anm. 2.) zween Vokalbuchſtaben nach einander darinnen ruhen: ſo fällt bisweilen, (nicht immer Reg. III. Anmerk. 3.) der erſtere, als völlig überflüſſig, gar weg. tt)

Reg.

ſogenannten Mater lect. — ſ. Reg. VIII. — So auch ܐܨܕ für ܐܨܠ, aus] ⸱ܐ ⸱. ܡܢ quid? für ܡܐ. So auch ܬܐܢ ficus für ܬܐܢܬ (ܬܐܢܬ.

ıı) Z. B. ܐܣܐ für ܐܣܐ. ܐܥܠ für ܐܥܐܠ. — ᴍᴍ) ܢܟܠܕ für ܢܟܠܕ. (aus ܢܟܠܕ. — ɴɴ) ܡܟܠܕ für ܡܟܠܕ (aus ܡܟܠܕ)

ᴏᴏ) ܣܕܝ für ܣܕܝ. — ᴘᴘ) ܡܟܠܕ für ܡܠܝܢ qq) ܟܘܕ (quæſtio; diſputatio) für ܟܟܘܕ; von ܟܘܕ. — ܐܟܘ für ܐܟܘܕ, von ܟܘܕ.

† Daher ܚܨܗ ܚܨܗܝ ܚܨܗ ܚܨܗܝ. ܚܨܗ (poss) für ܚܨܗ u. ſ. w.

) S. das Paradigma. ʀʀ) ܐܠܟ für ܐܠܟ aus ܐܢܟ (רי ss) ܢܛܪ; ܩܗܕ.. ܘܙܙ; ܚܙܙ. — **) Siehe das Paradigma. tt) ܐܠܟ (defatigauit) für ܐܠܐܠ (aus ܐܠܐܠ). — ܢܨܚ (fut. Peal) für ܢܨܘܚ (aus ܢܨܘܚ Nekwum der Form ܢܨܘܚ

Reg. VII. Die Vokalbuchstaben, wenn sie nicht als Vokalbuchstaben, sondern als Consonanten gebraucht werden, (Reg. III.) fallen ebenfalls bisweilen weg. Z. B.

A) ܐ öfters, wenn es zu Anfang leer stand und die verbergende Linie unter sich hatte. (§. 35. II. vergl. §. 51.) uu) sonderlich bey einer Zusammenziehung mit dem vorhergehenden kleinen Wort ww)

B) ܘ 1) als erster Stammbuchstab, wenn es leer stehen sollte. xx)
2) als mittelster Stammbuchstab, in der Conjug. Aphel und Etthaphal der Verbor. quiesc. ע״ו. zz)

C) ܝ 1) als erster Stammbuchstab, wenn es zu Anfang leer bleiben soll. aaa)
2) als mittelster Stammbuchstab in der Conjug. Aphel und Etthaphal der Verbor. quiesc. ע״י bbb)
3) bisweilen auch ausserdem, vor einem andern ܝ. ccc)

Anmerk. Im Gegentheil aber bleiben im Syrischen öfters leer stehende und doch nicht ruhende Vokalbuchstaben, als überflüßig stehen, da, wo sie der Hebräer, bisweilen wenigstens, weglassen würde. Hieher gehören die Vokalbuchstaben, wenn sie müßig stehen. (otiantur.) Z. B.

a) Das ܐ der mit einem Participio die gegenwärtige Zeit ausdrückenden persönlichen Fürwörter ܐܢܬܘܢ und ܐܢܬܝܢ ddd)

b) Das ܘ und ܝ am Ende
α) in denen Zeitwörtern. eee)
β)

uu) ܢܝܚܬܐ finis. von ܐܢܝܚܬܐ. — ww) ܟܪܝܣ von ܟܪܐܝܣ u. s. w.

xx) ܥܕܬܐ für ܘܥܕܬܐ (conventus) von ܘܥܕ

zz) ܐܩܝܡ für ܐܩܘܝܡ. — ܐܩܝܡܘ für ܐܩܘܝܡܘ. — ܡܩܝܡ für ܡܩܘܝܡ. ܡܬܩܝܡ für ܡܬܩܘܝܡ &c.

aaa) Daher in den Verbis ܝܗܒ und ܝܬܒ im Imperativ Peal: ܗܒ für ܝܗܒ — ܬܒ für ܝܬܒ. Doch s. bey Reg. VI. C. die Parenthese! —

bbb) ܐܝܬܝܡ für ܐܝܬܝܝܡ. — ccc) ܩܘܪܝܟ (civitates tuae) 2 Mos. 20, 10. für ܩܘܪܝܝܟ aus ܩܘܪܝܐ pl.

ddd) ܩܛܠܝܢ ܐܢܬܘܢ kotbli-thun. — ܩܛܠܢ ܐܢܬܝܢ kotlo-then.

eee) ܩܛܠܘ (3 m. pl.) ܩܛܠܝ (f) ܩܛܠܬܝ (2 f. Sing.) — ܩܛܘܠܘ. ܩܛܘܠܝ (Imperat.) ܬܩܛܘܠܝܢ (2 f. Sing. Fut.) — Doch findet man dies ܘ und ܝ von den Abschreibern öfters auch weggelassen. — Das ܝ scheint mit Bedacht bisweilen weggelassen worden zu seyn; Das ܘ aber wol nicht anders, als aus Versehen. S. §. 91. —

β) ـ in dem weiblichen perſönlichen Fürworte ـܐܢܬܝ und in den Suffixen. ſſ.)

γ) ـ in einigen andern Wörtern. ggg)

Reg. VIII. Bisweilen ſtehen Vokalbuchſtaben ſelbſt in Anſehung der Form der Wörter überflüßig. Dieſe ſcheinen ſich aus der Zeit herzuſchreiben, da man ſich noch keiner ordentlichen Vokalzeichen bediente, und doch hier und da den Vokalton beſtimmen wollte. Man nennt ſie Leſemütter. (Matres lectionis.) — 3. B.

1)]. o und ـ in ausländiſchen, z. B. griechiſchen Namen, und zwar] gemeiniglich für i hhh) o auch für o. iii) nach der Punktation, deren Richtigkeit hier — aber noch zu bezweifeln iſt, auch in a und e. kkk).

ـ für i. lll) — Im neuern Syr. auch für das kurze e der Europäer. mmm)

2)] in Syriſchen Wörtern. nnn) 3) ܩ in griechiſchen Wörtern, die mit ſ anfangen, zum Ausdruck des Spirit. Aſp. ooo)

Reg.

ſf) ܡܠܟܐ . ܡܠܟܐܐ . ܡܠܟܬܐ . ܡܠܟܘܬܐ . — Dies ـ iſt ganz müßig. NB. aber lautbar wirds, wenn das, entweder als Verbum ſubſt. oder überflüßig ſtehende Fürwort ܗܘ darauf folgt: ܗܘ ܣܓܪܝܘ ſagriju. Joh. 6, 51. — ܗܘ ܟܣܐ bechju. Jeſ. 45, 14. —

ggg) ܡܠܐ (tranquillitas.) ܡܠܐܬܐ Hebr. ܐܬܚܡܠ

hhh)]ܩܣܪܐ κιβωτος. — |Eben ſo für ε und — η. In der Philoſ. Ueberſ. auch für αι und α; in neuern Schriften auch für e. Im alten gut ſ ſyr. dies alles nicht leicht.

iii)]ܦܝܠܣܘܦܐ philoſophi. — kkk) ܐܬܝܢܐܣ Αθηνας ܐܬܝܢܝ Αθηναις.

lll)]ܐܢܓܠܝ u. ſ. w. mmm) —]ܐܢܓܠܝܐ Angleterre. Vergl. J. D. Michaelis Gr. Syr. p. 54 ſſ.

nnn) 3. B. ܡܟܣܐ für ܡܣܐ 2 Moſ. 16, 16. ܥܪܘܒܬܐ für ܥܪܒܬܐ 1 Moſ. 37, 35. —]ܡܐܙܢܬܐ für]ܡܙܢܬܐ libra. (Dies vielleicht, nach Chaldäerart, für Dages. S. §. 48. Anm. 6)]ܦܐܪܐ fructus. R.]ܦܪ. — Sonderlich häufig nach einem L. 3. B.]ܝܠܕܬܐ für]ܝܠܕܬܐ. — Ingleichen denen aus Verbis gem. y. hergeleiteten Nennwörtern.]ܛܐܒܐ für]ܛܒ fama. — Auch in den Verbis ܢܝܚ quieſc. in Ethpeil. 3. B. ܐܬܬܢܝܚ für ܐܬܬܢܝܚ. (ܐܬܬܢܝܚ für ܐܬܬܢܝܚ gleichſam von ܢܝܚ.)

ooo) ܗܘܣܢ ſωμη.

Reg. IX. Diejenigen Konsonanten, auch die als Konsonanten stehenden Vokalbuchstaben, welche entweder für sich selbst, oder in Verbindung mit andern Buchstaben einen ähnlichen Laut haben, werden, nach einer verschiedenen Orthographie, bisweilen mit einander verwechselt. Daher z. B. verwechselt wird:

1) ܠ mit ܥ. Und dies zwar, nach Regel, in den Verbis ܥ'ܠ in den Conjugat. Aphel und Schaphel. ppp)

2) ܠ mit ܢ (S. auch No. 8.) Z. B. a) in den Verbis ܢ'ܠ ܙ̤ܠ und ܐܙܠ in der Conjug. Aphel. qqq) —

b) in den auf ܐ ausgehenden Infinitiven, in den Verbis ܠ'ܐ rrr)

c) als mittelster Stammbuchstab, in der Conjug. Pael, und deren Pasiv; sss) wo das ܠ nur in einigen Zeitwörtern bleibt. ttt)

3) ܠ mit ܪ; in solcher Stellung, wo ܠ bey flüchtiger Aussprache, wie ܪ klingt. Z. B.

a) (in den Verbis ܢ'ܠ.) in Ethpeel, beym Zeitwort ܐܬܪ und in Ethpaal, auch in einigen andern Zeitwörtern. uuu)

b) Das ܠ charact. der Conjug. Aphel, wenn, durch Vorsetzung der Sylbe ܐܬ das Pasiv dum davon gemacht werden soll. vvv)

c) wie man glaubt, in den aus der Conjug. Aphel hergeleiteten Rennwörtern. www)

4) Umgekehrt, ܪ mit ܠ. xxx)

5) O a) mit ܠ im *Part. Benom. masc. Sing.* in den *Verbis quiesc.* V. ܝ

b) mit

---

ppp) ܐܫܬܠ (von ܐܫܠ) für ܐܫܬܥ. — ܡܫܡ R. ܐܣܠ. qqq) ܐܠܦ von ܙ̤ܠ. ܣܠܦ.

von ܐܠ rrr) ܡܚܬܠ Consolari. Nur selten bleibt hier das ܠ (ܐܚܬܠ Tit. 1, 9.) — Mit der Mat. lect. ܡܚܬܠ (Reg. VIII.) 1 Mos. 37, 35.

sss) ܡܚܠ für ܡܠܐ hier ist die Ursache, weil das ܠ, zwischen zween Vokalen, ohnehin wie Jut auszusprechen wäre. §. 1. Anmerk. 4. Ist also offenbar nur verschiedene, und wenn man will, sorgfältigere Orthographie. —

ttt) Z. ܒܠܝ exaltauit. ܒܠܝ. Pass. — ܐܬܒܠܝ

u.uu) ܐܬܪ für ܐܬܠ. Dies thut das Zeitwort ܐܬܠ in Ethpeel gewöhnlich. — Eben so in Ethpaal in andern Verbis ܢ'ܠ; wo ܠ B. für ܐܬܠ auch vorkommt ܐܬܪ. — ܐܬܪ für ܐܬܠ vvv) ܐܬܪ für ܐܬܠ

www) ܐܬܪ (ܗܪܬܝܢ). Verb. Aph. ܐܬܪ. Allein richtiger leitet man diese Rennwörter im Syrischen und Hebräischen aus der Conj. XVIII. (*Takhhl*) §. 89. her.

xxx) Z. B. ܐܪܝ (Aram) für ܐܠܝ (Thaddæus)

ܝ) ܝܐܡܪ R. ܝܐܡ

b) mit ـ im Part. Ben. in denselben Verbis, wo es am Ende wächst; *) und in Pael und Ethpaal derselben Zeitwörter. **)

c) mit ܥ, sonderlich als mittelster ruhender Stammbuchstab, so, daß die Syrer aus Verbis quiescc. ܥܝ. Verba ܥܝܥ machen. yyy)

6) ـ mit O. z. B. in den Conjugationen Aphel und Schafel in den Verb. ܥܘ wenn das (ـ) lautbar werden und die Sylbe schließen sollte. zzz)

7) ܠ sonderlich vor einem ܢ (§. 13. zu Anf. Not. *) mit ܠ bisweilen. α)

8) Verschiedene andere Buchstaben, meist zu Folge der Dialektsverschiedenheit, wie sich aus Vergleichung des Syrischen mit dem Hebräischen ergiebt. — Daher z. B. öfters verwandelt wird

א in ܥܝ als Gutturalen ähnlichen Lauts. (β) ·

א in ـ. γ)	(ܢ in ܫܒ. δ)	ܡ in ܥ. ε)	ܒ in ܦ. ζ)	ܛ in ܕ. η)
ܓ in ܦ. θ)	ܘ in ܠ. ι)	ܢ in ܓ. κ)	ܨ in ܙ. λ)	— in ܠ. μ)
ܝ in ܣ. ν)	ܝ in ܨ. ξ)	— in ܙ. ο)	— in ܕ. π)	ܛ in ܡ. ρ)
ܪ in ܕ. σ)	ܠ in ܨ. τ)	ܣ in ܥ. υ)	— in V. φ)	ܠ in ܕ. χ)
ܚ in ܠ. ψ)	ܡ in ܒ. ω)	— in ـ. a)	ܪ in V. b)	— in ܙ. c)

Anmerk.

<hr>

*) z. B. ܨܠܡܐ Fem. S. Parad. **) S. Parad.

yyy) z. B. ܐܝܟ (רהט) aus ܪܘܨ lauffen. — ܒܨܪ aus ܒܘܫ erubescere. — Und so kommt im Syrischen bisweilen beydes vor. z B. ܬܘܪ und ܬܘܪ staunen. —

zzz) ܐܠܡ von ܦܥܠܡ.

α) ܐܘܢ für ܚܘܢ lascivus — Auch wol ein gemeines ܠ vor einem andern Buchstaben — in so fern nemlich beyde Gutturalen, ähnlichen Lauts sind. z. B. ܠܦܠ für ܚܒܠ rete. R. ܟܠ implicavit.

β) ܐܒܒ flos. R. אביב.

γ) ܡܫܐܠ. ܫܐܘܠ. ܪܚܝܠ ܬ ܒܚܠ. — ܪܒܩܐ Rebecca. רבקה
1 Mos. 24, 15.

δ) ܚܒܝܢܐ ܨܒܪܬ. ܪܒܚ ܓܘܒܠ ܐ) fama, infamia. —

ε) z. B. als Charakter der Conj. Aphel (Hebr. Hiphil) und als prosthetisch in den passiven Conji. _ ingl. das ܐ emphat. — entstanden aus den ܗ parag. der Hebräer. S. §. 26. Und — ruhend — in den Verbis ܠܗ welche im Syr. Verba ܢܠ werden. —

Anmerkung: (zu Nr. 8.) Ausser der Verwechselung verschiedener Buchstaben machen die Syrer hebräische Wörter zu den ihrigen, indem sie auch

1) Buchstaben versetzen. d) 2) Buchstaben wegwerfen. e) 3) Buchstaben zusetzen.

α) sonderlich zu Anfang, ein ܐ. f). β) in der Mitte. g) γ) am Ende. h)

θ) ܟܘܝܐ illust. כַּוָּה. ι) ܛܒ Hebr. טוב.

κ) ܕܟܪܐ. זָכָר. ܐܕܢܐ אֹזֶן. Doch eigentlich nur dasjenige ז welches im Arab. Dsal ist.

λ) ܐܪܡܠܐ viduus. ܐܪܡܠܬܐ אַלְמָנָה vidua. — μ) ܪܡ רָם. —

ν) im männlichen Plural; ܝܢ für ים ξ) ܢܬܠ נָתַן. — ο) ܛܡܪ טָמַן absconditit.

π) ܩܣܡܐ קֶסֶם Divinatio.

ρ) ܟܢܫ. כנס.

σ) ܥܦܪܬܐ צִפֹּרִית τ) ܙܕܝܩܐ. צַדִּיק.

υ) Eigentlich aber nur dasjenige צ, welches im Arabischen Da ist. ܚܡܥ. חמץ

φ) Gemeiniglich dasjenige צ, welches im Arab. Dad. ist, ܐܪܥܐ. אֶרֶץ

χ) ܥܝܪܐ. ܥܝܪܐ. עִיר. ψ) ܩܛܪ קָשַׁר.

ω) dasjenige שׂ, welches im Arab. Thse ist, allzeit. ܬܘܪܐ שׁוֹר.

a) ܣܒܥ. שָׂבַע. — Und zwar allzeit; weil die Syrer kein Sin (שׂ) haben.

b) ܐܬܛܦܝܣ für ܐܬܬܦܝܣ (ܐܦܝܣ persuasit) Act. 18, 20. — Sonderlich in den paßiven Conjugationen, der mit ܣ anfangenden Nennwörter, nachdem das ܬ charact. mit dem ܣ versetzt worden. S. §. 79. Anmerk. — b.

c) In den paßiven Conjj. der Verbor. פי, nach Versetzung des ܬ charact. mit dem (ܙ). S. §. 79. Anmerk. nr. c.

d) ܢܟܬ (für ܢܬܟ) נָשַׁךְ Momordit. — ܬܪܥܐ שַׁעַר. — ܬܕܐܐ (Chald. דִּתְאָא Hebr. דֶּשֶׁא.

e) ܚܪܢ אַחֵר. ܚܪܬܐ. אַחֶרֶת. ܒܝܬ. בַּיִת.

f) ܐܫܬܝ bibit. שָׁתָה. — ܐܫܬܐ שֵׁשׁ. — Vom prosthet. Olaf überhaupt s. unten §. 30. II.

g) ܟܘܣܝܐ כִּסֵּא. h) z. B. ܬܠܬ (שָׁלַשׁ triplicavit) colligavit. Wie einige glauben.

Des erften Abfchnitts

Zweptes Rapitel.

Vom Gebrauch einiger Buchftaben insbefondere.

§. 14.

Die Buchftaben theilt man auch (§. 8. Nr. 4.) in Stammbuchftaben (radicales), welche eis nem Stammworte wefentlich zugehören: und in Nebenbuchftaben (feruiles,) die den Stamms buchftaben, aus verfchiedenen Abfichten, noch zugefetzt werden. Als Stammbuchftaben können alle Buchftaben, als Nebenbuchftaben aber nur folgende gebraucht werden:

§. 15.

Vier, oder, wenn man will, fünf bis fechs diefer Nebenbuchftaben, nemlich (mehrere male auch ܠ und ܟ), werden auch ganzen, fchon formirten Wörtern vorgefetzt und haben eigne Bedeutungen. (Präfixe.)

§. 16.

Das Präfixum ܡ, aus ܡܢ entftanden, wird mit dem ( ) vorgezeichnet; kommt aber fehr felten, und zwar nur in einigen Partickeln h) und dem Nennwort ܐܡܐ i) vor. Aus ferdem brauchen dafür die Syrer die vollftändige Particel ܡܢ

§. 17.

Statt des aus אֲשֶׁר entftandenen Präfixi ܕ brauchen die Syrer ihr aus ܕܝ (Chald. די) entftandenes ( ), welches leer vorgezeichnet wird.
Anmerk. Von der Bedeutung diefes Präfixes im — Syntax.

§. 18.

(Statt des Präfix ה der Hebräer brauchen die Syrer ein paragogifches ܐ, welches man emphatifch nennt; der Sache nach ift es zwar mit dem Artickel ה zu vergleichen: dem Urs fprung und Gebrauch nach aber mehr mit dem paragogifchen ה der Hebräer, wenn diefe bes ftimmend oder zeigend gebraucht wird. Vom emphat. ܐ unten §. 132.)

(Statt

---

h) ܐܝܟܐ hinc. Von ܐܝ. — ܗܫܐ Nunc; modo; unde &c. aus ܗܐ. — ܟܕܘ aliquande; usquam; wofür fonft auch (Joh. 1, 18. ıc) vollftändig ܟܕ ܠܐ vorkommt.

(Statt des fragenden ה der Hebräer brauchen die Syrer besondere Partickeln.)

§. 19.

Das Präfixum ܛ wird leer vorgezeichnet.
Anmerk. Von der Bedeutung dieser Particfel — im Syntax! —

§. 20.

Das Präfixum ܟ kömmt blos vor der Particfel ܡܐ vor. i) — Ausserdem wird dafür die besondere Particfel ܐܝܟ gebraucht.
Anmerk. Von der Bedeutung — im Syntax.

§. 21.

Das Präfixum ܠ wird leer vorgezeichnet.
Anmerk. Vom Gebrauch und der Bedeutung dieses Präfixes — im Syntax! —

§. 22.

Das Präfixum ܡ wird leer vorgezeichnet.
Anmerk. Vom Gebrauch und der Bedeutung s. Syntax. —

§. 23.

Die drey Nebenbuchstaben ܐ ܬ ܢ (§. 14.) welche in den Futuris die Personen, zum Theil auch deren Geschlecht bilden, oder bilden helfen und den Stammbuchstaben vorgesetzt werden; so auch das ܡ in den Infinitiven; und in den Participien ausser der ersten Conjugation, werden *littera praeformativa* genannt. S. §. 93.

§. 24.

Die Nebenbuchstaben ܐ ܢ und ܝ werden den Wörtern bisweilen hinten angehängt und heissen daher *littera paragogica*. —

§. 25.

(Das paragogische ܐ kommt (wenn man nicht das emphatische ܐ (§. 132. Vergl. §. 26.) mit darunter begreift) selten vor. k)

§. 26.

(Das paragogische ה der Hebräer kennen die Syrer nicht; obgleich so viel gewiß ist,
E 3   daß

---

i) ܚܣܐ

k) ܚܣܐ *consolatus est.* 1 Mos. 50, 12. ܢܬܒܝܐ *Consolemur.* 2 Cor. 1, 4. ܕܡܒܝܐܐ *qui consolatur.* 2 Cor. 7, 6. wenn man anders hier nicht andere Auskunft treffen will.

daß das emphatiſche ‖ der Syrer (nach §. 13. Reg. IX. Nr. 8. ה in 1) aus dem paragogiſchen ה der Hebräer, in ſo fern es, wie Artickel, beſtimmt, 1) entſtanden ſey. S. §. 132. —

§. 27.

(Ein eigentlich paragogiſches o, der Art, wie im Hebräiſchen, kennen die Syrer nicht.)

§. 28.

Das paragogiſche ـ iſt bey den Syrern, wenn man nicht zugleich das Suffix der erſten
Perſon des Singulars mit darunter verſteht, blos eine weibliche Endigung und iſt:
1) Ueberflüßig und deswegen ſelten — an der zwoten weiblichen Perſon des Singulars in
   den *Futuris*, hinter der Endigung ـ m)
2) nothwendig — in
   a) Der zwepten weiblichen Perſon des Singulars
      α) in den Præteritis. n)
      β) in den *Futuris*, wo noch überdies ein paragog. Nun angehängt wird (§. 29.) o)
      γ) in den Imperativis. p) und des Plurals.
   b) Der dritten weiblichen Perſon des Singulars
      α) in den Præteritis. q)
      β) in den Futuris. Doch hier nicht allzeit. r)
   b) **. Dem weiblichen Fürwort ـ
   c) Dem weiblichen Suffix der zwoten Perſon. s)

§. 29.

Das paragogiſche Nun findet man angehängt
   a) Der paragogiſch weiblichen Endung ـ. (§. 28. Nr. 2 a. β. — b *. a)
   b) Der Pluralendung o in der andern und dritten männlichen Perſon der Futurorum. t)
                                                                                    c) Der

---

1) z. B. לַיְלָה dieſe Nacht. Die Nacht durch rc. — אֵמֶת du hier! (gleichſam. —) für
   אֵן u. ſ. w.

m) z. B. ــ *petieris* ſ. Marc. 6, 23. für ــ. — ــ *ingredieris* ſ. für
   ـ R. ـ. n) ـ *occidisti* ſ. o) ـ *occides* ſ. —
p) ـ *occide* ſ. — r) ـ mit doppelter Paragog.
q) ـ oft auch doppelt paragogiſch: ـ r) ـ — aber auch ـ. —
s) ـ — ـ t) ـ.

c) Der Pluralendung o in den Præteritis seltner. u)

d) -- c) —

f) im Imperativ, dem weiblichen Plural; x) wie auch dem männlichen; sonderlich vor den Suffixen. w)

§. 30.

Die Syrer brauchen auch ihre Buchstaben als Zahlen; und zwar sind:

ا bis ܛ die Einer   (1 — 9.)

ܝ — ܨ — Zehner   (10 — 90.)

ܩ — ܬ — Hunderte (100 — 400.)

Weil nun das ܬ erst 400 ausdrückt, so werden zum Ausdruck der übrigen Hunderte (nicht wie im Hebräischen, die Finalbuchstaben, sondern) die Buchstaben ܟ ܡ ܢ ܤ ܥ mit einem darüber gesetzten Punkt gebraucht, so, daß ܟ 500; ܡ 600; ܢ 700; ܤ 800 und ܥ 900 bedeutet. — Die Tausende drücken sie durch die Einer mit einem drunter gesetzten kleinen Strich, von der Linken zur Rechten, die Myriaden, oder zehntausende durch einen kleinen Horizontalstrich unter den Einern; y) und die Zehntausendmaltausende durch zwey einander entgegenstehende schrege kleine Striche, deren einer von der Linken zur Rechten, und der Andere von der Rechten zur Linken gezogen ist. z) — — Bey zusammengesetzten Zahlen wird immer die Grössere der Kleinern vorgesetzt. a) — Gemeiniglich wird über die als Zahlen gebrauchten Buchstaben ein kleiner Horizontalstrich (§. 50. Nr. 3.) gesetzt; bey zusammengesetzten Zahlen aber nur der ersten, oder grösten Zahl.

(§. 31. §. 22.)

Zwey-

---

u) Sonderlich vor den Suffixen: ܩ occiderunt ꝛc. ܩ occiderunt eum.

v) ܦ w) ܐ tenete eum. Pf. 2, 11. für ܐ .

x) Z. B. ا 1000. ܒ 2000. u. f. w.

y) Z. B. ا 10, 000. ܒ 20, 000.

z) Als: ا 10, 000, 000. ܒ 20, 000, 000. u. f. w.

a) ܬ 11. ܝܒ 12. — ܢܗ 55. — ܫܠܘ 336.

Zweyter Abſchnitt,

Von den übrigen Leſe- und Tonzeichen der Syrer auſſer den Buchſtaben.

Das erſte Kapitel,

Von den Vokalzeichen der Syrer.

§. 33. 34. 35. 36.

Die Syrer hatten urſprünglich wol ſo wenig, als die Hebräer, Vokalzeichen, weil ihre Schrift, wie alle Schriftarten der Morgenländer, Sylbenſchrift war, deren Zweydeutigkeit man, wo es nöthig ſchien (d. i. wo auch der geborne Syrer, in Anſehung des hier, oder da aus zuſprechenden Vokaltons, der Gefahr zu irren ausgeſetzt war,) dadurch zu vermeiden ſuchte, daß man einen Vokalbuchſtaben einrückte. (§. 13. zu Anfang. — und eben daſ. Reg. VIII.) — Nachher nahmen die Syrer drey Vokalzeichen an und dieſe hatten ſie zum wenigſten ſchon im ſiebenten Jahrhundert, zu welcher, als zu Mahomeds Zeit, die Araber das Alphabeth der Syrer, nebſt ihren damaligen drey Vokalzeichen, annahmen. - Mehr, als drey Vokalzeichen brauchten auch eigentlich die Syrer nicht, weil ſie, wie die übrigen morgenländiſchen Völker, nur drey Vokalbuchſtaben und daher auch wol nicht mehr Vokaltöne hatten. — Weil man aber, mit den drey Syriſchen Vokalzeichen, noch nicht alle Vokale der Griechen ausdrücken konnte und man doch wünſchte, die Griechiſchen Namen, z. B. in den göttl. Büchern des N. B. auch in Anſehung der Vokaltöne genau und beſtimmt ausdrücken zu können: ſo nahm man die 5 Vokalen der Griechen α ε η ο υ und ſetzte ſie bald über, bald unter die Buchſtaben b); erfand auch, zum Ausdruck dieſer fünf Vokale, noch beſondere Punkte, deren man ſich, nebſt jenen urſprüng lich Griechiſchen, nicht blos bey griechiſchen Namen, die man Syriſch ſchreiben wollte, ſondern auch in urſprünglich griechiſchen Wörtern, (doch nicht überall, ſondern, wie man aus Handſchriften ſieht, gemeiniglich nur da, wo die Vokaltöne etwas zweifelhaft waren,) bediente; ſchicklich, in ſo fern, als ſich die drey Vokaltöne der Morgenländer überhaupt deswegen, weil ſie bisweilen, bald mehr, bald weniger, in Anſehung des Lauts, an einander gränzen, leicht auf fünf be ſtimmen laſſen. — Dieſer fünf Vokalzeichen, der Griechiſchen ſowol, als der dafür ſubſtituir ten Puncte, bedienen ſich die Weſtſyrer, Monophyſiten und Maroniten; die Neſtorianer hinge gen bedienen ſich dafür nur gewiſſer diakritiſchen Punkte, (§. 50.) welche auf ein höheres Al ter Anſpruch zu machen ſcheinen und deren ſich die erſtern bisweilen noch überdieß — wiewol (natürlicher Weiſe) nicht ſo häufig, als dieſe, bedienen.
Anmerk. Von dem Vorſchlag des Gabriel Heva, die drey Vokalbuchſtaben, ſtatt der Vokal zeichen zu brauchen, ſ. J. D. Michaelis Gr. Syr. P. 29.

§. 37.

---

b) Nach Aſſeman (B. C. Tom. I. p. 64) that dies Theophilus von Edeſſa († A. C. 791.) als er den Homer ins Syriſche überſetzte. Es ſcheint aber dieſes ſchon vorher, in der Philoxeniſchen Ueberſetzung des N. T. geſchehen zu ſeyn. S. J. D. Michaelis Gr. Syr. p. 24.

§. 37.

Die Vokalzeichen, deren sich nun die Syrer bedienen, sind:

Gestalt.		Name.	Laut.
Griechisch	Syrisch.		
	—	Ptbocho. c)	A.
	—	Rbojo d)	E.
	—	Ebbojo. e)	I.
	—	Sloso f)	O.
o-	o- o- o-	Gjojo. g)	U.

Da die Syrer lange und kurze Vokaltöne nicht durch besondere Zeichen unterscheiden und doch, wie wir aus dem Hebräischen sehen, jeder lang und kurz gebraucht werden kann: so ist wol auf die Frage von der Quantität der Vokalzeichen die sicherste Antwort: Es könne jedes lang und kurz gebraucht werden. Das Ptocho durchaus für kurz zu erklären, ist deswegen unsicher, weil öfters ein ‒ darinnen ruhet h) und in diesem Fall sogar das hebräische Patach lang stehet. *) ‒ Die Quantität der Syrischen Vokale läßt sich, wenn anders etwas darauf ankommt, analogisch aus Hebräischen Principien, wol noch am sichersten bestimmen:

Lang wäre also ein Vokalzeichen

1) wo ein Vokalbuchstabe darinnen ruht und die Sylbe nicht zusammengesetzt ist. *)

2) überhaupt in einer einfachen Sylbe.

3) in einer zusammengesetzten Sylbe. die den Ton hat. ‒

Kurz aber in einer zusammengesetzten Sylbe. die den Ton nicht hat; auch das ‒ in diesem Fall, wenn gleich das o darinnen ruhet. ‒

D   Anmerk

---

c) ‏ܦܽܘܡܳܐ‎ Apertio (oris.) — ‒ oder ‒ ba. — ‒ ba. —

d) ‏ܪܒܳܨܐ‎ Depressio. — ‒ oder ‒ be. — ‒ oder ‒ be. —

e) ‏ܚܒܳܨܐ‎ Stridor — ‒ oder ‒ bi, — ‒ bi.

f) ‏ܙܩܳܦܐ‎ Elatio — ‒ ‒ bo, — ‒. ‒ bo.

g) ‏ܪܒܳܨܐ‎ Compressio — ‒ ‒ bu, — ‒. ‒ bu.

h) ‏ܢܛܘܪ‎   i) Z. B. ‏ܐܪܥ‎ Jes. 41, 25, ‏ܠܐܪܥ‎ u. s. w.

*) S. Anmerk. 6. u. 7.

Anmerk. 1. Das Skoso ist bey den Westsprern O, bey den Ostsyrern aber und den Nes storianern in der Sprache des Gottesdienstes A. k)

Anmerk. 2. Das Skoso, in so fern es mit zween über einander stehenden Punkten geschrie ben wird, verliehrt bisweilen das untere Punkt, wenn es über dem ; stehet, wo dann das biakritische Punkt des ; das untere Punkt des Skoso zugleich ausdrückt. l)

Anmerk. 3. Auch das Skoto steht in einer einfachen, oder zusammengesetzten Sylbe, die den Ton hat, lang; *) in letzterer aber, ohne Ton, -- kurz. **)

Anmerk. 4. Das Grozo (˙) kann ohne O, in welchem es ruhet, gar nicht stehen; ausgenom men in den beyden Wörtern ܠܳܐ und ܐܠܳܗܳܐ

Anmerk. 5. Wenn gleich in dem Grozo in diesen beyden Wörtern kein O ruhet: so ist es doch auch hier ein langer Vokal, weil die zusammengesetzte Sylbe, in der es stehet, den Ton hat.

Corollar. Folglich darf auch in diesen beyden Wörtern das ˙ nicht anders, als U aus gesprochen werden. Überhaupt ist der Vokal oder Diphthong Ue, den man in diesem Fall sonst zu tönen befiehlt, nicht orientalisch.

Anmerk. 6. Da das ˙, wenn gleich (wie gewöhnlich) ein O drinnen ruhet, auch in einer zu sammengesetzten Sylbe, die den Ton nicht hat, stehen kan: so folgt, daß es auch kurz gebraucht werde. m)

Anmerk. 7. Das Chbozo steht dann nur kurz, wenn die Sylbe zusammengesetzt ist und den Ton nicht hat; wenn auch gleich ein ܰ darinnen ruhet. n)

Anmerk. (8. u.) 9. -- -- Für verwandt kurz wird angesehen: ' von ', ˉ von ˉ und also umgekehrt; Für verwandt lang ' von ', ˉ von ˉ vergl. §. 43. 1. 2. §. 44. 1. 2.

                                                     Anmerk.

---

k) ܩܘܕܫܐ kudsch. קוּדְשָׁא kudsch. —

l) ܒܰܐ nur. Sonst ܒܳܐ

*) ܟܳܬܳܠܘܢ. ܟܳܬܳܠܘܢ. — ko-tlon. ko-tloth.

**) ܫܰܪܒܳܬܚܘܢ Schar-both-chun. (Wenn man anders nicht auch hier Schar-bo-thchun ab theilen will.) —

m) ܠܘܟܒܳܐܠ lukbäl. ܠܘܟܕܳܡ lukdäm.

n) ܢܨܕܚܝܘܗܝ (für ܢܨܒ) Joh. 5, 14. ungenт. ܐܠܳܗܘܬܐ. ܐܠܘܗܐ Man müßte denn in diesem Fall den leeren Buchstaben, durch welchen die Sylbe zusammengesetzt werden würde, zur folgenden Sylbe ziehen und dann würde (') auch hier lang stehen und der kurze Gebrauch des ˉ) bedenklich seyn. Ein nicht unwahrscheinlicher Fall; da die Sy rer, statt des kurzen Chirek der Hebräer, nicht (') sondern gemeiniglich (ˉ) setzen. —

Anmerk. 10. Vokale, die in Ansehung des Tons mit einander verwandt sind, werden auch im Syrischen bisweilen mit einander verwechselt. o)

Anmerk. 11. Die Gutturalen ܥ und ܗ bisweilen auch ܐ, ingleichen das ܪ haben gern (')ִ vor oder unter sich; sonderlich anstatt (') Rbojo, bisweilen auch anstatt des ܿ (Sjojo). p)

§. 38.

Die Vokalzeichen theilt man auch noch in reine und unreine. Unrein sind diejenigen

1) in welchen ein homogener Vokalbuchstab entweder explicite oder implicite ruhet. q) Doch häufig ausgenommen das ܿ.

2) welche vor einem herausgeworfenen Radikalbuchstaben stehen, oder — gleichsam ein Dages in sich schliessen. r)

3) welche in einer zusammengesetzten Sylbe stehen. s)

4) welche für Schwa, sonderlich unter dem zu Anfang leer stehen sollenden Olaf, in Nennwörtern, angenommen sind. t)

5) Ueberhaupt welche in der vorletzten Sylbe stehen. v)

§. 39.

Schwa. I. Der Figur nach haben die Syrer keins; obgleich der Sache nach, wie alle Sprachen in der Welt. Wo im Hebräischen ein Schwa steht — muß man sich im Syrischen eins hindenken — ein Zeichen, daß ein Buchstab leer und lautbar sey und entweder zur vorhergehenden, oder folgenden Sylbe gezogen werden müsse.

Eben so wenig haben die Syrer ein zusammengesetztes Schwa. Dafür aber merke man sich hier:

II. Die Syrer sprechen nicht immer gern zu Anfang eines Worts einen leeren Buchstaben aus. Dies zu vermeiden, setzen sie bisweilen

1) ein

---

o) ܡܚܙܩܢ für ܡܚܙܩܐ u. s. f.

p) ܐܢܟܣܕ für ܐܢܟܣܕ Aph. Exuit. Spoliavit. ܐܫܡܥܠ für ܐܫܡܥܠ Aph. Audire fecit. ܪܡܐ für ܪܡܐ Misit. — ܐܡܪ dic! für ܐܡܪܐ. ܦܬܠܘܢ pudefiet, 1 Sam. 3, 17. —

q) ܫܡܠ. Daher ܐܫܬܡܠ. — ܟܬܒ (von ܝܟܬܒ) Daher ܐܟܬܒ

r) z. B. das (') in ܫܢ Dens. (Emph. ܫܢܐ) in ܟܬܒ (ܐܟܬܒ) — Das ' in ܝܕܥ (ܐܝܕܥ) u. s. w. weil diese Wörter von Verbis geminantt. ܥܥ abstammen. —

s) ܡܠܟܐ i) ܐܡܪ agnus für ܐܡܪ. Daher ܐܡܪܐ

v) ܩܛܠ. ܩܘܡ. — ܩܛܦ Daher ܩܛܦܐ.

1) ein prosthetisches ן mit (ֹ) (ֻ) oder (ְ) vor; u) sonderlich in den mit *St.* oder *Sm.* ꝛc. anfangenden ausländischen Wörtern. w)

2) ן und ָ auch ֶ vor einem ר (§. 13. Reg. I. Anm. I.) wenn sie ein Wort leer anfangen sollten, nehmen einen homogenen Vokal, nemlich ן ein (ֹ) und ָ ein (ֹ) und ֶ ein (ֹ) oder (ְ) an, darinn sie ruhen. (§. 13. Reg. III. Anmerk. 2. B. 2.)

3) ן zu Anfang eines Worts, wenn es entweder selbst, oder auch der nächstfolgende Buchstab zugleich leer stehen sollte, bekommt in vielen Wörtern die verbergende Linie; x) fällt auch oft ganz weg. y) (§. 51. Nr. 2.)

§. 40.

Da die Syrer kein Zeichen fürs Schwa haben, weder fürs einfache, noch fürs zusammengesetzte: so läßt sich erwarten, daß sie auch keine verstohlne Vokale haben werden. Fast der einzige Fall, wo man im Syrischen an einen verstohlnen Vokal denken könnte, ist, wo das Mebagiono (§. 50. Nr. 5.) einen Vokal zu setzen und zu tönen befiehlt. Vergl. §. 46. Reg. II. mit §. 64.

Des zweeten Abschnitts
Zweytes Kapitel.
Von der Veränderung der Vokalzeichen.

§. 41.

Ehe wir sehen, nach was für Grundsätzen die Syrer ihre Vokalzeichen ändern, wollen wir sehen, durch was für Punktveränderungen Hebräische (und Chaldäische) Wörter zu Syrischen werden:

1) Statt

v) ܐܫܟܒ für ܡܫܟܒ inuenit. — ܟܕܐ für ܟܕ ficut. — ܐܒܝܒ bibit; für ܐܒܐ —
ܐܡܐ für ܐܡ.

w) ܐܣܛܕܝܐ Stadia. Ohngefähr wie die Franzosen. *Espérer*. Sperare. — *Espace*, Spatium. — Eben so ܐܙܡܪܓܕܐ Smaragd u. dergl. m.

x) ܐܢܝ *homo*. ܐܢܐ pronom. perf. wenn es statt des Verb. substant. gebraucht wird.) ܐܙܝ arcanum. — ܐܕܝܢ und ܐܣܝܢ *alius*. ܐܣܝܢܐ finis. —

y) ܐܝܢܝ finis. ܟܢܦ. —

1) Statt des Kametz der Hebräer, noch mehr aber der Chaldäer, setzen die Syrer ihr Skofo. z)
2) Statt des ׀ der Chaldäer nehmen die Syrer den Diphthong *au* an. a)
3) Statt des hebräischen O (Cholem und Kometzchatuf) und U (Schurek und Kibbutz) setzen die Syrer ihr Gzozo. b)
4) Statt des kurzen Chirek der Hebräer und Chaldäer brauchen die Syrer gemeiniglich ihr (̇). — c)
5) Statt des Hebräischen und Chaldäischen (..) setzen die Syrer gern (̇). d)

§. 42.

In Ansehung der Vokalzeichen in schon gebildeten Syrischen Wörtern giebt es eigentlich nur vier Veränderungsarten. Es werden nemlich Vokale 1) mit einander verwechselt. (§. 43.) 2) versetzt. (§. 44.) — — 3) weggeworfen. (§. 45.) — 4) neue angenommen. (§. 46.) — Anmerk. Nur reine Vokale (§. 38.) sind einer Veränderung fähig.

§. 43.

Vokale werden verwechselt, oder verwandelt und zwar

1) Das Rbozo, unter den Präformativbuchstaben des Infinitivs und Futuri im Peal, in Chbozo, häufig, wenn die Sylbe einfach wird. e) — Sehr selten hingegen, wenn die Sylbe zusammengesetzt bleibt. f)
2) Das Skofo der weiblichen Endung ܐ (Chald. א ָ) in Ptocho g)
3) Das Rbozo, öfters auch das Gzozo vor den Gutturalen und dem ܪ in Ptocho, s. §. 37. Anmerk. 11.
4) Daß das Skofo der emphatischen Endung, vor dem als Verb. subst. gebrauchten ܗܘ zu Ptocho werde, um mit dem o den Diphthong *au* zu bilden, s. §. 136.

z) ܐܳܕܳܡ אָדָם. — ܓܠܳܐ גְּלָה. גְּלָא. ܡܰܠܟܳܐ מַלְכָּא.
a) ܝܰܘܡܳܐ יוֹמָא. — ܡܰܠܟܰܘܗ݈ܝ מַלְכוּהִי
b) ܝܽܘܡ יוֹם. — ܟܽܠ כֹּל — כָּל — ܩܽܘܕܫܳܐ קֹדֶשׁ. — ܐܶܩܛܽܘܠ אֶקְטֹל
c) ܡܶܢ מִן. ܩܶܛܠܰܬ קָטְלַת. d) ܥܶܣܳܘ עֵשָׂו
e) ܢܶܬܟܰܪܗܽܘܢ für ܢܶܬܟܰܪܗܽܘܢ (ܢܶܬܟܪܶܗ) — ܢܶܐܟܽܘܠ für ܢ (ܢܶܐܟܽܘܠ). — ܠܳܐ ܬܶܡܰܐܢܽܘܢ *ne molestum sit.* 2 Theſſ. 3,13. — ܢܚܶܐ *vivet.* — §. 37. Anmerk. 9.
f) ܢܶܬܡܫܰܚ für ܢ *ungent.* Joh. 5. 14.
g) ܒܰܛܢܰܬ aus ܒܰܛܢܳܐ *Gravida.* — §. 37. Anm. 9.

5) Bey einem Zuwachs am Ende geht in einſylbigten Wörtern

a) ܔ in ܔ (، in ܐ) über. h)

Anmerk. Hieher gehört aber ܠܒ nicht. i)

b) ō in ܢ�‘(، in ܐܐ). k)

Anmerk. Hiervon werden einige ausgenommen. *)

6) Die Form ܣܐܒ، oder ܐܟܐܒ l) nimmt wegen des Zuwachſes am Ende durch die Pluralendung ſtatt ˉ ein ˉ an und giebt es dem erſten Stammbuchſtaben. m) Die Urſache iſt aus §. 37. Anmerk. g. zu erklären, weil die einfache Sylbe zur zuſammengeſetzten worden iſt; ſie alſo einen kürzern Vokal bekommen muſte.

§. 41.

Verſetzt, d. i. A) um einen Buchſtaben weiter zurückgezogen wird 1) das Gzozo (ō) 1) in der Form ܣܩܘܣ bey einem Zuwachs am Ende. n) und 2) in den beyden Wörtern ܣܒܐܠ o) und ܣܩܘܖܘ p) wenn ihnen, um ſie zu Präpoſitionen zu machen, das Präfix ܠ vorgeſetzt wird. q) Nur daß, ſobald bey einem ſolchen Zuwachs am Ende, um deſſen willen das Ptocho wegfallen muß, (d. i. wegen der Suffixe — die ſchweren und das Suff. ܔ ausgenommen 1) das ō wieder an ſeine vorige Stelle tritt. s) —

3) im

h) ܠܒܝܠ aus ܠܒܝܠ robur, potentia. i) ܠܒܐܟ aus ܟܐܒ rectus. Joh. 5, 30.
k) ܟܒܘ aus ܟܘܒ.

1) ܟܒܘܠ. ܝܘܠ ܟܒܘܠ ܟܒܘܟ. ܟܒܘܚ. ܟܒܘܩ. ܟܒܘܩ. ܝܘܠ. ܟܒܘܠ. ܝܘܠ.
ܟܒܘܢ. ܝܘܠ. ܟܒܘܠ. ܟܒܘ. ܟܒܘ (aliud ܟܒܘ) ܟܒܘ. (Aliud ܟܒܘ) ܟܒܘ
ܟܒܘ.. ܟܒܘܠ. ܟܒܘ. ܟܒܘ. ܟܒܘ. ܟܒܘ. ܟܒܘ. ܟܒܘ.
ܝܘܠ. ܝܘܠ. ܟܒܘ (aliud ܟܒܘ) ܟܒܘ. ܟܒܘ. ܝܘܠ. ܟܒܘ.
ܟܒܘ. ܟܒܘ. ܟܒܘ. ܟܒܘ. ܟܒܘ. ܟܒܘ. ܝܘܠ. ܟܒܘܠ. ܟܒܘܠ. ܟܒܘܠ. —

l) Creatio, creatura collecta. m) ܟܒܘ. ܟܒܘ. (von ܟܒܘ)

n) ܟܒܘ. — o) Judith 16, 17. —

p) Daher der Plural ܣܩܘܖܘ Act. 26, 20. Pf. 107, 26.

q) ܟܒܘ contra. ܟܒܘ coram —

r) ܟܒܘ contra me. ܟܒܘ. — Eben ſo ܟܒܘ. ܟܒܘ u. ſ. w.

s) z. B. ܟܒܘ contra nos. ܟܒܘ contra te. — Und ſo auch mit den übrigen Suffixen auſſer ܔ und den ſchweren.

3) im männlichen Plural des Imperativs im Peal vor den Suffixen i) Doch vergl. §. 45. I. 2. II. 2. mit 46. I. 3. —

II. Im Zeitwort ܐ abiit wird der Vokal des dritten Stammbuchstaben (wenn er einen bekommen sollte) zu dem zwoten leeren zurückgezogen und das ܠ wird durch die lin. occ. für müßig erklärt. v) (§. 51.)

III. Der Vokal des ܐ und des ܘ zum vorhergehenden leeren Buchstaben. §. 13. Reg. III. A.

B) Zum nachstfolgenden Buchstaben fortgerückt. — in einigen zusammengesetzten Partikeln; w) und im Stat. emph. Sing. einiger weiblicher Nennwörter. ')

§. 41.

In Ansehung des Wegwerfens der Vokalzeichen merke man:
Es kann wegfallen der Vokal
I. Der vorletzten Sylbe: aber nur

1) Das ˙ unter dem eigentlich leer stehen sollenden ersten Stammbuchstaben ܒ (§. 13. Reg. III. Anmerk. 2. B. 2.) so bald es, nach Analogie, einen (andern) Vokal bekommen muß. x)

2) Das ȯ in ܘܒܕܘ und ܩܛܘܠܘ, wenn durch Vorsetzung des Präfix ܠ daraus werden sollen. (Vergl. §. 46. 3. — und dann §. 44. A. 1.)

II. Der letzten Sylbe, bey jedem Zuwachs am Ende, der das Wort um eine Sylbe verlängern würde: y) — und insbesondere bey iedem Suffix.

1) Ausgenommen, wenn ein Vokal unrein (§. 38.) ist. z) Folglich insbesondere auch (˙) und (˙). ')

2) Doch

---

1) ܩܛܠܘܢ aus ܩܛܠܘ. —

v) ܐܙܠܝܢ für ܐܙܠܢ abiit. ܢܐܙܠܘܢ für ܢܐܙܠܘܢ abibunt. —

w) ܒܚܛܠܐ für ܒܚܛܠܐ buccinae, ܟܚܛܡܐ für ܟܚܛܡܐ usque dum.

') Sonderlich der Form ܒܓܬܐ und ܚܝܬܐ. Daher E. ܒܓܬܐ. ܚܝܬܐ. E. diese Formen in den Paradigmen der weiblichen Nennwörter. (Tabellen.)

x) ܡܠܟ (form. ܡܠܟܘ) von ܡܠܟ statt ܡܠܟ. — ܒܥܐ von ܒܥܐ für ܒܥܐ

y) ܩܛܠܬ aus ܩܛܠܘ. — ܕܗܒ von ܕܗܒ. —

z) ܚܛܠ den ܚܛܠ. R. ܚܛܠ. — ܚܛܟܐ vom ܚܛܟ

') Nemlich (˙), weil ܘ drinnen ruhet; und weil (implicite wenigstens) ܐ oder ܘ darinnen ruhet. Z. B. ܟܬܒ ܟܬܒ Eben so z. B. ܚܛ. ܚܛ. u. s. w. — Daher z. B. ܩܛܦܣ von ܩܛܦ. — ܚܛܟܣ von ܚܛ

2) Doch fällt o̅ weg:

   a) im Futuro Peal, bey einem Sylbenzuwachs am Ende. *)
   b) im männlichen Plural des Imperativs, wenn ein Suffix angehängt wird. **)

   c) in den Wörtern der Form ‫ܠܩܘܡ‬, bey einem Zuwachs am Ende. ***)
   d) in einſylbigten Wörtern, wie auch ʼ) (woraus dann, nach §. 46. I. Die Diphthonge ‫ܘ‬ und ‫ܝ‬ entſtehen) f. §. 43. Nr. 5.

§. 46.

Beym Setzen neuer Vokale merke man

Reg. I. Wenn zween Buchſtaben leer ſind, die doch zuſammen als eine Sylbe ausgeſprochen werden ſollen: ſo bekommt der erſte leere Buchſtab einen Vokal, und zwar

   1) häufig (˙) a); — (:(˙) aber vor einem ‫ܢ‬. b) — S. unten Reg. II. — :)
   2) am häufigſten (˙); ſonderlich wenn der erſtere ein Präfix iſt; c) oder vorhergeht, d) oder
   der erſte leere im Hebräiſchen, oder Chaldäiſchen ein ſtarkes Dages haben müſte; e) wie
   auch noch öfters auſſerdem. f)
   3) Wenn der zweete leere Buchſtab o̅ hatte: ſo nimmt der erſte wieder o̅ an. g)

Anmerk. 1. Daß die Kehlbuchſtaben, ſonderlich ‫ܚ‬. ‫ܥ‬. U und das ‫ܪ‬ das ʼ lieben, iſt oben
§. 37. Anm. 11. ſchon bemerkt.

Anmerk. 2. Der erſte leere Buchſtab in den Wörtern der Form (§. 45. II. 2. d.) ‫ܚܙܝ‬ und
‫ܗܘܐ‬

ʼ) ‫ܢܩܘܡܝ‬. aus ‫ܢܩܘܡܘܢ‬. — ‫ܢܩܛܠܝ‬ aus ‫ܢܩܛܠܘܢ‬. —

**) ‫ܙܩܘܦܘܗܝ‬ crucifigite eum von ‫ܩܩܘܡ‬ Vergl. §. 46. Nr. 3. — oder §. 44. A. —

***) Daher, vergl. §. 46. Nr. 3. z. B. ‫ܠܩܝܕܐ‬. ꝛc.

a) ‫ܬܩܛܠܝܢ‬ aus ‫ܬܩܛܠܝܢ‬ von ‫ܩܛܠ‬. — ‫ܩܛܠ‬ aus ‫ܩܛܠ‬ von ‫ܩܛܠ‬.

b) Hier iſt der Grund §. 13. Reg. III. Anm. 2. B. 1. zu ſuchen. ‫ܬܢܝܢ‬ für ‫ܬܢܝܢ‬ Scortum.

c) ‫ܢܩܛܠܘܢ‬ aus ‫ܢܩܛܠܘܢ‬ und ‫ܒ‬. — Vom ˙ der Präfix f. §. 13. Reg. VI, A, 3.

d) ‫ܩܛܠܘܗܝ‬ aus ‫ܩܛܠܘܗܝ‬ (ſo-rchtho.) — S. Reg. II.

e) ‫ܬܐܪܝܢ‬ aus ‫ܬܐܪܝܢ‬ e-grtho. (אתריכן) S. Reg. II.|

f) ‫ܩܘܡܐ‬ aus ‫ܩܘܡܐ‬ von ‫ܩܘܡܐ‬ Vergl. §. 45. I. 1. — ‫ܬܩܛܠܘܢܝ‬ aus ‫ܬܩܛܠܘܢܝ‬. —
   S. Reg. III.

g) ‫ܢܩܘܡ‬. ‫ܢܩܘܡܘܢ‬. (‫ܩܘܡܘܐ‬.) ‫ܩܘܡܘܗܝ‬. Vergl. §. 45. I. 2. II. 2, b, c, —

' ܝܘܿܝ nimmt ' an, woraus dann ein Diphthong entsteht. — Vergl. §. 43. f. wo dasselbe aus einer Verwechselung, oder Verwandlung erklärt wurde. —

Anmerk. 3. Wenn der lezte solcher zweener leer gewesenen Buchstaben, darunter der erste
nach Reg. I. einen Vokal angenommen hatte, ebenfalls einen Vokal bekommt: so muß
der unter dem ersten angenommene kurze Vokal wieder wegfallen. *)

Reg. II. Wenn zween Buchstaben leer sind, darunter der erste zur vorhergehenden und
der andere zur folgenden Sylbe gelesen werden soll: so ist eigentlich gar keine Veränderung nöthig. Indessen wird doch, bald häufiger und ordentlicher Weise, bald seltner,
um bequemerer Aussprache willen, ein Vokal angenommen, und zwar

α) , h) (seltner ' selbst bey einem Guttural, oder ܐ. i) Doch öfters so in Zeitwörtern. k)

β) ' gewöhnlich nach dem langen Vokal '; l) (oder seltner nach ○ *) und —
wenn der erste leere Buchstab im Hebräischen und Chaldäischen ein starkes Dages hat. m)

γ) vor (ante) einem lautbaren ܝ, wenn es zwischen zween Konsonanten zu stehen kommt.
(Reg. I. Nr. 1.) n) — (Näherer Grund: §. 13. Reg. III. Anm. 2. B. 1. —) —
Ausgenommen im Particip. Passiv. der Verbor. N°) in Pael, Aphel und Eschtaphal,
wo, (zum Unterschied vom Particip. activo) *) ' angenommen wird. **)

δ) ○ a) vor (ante) einem lautbaren ○, wenn es zwischen zween Konsonanten (b. i.
lautbaren Buchstaben zu stehen kommt. o)
b) in einigen weiblichen Nennwörtern, die vorn und hinten durch Nebenbuchstaben (§. 14.)
gebildet sind, wenn sie im Singular, im Stat. emphat. gesetzt werden sollen. p) Man
müste denn hier, schon im Stat. absoluto, die Form mit ○ annehmen wollen. —

C   Reg.

_____

*) ܡܚܣܢܐ aus ܡܚܣܢܐ (f. Reg. II. γ.)

b)| ܡܕܒܚܐ (madébcho) aus ܡܕܒܚܐ (mídbcho.) ܡܚܕܪܢܝܬ habitatio ejus; von ܡܚܣܢܐ

i) ܙܩܬܐ Doch aber auch ܙܩܬܐ bestia. ܚܙܩܐ für ܚܘܩܐ corrigia. ܢܘܩܬܐ für
ܢܘܩܬܐ osculum.

k) ܢܩܘܿܡܘܿܢ für ܢܩܘܿܡܘܿܢ. — ܢܬܟܠܝ für ܢܬܟܠܝ Vergl. Lud. de Dieu Gram. LL. OO.
p. 53. — Doch aber auch ܡܬܟܠܝ für ܢܬܟܠܝ. —

l) ܣܘܝܬܐ aus ܣܘܝܬܐ *) ܡܘܿܡܐ für ܡܘܿܡܐ E. von ܡܟܬܡ macula.

m) ܐܦܪܟܝ für ܐܦܪܟܝ (ואחרך) n) ܐܢܬܬܐ aus ܐܢܬܬܐ Scortum. — ܡܟܬܒ für ܡܟܬܒ (ויכתב)

*) ܡܚܬܐ. ܡܚܬܐ. **) ܡܚܬܐ. ܡܚܬܐ.

o) ܢܘܡܐ für ܢܘܡܐ gaudium. ܢܘܣܐ animal: für ܢܘܣܐ animal. ܣܘܙܘܢ für ܣܘܙܘܢ.

p) ܡܚܣܢܬܐ von ܡܚܣܢ. ܡܟܬܒܐ von ܡܟܬܒ Lapsus. ܬܕܡܘܪܬܐ von ܕܡܪ Miraculum.

Reg. III. Wenn drey Buchſtaben leer ſind: ſo nimmt nur derjenige einen Vokal an, wel=
cher mit dem Folgenden am bequemſten und analogiſchſten eine Sylbe bilden kann, wel=
ches insgemein der zweite iſt.   (Eben ſo von vier leeren Buchſtaben gemeiniglich der
zweite.)   Und dieſer bekommt gewöhnlich ῾. q)

Insbeſondere auch das O zwiſchen zween andern leeren lautbaren Buchſtaben. r)

Reg. IV. Überhaupt von den Vokalbuchſtaben merke man: Zwiſchen zween lautbaren Buch=
ſtaben kann kein Vokalbuchſtab leer ſtehen, ſondern ſie nehmen (wenn ſie nicht analogiſch ei=
nen andern bekommen,) — und zwar ‏ا‎ ein (´); o ein ᷄; und ‏و‎ ein (᷄) an. S. §. 13. Reg.
III. Anmerk. 2. B.)

Reg. V. Wenn nur ein Buchſtab leer iſt: ſo kann er zwar gemeiniglich leer bleiben; in=
deſſen nimmt er doch, in manchen Fällen, häufig einen Vokal an, z. B.

1) ῀ in der Conjug. Ethpeel der Verbor. quieſc. N,V s)

2) unter ‏ا‎. ‏و‎ und ‏ܕ‎, wenn ſie zu Anfang leer ſtehen ſollten; und zwar ‏ا‎ und ‏ܕ‎ ein ῀
oder ᷄; ‏و‎ aber ῾. S. §. 13. Reg. III. Anmerk. 2. B. 2. —

Des zweeten Abſchnitts
Drittes Kapitel.
Von den diakritiſchen Zeichen der Syrer.

§. 47.

Die Syrer kennen kein ſtarkes Dages, d. i. ſie haben nicht nur kein Verdoppelungszeichen,
ſondern auch keine Verdoppelung ſelbſt. Wo ſie aber auch einen doppelt ſtehenden Buchſtaben,
der das erſtemal leer und das andere Mal voll iſt, ſchreiben — ſprechen ſie ihn doch nicht
aus, 1) doch den einen etwas härter, daher ſie ihm bisweilen ein Ruſchoi geben. — Das
Ruſchoi (§. 49.) iſt übrigens ſo viel, als das gelinde Dages der Hebräer.

§. 48.

A. Wenn ein Buchſtab doppelt ſtehen ſollte das erſte Mal leer und das zweite Mal
voll: oder auch, wenn der vorhergehende Buchſtab leer iſt: ſo fällt er das erſte Mal
weg;

---

q) ܐܲܫܟ̇ܚܹܬ für ܐܲܫܟ̇ܚܹܬ̣. ܡܲܕܡܟ̣ܝ cubile meum; für ܡܲܕܡܟ̣ܝ von ܡܲܕܡܟ̣ܵܐ
r) ܡܢ̣ܕܲܥ für ܡܲܢܕܲܥ von ܝ̣ܕܲܥ gaudium.   s) ܐܸܬ̇ܛܠܲܦ für ܐܸܬ̇ܛܠܲܦ. —   ܡܲܫܡܲܛ
für ܡܲܫܡܲܛ   t) ܐܲܡܝ̣ܢ A-mé.

weg. u) bleibt er aber, wie es in Nennwörtern öfters geschiehet, im ersten Fall, stehen: so bekommt er die Verbergungslinie. (§. 51. Nr. 1.) und wird nicht gelesen. v) — Hier merke man sich noch insbesondere:

1) Auch von einem doppelten ∠ (Das erste Mal leer und das andere Mal voll) in den weiblichen Nennwörtern *Sing.* im *statu emphat.* fällt das eine weg. w) Ausgenommen, wenn das zweite ∠ dritter Stammbuchstab ist *) und in den Conjj. passivis, wo das doppelte ∠ (auch wenns das andere Mal leer ist) stehen bleibt. x) Kommt aber ein drittes (nicht radikales) hinzu: so fällt eins weg. y) Wo aber das dritte ∠ radikal ist, da bleiben sie alle drey. z)

2) Ein leeres ? vor einem ⸵ pflegt zwar gemeiniglich geschrieben = aber nicht ausgesprochen und daher mit einer Verbergungslinie §. 51.) unterzeichnet zu werden. a)

3) In ausländischen Wörtern schreiben und lesen die Syrer einen doppelten Buchstaben eher. b) Doch geschieht dies in der Philoxen. Uibersetzung, die überhaupt alles mit einer ängstlichen Gewissenhaftigkeit ausdrückt, und in jüngern Syrischen Schriften, häufiger, als in der Ischito und in ältern Schriften.) Bisweilen findet man, sogar in jüngern Syrischen Schriften einen Buchstaben doppelt, wo er selbst im Griechischen nur einfach steht. d)

4. Wenn ein leeres Nun die Sylbe schließen sollte: so fällt es (doch nicht leicht als dritter Stammbuchstab) gewöhnlich heraus. e) oder bekommt, wenn es stehen bleibt, die Verbergungslinie, (§. 51.) und wird also dann nicht gelesen. Letzteres geschiehet in den persönlichen Fürwörtern der zwoten Person f) und in einigen Nennwörtern. g) —

E 2   S*

---

u) ܠܡܘܢ. ܡܘܢ. Dafür ܕܡܘܢ. ܡܘܢ u. s. w. Die nähere Bestimmung, unten an f. O. — §. 108. — v) ܒܗܬܬܐ A-me. w) ܠܡܪܝ für ܠܡܪܝ ') 3. B. ܕܠܒܫ descendistis. — ܕܚܠܬ pudefacta es. x) ܐܬܛܠܠܝ (Enthaphal.) ܐܬܛܠܠܝ (Ethpeel. quiesc. ܛܠ.) — ܐܬܛܠܠܝ (vom ܛܠ) Vergl. J. D. Michaelis Gr. Syr. p. 64. y) ܬܫܠܠܝ für ܬܫܠܠܝ *efferas* rc. Röm. 11, 20. z) ܥܫܢ R. ܥܫܢ Ps. 18, 36. a) ܥܕܬܐ (*Ito.*) Ecclesia. — b) ܣܘܢܕܘܣ c) ܣܘܢܕܘܣ in der Ischito. d) ܣܘܢܗܕܘܣ Synodus. Vergl. J. D. Michaelis Gr. S. p. 35. e) ܡܕܝܢܬ für ܡܕܝܢܬܐ. — ܐܕܢܐ *vitis*, für ܐܕܢܐ. — ܬܐܢܐ *ficus* für ܬܐܢܬܐ Sonst aber bleibt das leere Nun, als dritter Stammbuchstab stehen. 3. B. ܚܙܝܢܢ *tbu* &c. f) ܐܢܬܘܢ (ath.) ܐܢܬܘܢ. ܐܢܬܘܢ. — ܐܢܬܝܢ g) ܐܢܬܬܐ (aththo) אשה für אנשה ܐܢܫܐ (Schatho) *Annus*. ܫܢܬܐ *Urbs*. ܝܡܝܢ *Latus*. ܓܝܓܐ *Gigas*. ܥܡܐ *Emta*. ܢܫܝܢ *Nasus*. ܡܣܟܢܐ *Pauper* &c.

So auch bisweilen sogar ein ܙ h) — und andere Buchstaben, zumal in ausländischen Wörtern. i)

C) Statt des euphonischen oder verbindenden Dages der Hebräer, durch welches sie zween Wörter gleichsam zu Einem verbinden, merken wir uns, bey den Syrern, ähnliche Verbindungsarten der Wörter:

1) Die persönlichen Fürwörter ܗܘ und ܗܝ, wenn sie entweder überflüssig gesetzt, oder statt des Verbi substant. gebraucht werden, und dann unterm ܗ die verbergende Linie bekommen (§. 51.) verbindet man mit dem vorhergehenden Worte, so, daß, wenn die Endsylbe des vorhergehenden Worts zusammengesetzt ist, der Vokal dieser Fürwörter zu derselben zurückgezogen, k) wenn sie aber einfach, der Vokal dieser Fürwörter weggeworfen, l) und das ܘ oder ܝ mit dem vorhergehenden Endvokal ausgesprochen, und wenn die vorhergehende Endsylbe ܐ hat, vor dem ܗܘ das in verwandelt wird. m) Oft fällt nun das ܐ der vorhergehenden einfachen Endsylbe und das ܗ dieser Fürwörter weg und beyde Wörter fliessen auch im Schreiben, in eins zusammen. n)

Eben so verbunden muß man sich auch das als verb. subst. stehende persönliche Fürwort ܐܢܐ denken; daher das erste ܐ die Verbergungslinie bekommt. *)

2) Das Zeitwort ܗܘܐ, wo es überflüßig gesetzt, oder als Hülfsverbum, zur Bildung des Imperf. oder Plusquamperf. gebraucht wird, (Synt. §. 48.) und unterm ܗ die Verbergungslinie bekommt (§. 51.) wird mit dem vorhergehenden Wort in der Aussprache genau verbunden. o) —

3. Ei

h) ܚܨܐ *lumbus*, aus חַרְצָא. — Oder mit der Verbergungslinie ܒܪܬ (*barth*) *filia*. i) ܒܠܢܐ (und ܒܠܐܢܐ) *balneum*. — k) ܠܝܛ ܗܘ für ܠܝܛ ܗܘ *maledictus est*. — ܕܡܢܘܗܝ *cujus illud est*; für ܕܡܢ ܗܘ ܗܝ — ܡܢܝ ܗܝ für ܡܢ ܗܝ *quaenam est*. —
l) ܩܫܐ ܗܘ (kscheu) *durum est*; für ܩܫܐ ܗܘ, ܗܕܐ ܗܝ (hodoi) hæc est; für ܗܕܐ ܗܝ
m) ܐܢܐ ܗܘ (enau) *Ego Sum*; für ܐܢܐ ܗܘ. ܠܐ ܒܫܡܝܐ ܗܘ 5 Mos. 30. 22. ic.
n) ܐܝܟܘ für ܐܝܟܐ ܗܘ *ubinam est?* ܗܢܘ für ܗܢܐ ܗܘ *hic est*. *) ܩܛܠ ܐܢܐ *occido*. — ܐܢܐ ܐܢܐ *Ego Sum*. o) ܩܛܠ ܗܘܐ koṭel-wo. *Occidebat*. ܩܛܠ ܗܘܐ *Occiderat*. u. s. w. S. Syntax. ܠܐ ܗܘܐ *nequaquam*. p) ܐܢܫ *homo* (§. 51.) — ܒܪ ܐܢܫ. — ܒܪ ܐܢܫ

3. Einige, mit] anfangende Wörter p) (§. 51. 2.) Daher auch hier, nach Wegwerfung des] eine völlige Zusammenziehung, auch im Schreiben, gewöhnlich ist. q)

4) Im Præsent. periphrastico. S. §. 95. Num. 2. 3.

Anmerk. 1 — 5. —

Anmerk. 6. Statt des starken Dages der Hebräer rücken die Syrer bisweilen ein] ein. r) -- Doch vergl. §. 13. Reg. VIII. — Sehr selten ein ﬞ ')

Anmerk. 7. Auch Nun, statt des hebräischen Dages. s)

Anmerk. 8. Auch sogar ᵌ, wie es scheint; obgleich selten, t)

§. 49.

Die aspirirten Buchstaben (§. 2. Anmerk. 2.) bekommen bey den Hebräern nur ein Punkt (dages lene) wenn sie ohne Aspiration d. i. härter ausgesprochen werden sollen. Die Syrer thun (wenn man nicht zugleich aus Raphe der Hebräer denken will) mehr. — Sie haben zweyerley Punkte:

1. Ein Punkt, das sie drunter setzen, (Ruchoch, v) und welches anzeigt, daß jene Buchstaben aspirirt: und ein Punkt, das sie obber setzen, (Ruschoi u) anzeigend, daß sie ohne Aspiration, oder härter ausgesprochen werden sollen. — Beyde Punkte werden zum Unterschied von andern Punkten in Handschriften gemeiniglich mit rother Dinte, in einigen Ausgaben aber, aus gleicher Absicht vieredkigt gemacht. — Sie werden aber mit grosser Nachläßigkeit gesetzt, und so häufig mit Bedacht ausgelassen, daß man siehet, man könne sie leicht ganz entbehren. — Eigentlich müste aber das Ruschoi (und im gegenseitigen Fall das Ruchoch) gesetzt werden, wo das gelinde Dages der Hebräer zu stehen pflegt; nemlich

1) allzeit in den aspirirten Anfangsbuchstaben eines Worts.

2) in der Mitte und
3) am Ende eines Worts } wenn ein leerer lautbarer Buchstab vorhergehet. —

E 3　　　　　　　　II. Aus

---

q) ܐܶܡܰܝ. — ܚܠܶܢܬ unusquisque. ܟܽܪܟܳܠ (Barlaam) §. 51.2. r) ܐܳܡܳܟܐܳ für ܐܳܡܳܟܐ libra. ܡܶܫܟܐ für ܡܶܫܟ (R. ܢܣܒ). —; wie man im Chald. ܣܐܒ für ܣܒ schreiben kan. ܐܠܟ. ܐܠܟ Ist ohnstreitig das Chald. ܐܠܝܢ Hebr. ܐܠܗ —

s) ܓܶܒܳܪ (ܢܒܕ) heros. ܓܽܒܳܪ fortitudo. t) ܟܣܐ NSA Solium. ܐܠ (Psl) R. ܠܝܐܠ voluit. ܐܠܕ (neuit. R. ܠܕܠ) — ܢܟܠ R. ܟܠ Contorsit. v) ܪܟ i. e. Emollitio.

u) ܡܣܟ i. e. Induratio.

II. Ausserdem wird auch noch das Ruichoi (aber eben so unstet und nachläßig) über jes den Buchstab des Alphabeths gesetzt, der im Hebräischen, oder Chaldäischen ein starkes Dages hat; nemlich

1) in der Conjug. Pael und deren Passiv. Ethpaal, w) und denen daraus hergeleiteten Rennwörtern. x)
2) In den Verbis ד und ל, wo der erste Stammbuchstab wegfällt. y)
3) Auch wo sonst ein leeres Nun weggefallen ist, das die Hebräer durch Dages ersetzen. z)
4) In den Verbis gemin. y und den davon abstammenden Rennwörtern. a)

§. 50.

Es sind nun noch einige diakritische Zeichen übrig, welche wir in diesem und dem folgenden §. noch kennen lernen wollen:

1) Dasjenige diakritische Punkt, welches ursprünglich die Stelle der vermuthlich später erfundenen Syrischen Vokalzeichen vertrat und von welchen uns Isenbiehl b) durch mühsame Untersuchung, den vollständigsten Unterricht gegeben hat. Dieser würdige Gelehrte macht, mit grosser Wahrscheinlichkeit, die Schule zu Edessa zur Erfinderinn dieses Punktes; daher sich auch gerade die aus jener Schule ausgegangenen Restorianer desselben ganz vorzüglich bedienen. — Diese Erfindung war, ehe man Vokalzeichen hatte, sehr nützlich. Die Aussprache und Bedeutung vieler Wörter, die verschiedener Aussprache und Bedeutung fähig waren, zu bestimmen. c) — So bald aber die Vokalzeichen erfunden und gebraucht wurden, ward dieses diakritische Punkt, als minder bequem, überflüßig und der Vergessenheit werth; wir finden es indessen doch hin und wieder, bald mehr, bald minder sorgfältig, gleichwol noch gebraucht.

Es kann zu allen Buchstaben gesetzt werden; doch ן ז und ז auch wol ז gebens entweder dem folgenden, oder vorhergehenden Buchstaben; weil ן schon so weit über die Zeile hinauf ragt und die Linie berühret, auf welcher das Punkt stehen sollte; Dolath und Risch aber ingl. ז oft unkenntlich werden würden, wenn man ihnen auch noch dies Punkt geben wollte. — Man findets also nur auch über diesen Buchstaben in genauern Schriften, wo sich dies diakrit. Punkt, theils durch seine Figur, oder entfernten Standort, von andern Punkten hinlänglich unterscheidet. — Wir finden es aber übrigens:

A.) in

___

w) ܣܒܪܬ (Sabräth) Marc. 16, 10. von ܣܒܪ Euangelizauit. — x) ܡܣܒܪܢܐ Euangelista. ܣܢܕܩܘ (אשׂקד) Sanctus. ܐܟܪ (אכר) Agricola. Jac. 5, 7. ܐܟܐ (אמא) Pater. u. s. w.
y) ܫܠܙ Selas. 1 Mos. 15, 13. — ܐܠܦ educam. 1 Mos. 19, 8. z) ܐܫܝ (aus אשׁי)
a) ܐܫܟܝ humiliata est. ܡܚܘܬܐ morsus. R. ܡܚܘ. — b) Job. Lor. Isenbiehl Beobachtungen von dem Gebrauch des syrischen Puncti diakritici bey den Verbis. Göttingen, 1773. 4. c) Z. B. ܝܠܦ (Iläf) er hat gelernt — u. — sterne, — (Ialef) er hat gelehret — und — s lehre, s (Iolef) s ein Lernender. s

A) in Zeitwörtern

a) *Präterit.*

Sing.

3. { *masc.* hat es unter dem Wort, ohne an einen gewissen Buchstaben gebunden zu seyn. d)
fem. hat beym Endbuchstaben ܬ ein einfaches, oder ein doppeltes Punkt, (zum Unterschied von der ersten und 2ten masc. e)

2. { *masc.* hat ein Punkt unter einem Stammbuchstaben und unterscheidet sich dadurch von der 3 fem. und 1 comm. f.)
fem. braucht kein Punkt, wegen des weiblichen ܝ am Ende.

1. *comm.* hat es über einem Stammbuchstaben. g)

Plural. Hier ists, wegen der gnug unterscheidenden Terminationen unnöthig. Erpen hat auch hier keins. Asseman aber, zum Ueberfluß, unter der 1 com. u. 3. m. — h)

b) *Infinitiv.* bekommt es unter sich, unter irgend einem Buchstaben. i)

c) *Imperativ.* bekommt es ebenfalls unter sich, ohne sich an einen bestimmten Buchstab zu halten. k)

d) *Futurum*

Singular.

1. *com.* hat das Punkt über sich. l)

2. { *masc.* hat es unter sich. m)
fem. braucht kein diakrit. Punkt.

3. { *masc.* hat das Punkt drunter. n)
fem. hat ebenfalls drunter. o)

Plural.

---

d) ܩܛܠ. ܩܛܠ. ܩܛܠ Er hat getödet. e) ܩܛܠܬ — ܬ — ܬ — ܬ — ܩܛܠܬ Sie hat getödet. f) ܩܛܠܬ, ܩܛܠܬ, ܩܛܠܬ du hast (m) getödet. g) ܩܛܠܬ, ܩܛܠܬ — ܩܛܠܬ Ich habe getöd. h) ܩܛܠܘ, ܩܛܠܘ, ܩܛܠܘ, ܩܛܠܘ Sie (m.) haben getöd. ܩܛܠܢ, ܩܛܠܢ wir haben getödet. i) ܡܩܛܠ, ܡܩܛܠ, ܡܩܛܠ ܡܩܛܠ Tödten. Eben so in den übrigen Conjugationen. k) ܩܛܘܠ, ܩܛܘܠ, ܩܛܘܠ Pl. Eben so! Auch ܩܛܘܠܘ l) ܐܩܛܘܠ, ܐܩܛܘܠ, ܐܬܩܛܠ u. s. w. —

m) ܬܩܛܘܠ, ܬܩܛܘܠ, ܬܩܛܘܠ du wirst (m.) tödten. — n) ܢܩܛܘܠ, ܢܩܛܘܠ, ܢܩܛܘܠ Er wird tödten. — o) ܬܩܛܘܠ, ܬܩܛܘܠ, ܬܩܛܘܠ Sie wird tödten.

Plural.

1. *comm.* Das Punkt drunter. p)

2. *masc.* Das Punkt drunter und drüber. q)

3. *masc.* — r)

NB. Im Futuro ist das Punkt also, da es meist gar nicht unterscheidet, fast ganz ohne Nutzen. Vielleicht aber ist hier die diakritische Kraft dieses Punktes in den meisten Personen des Fut. noch nicht entdeckt. Häufiger Gebrauch Nestorianischer Handschriften könnte hier wol noch den Ausschlag geben.

c) *Particip.*

Praes.

masc., *fem.* } hat das Punkt über sich; im Peal über dem ersten Stammbuchstaben s) und in den übrigen Conjugationen über dem präformativ. ܡ. t) — In den Conjj. passivis kommts auch über dem ersten Stammbuchstab v) und in den Polyglotten bisweilen unter dem ܡ u); ja mit einem doppelten Punkt w) vor.

Praeterit. hat das Punkt unter sich. x)

NB. Nun wird man schon sehen, daß es eine unnütze Arbeit wäre, dies, gegen die Vokalpunkte gerechnet, höchst schwankende Hülfsmittel zum richtigen Lesen und Verstehen der Veränderungen in den Zeitwörtern, dem Gedächtniß einzuprägen.

B.) in Nennwörtern.

In Nennwörtern bedienen sich die Syrer des diakritischen Punkts deswegen seltner, weil hier nicht so häufige Verwechselungen möglich sind. Wo sie es aber hier brauchen, ists nicht sowol Vokalzeiger, als eigentliches Unterscheidungszeichen bey möglicher Verwirrung. Z. B. ܐܡܐ kann heissen *manus* (ܐܡܐ) und auch *quantum.* (ܐܡܐ). — Daher man sich hier sehr nützlich des diakritischen Punktes bediente. Z. B.

ܐܡܐ

p) ܢܩܛܘܠ, ܢܩܛܘܠ, ܢܩܛܘܠ. Wir werden tödten. q) ܬܩܛܠܘܢ, ܬܩܛܠܘܢ, ܬܩܛܠܘܢ Ihr (m.) werdet t. r) ܢܩܛܠܘܢ, ܢܩܛܠܘܢ, ܢܩܛܠܘܢ ܢܩܛܠܘܢ und ܢܩܛܠܘܢ. Sie (m.) werden t. s) ܩܛܠ. t) ܡܩܛܠ. ܡܬܩܛܠ v) ܡܬܩܛܠܝܢ

u) ܡܬܩܛܠܝܢ Ps. 58. 9. w) ܡܬܩܛܠܝܢ Psalm 44, 17.

x) ܩܛܝܠ, ܩܛܝܠ, ܩܛܝܠ

܂ܡ܊

܂ܡ܊	܂ܡ܊
b. i.	b. i.
܂ܡ܊	܂ܡ܊
manus.	*quanam?*

ܡܘܣܐ

ܡܘܣܐ	ܡܘܣܐ
b. i.	b. i.
ܡܘܣܐ	ܡܘܣܐ
somnus.	*annus.*

ܣܠܟܐ

ܣܠܟܐ	ܣܠܟܐ
b. i.	b. i.
ܣܠܟܐ	ܣܠܟܐ
meus.	*meus.*

ܟܡܐ

ܟܡܐ	ܟܡܐ
b. i.	b. i.
ܟܡܐ	ܟܡܐ
feruxi. *)	*opus.*

§

C. Ja

C. In Fürwörtern.

a) Am häufigsten über dem weiblichen Suffixo ܗ y) zum Unterschied von dem männlichen ܗ

b) ܗܘ bedeutet ܗܘ   ܗܝ bedeutet ܗܝ

c) ܗܘ ⸺ ܗܘ (ipse)

d) ܗܘ ⸺ ܗܝ (illa)

e) ܗܢܘܢ ipsi. — ܗܢܘܢ illi.   ܗܢܝܢ ipsæ — ܗܢܝܢ illæ.

Aus dem allen erhellet, daß dieses diakritische Punkt, bey dem Gebrauch der weit bequemern bestimmten Vokalzeichen für uns unnütz sey.

Noch unterscheiden die Syrer:

2) durch eine kleine Linie (ܘ̇) die Ausrufungspartikel ܘ̇ (O!) von ܘ̇ (ܘ̇ auch;) wos mit man nicht verwechseln darf

3) die kleine Linie, wodurch die Syrer Abbreviaturen anzeigen, z) welche vermuthlich, zum ähnlichen Gebrauch des Medda bey den Arabern, Veranlassung gab. — Hiervon ist wieder ganz verschieden

4) das Marhedono a), ebenfals eine kleine Linie über einem Buchstaben. Es wird über den ersten zweener auf einander folgender leerer Buchstaben (§. 46. Reg. II.) gesetzt und zeigt an, daß der Buchstab leer auszusprechen sey, (weil er, nach §. 46. Reg. II. wol auch einen Vokal bekommen könnte.) b) und folglich bey der Aussprache des Worts geeilt werden solle. — Völlig das Gegentheil davon ist

5) das Mehagiono c). Es wird unter den Buchstaben gesetzt, der sonst leer ist (und auf welchen noch ein leerer folgt) — der aber mit einem Vokal ausgesprochen werden soll. d) — Ausser einer noch sehr wichtigen Linie (§. 51.) merke man sich hier noch

6) das Ribui e), oder zween neben einander stehende Punkte, welche anzeigen, daß das Wort plural. num. und hier dafür anzunehmen sey, den Buchstaben nach, aber wol sing. num. seyn könnte. Daher es auch bey den Nennwörtern sing. num. die aber collectiv stehen

___

y) ܩܕܝܫ z) ܫܘ̈ i. e. ܫܘܒܚܐ Sanctus. ܫܘ̈ i. e. ܫܘܒܚܐ gloria u. f. w. — Daher auch bey Zahlbuchstaben, d. i. wenn Buchstaben statt Zahlwörter gebraucht werden. §. 30. zu Ende. a) ܡܪܗܛܢܐ i. e. *currere faciens.* b) ܐܠܗܐ (died - ktho.) eleemosynæ ܡܠܟܘܬܐ *regina.* — c) ܡܗܓܝܢܐ *distinctè in Syllabas dispesci jubens.* R. ܗܓܐ Buchstabiren; Sylbe für Sylbe aussprechen. Daher ܗܓܝ eine Sylbe. d) ܡܕܢܚܐ ma-dén-cho (nicht mad-ncho; wie nach Nr. 4.) *Oriens.* e) ܣܓܝ (multiplicatum.)

hen, gebraucht wird. *) Es wird aber natürlicher Weise da nicht gesetzt, wo sich das Wort, schon den Buchstaben nach, vom Singular unterscheidet f) — Bey den im stat. emphat. stehenden Nennwörtern aber, ingleichen in den Zeitwörtern ist, den blosen Buchstaben nach, der Plural vom Singular gar nicht zu unterscheiden; g) und hier zeigt das Ribui seinen Nutzen, bisweilen selbst beym Gebrauch der Vokalzeichen. h) — Es wird daher, auch in punktirten Schriften, mit groser Sorgfalt gesetzt, mehr, als irgend ein anderes diakritisches Zeichen.

Anmerk. Wenn das Ribbui über das ܪ gesetzt werden soll: so verliehrt das ܪ sein diakritisches Punkt und das eine Punkt des Ribui stellt jenes zugleich mit vor. i)

§. 51.

Nun ist noch die verbergende Linie (lineola occultans), eine kleine Horizontallinie unter den Buchstaben übrig, welche bedeutet: 1) daß der Buchstab, unter welchem sie stehet, gar nicht gelesen werde. k) 2) daß das ܥ (Ee), als erster Stammbuchstab, vor einem ܗ, wie ܐ laute, oder: zum Vokalbuchstab werde. (§. 13. Reg. I. und Reg. III. Anm. 2. B. 2.) l) — 3) daß ein Buchstab leer auszusprechen sey; und zwar im Imperativ der Conjug. Peal von ܗܘܐ m) und überhaupt im Imperativ des Pass. Ethpeel. n)

Sie wird daher insbesondere gesetzt

1) unter den leeren mittelsten Stammbuchstaben in den von Verbis gemin. ܝ abstammenden Nennwörtern. (§. 48. A.) m)

2) unters ܐ, zu Anfang einiger Wörter, die sich mit einem leeren Olaf anfangen sollten. (§. 39.) n) Insbesondere unter das Anfangsolaf des persönlichen Fürworts ܐܢܐ wenn es als Verbum substantiuum oder, mit einem Particip. zur Umschreibung des Præs. temp. (Synt. §. 52. 1.) gebraucht wird. (ܐܢܐ) o)

*) ܒܩܪܐ Bos. (בָּקָר) Aber ܒܩܪ̈ܐ Grex. — ܡܕܝܢܬܐ Civitas. Aber ܡܕܝܢ̈ܬܐ Civitates. — Daher auch ܡܝ̈ܐ (מַיִם) — ܫܡܝ̈ܐ (שָׁמַיִם) f) z. B. ܡܠܟܝܢ reges. — ܡܠܟ rex. — g) ܡܠܟܐ rex. ܡܠܟ̈ܐ reges. h) z. B. ܐܝܬܝ attulit (masc.) ܐܝܬܝ̈ attulerunt. (fem.) ܐܬܟܬܒܬ tectus est. ܐܬܟܬܒ̈ܬ tecta sunt. — So auch (s. §. 91. IV.) ܩܛܠ̈ܗ wenns für ܩܛܠܘܗ oder ܩܛܠܗ ist. — i) ܒܩܪ̈ܐ. ܬܐܪ̈ܬܐ k) ܫܒܬܐ Seba-tho.

l) ܥܗܕ m) ܗܘܝ (hari) curre. n) ܐܬܟܬܒܝ (Ethkathbi.) — m) ܥܡܡ̈ܐ (A-me.) Populi. n) ܐܢܫ (nosch) homo. ܐܚܪ̈ܢܝܢ (chrin) ܐܚܪܢ (chron.) alius. Eben so alle übrige von ܐܚܪ abstammende Nennwörter. ܐܪܙ (ros) Arcanum. — Seltner auch in ܥܠܡܐ vergl. §. 48. C. 3. o) ܐܢܐ ܐܢܐ Ego sum.

3) unter ein leeres ܕ vor einem ܠ p)

4) unters ܗ in verschiedenen Fällen; nemlich

a) in den persönlichen Fürwörtern ܗܘ݂ und ܗܝ݂, so oft sie entweder überflüßig stehen, oder statt des *Verbi substant.* und insbesondere auch, hinter einem Particip., zur Umschreibung des Præsent. temp. gebraucht werden. (ܗܘ. ܗܝ) Vergl. §. 48. C. 1.

b) in dem entweder überflüßig, oder als Hülfsverbum stehenden Zeitwort ܗ݁ܘܳܐ. Vergl. §. 48. C. 2.

c) in dem Suffix ܘ݂ܗܝ (*au*) q); ܘ݂ܗܝ (*ul*) r) ܝ݂ܗܝ (*al*) s)

d) in Griechischen Namen, wo es den *Spirit. asp.* ausdrückt. t)

e) im Zeitwort ܝܗ݂ܒ *dedit.* (§. 101.)

5) unter ein leeres ܘ, das auf ein in ˙ ruhendes ܘ folgt. u)

6) unters ܠ im Zeitwort ܐܙܠ (*abiit*) so oft es voll werden und der mittelste Stammbuchstab leer stehen sollte. (§. 44. II. und §. 99. Hauptanm. III.) v)

7) unter ein leeres, eine Sylbe schliessendes Nun, in den persönlichen Fürwörtern ܐܢ݂ܬ. ܐܢ݂ܬܝ. ܐܢ݂ܬܘܢ. ܐܢ݂ܬܝܢ wie auch in einigen Nennwörtern; wo es nach §. 48. B. hätte ganz wegfallen können. w)

8) unter das ܬ im Nennwort ܒܪ݂ܬܐ (*filia*), im *stat. constructo:* ܒܪ݂ܬ *bath.*

Des

p) ܒܪ݂ܬܐ *i-tha.* q) ܡܠܟ݂ܘܗܝ *reges ejus.*

r) ܐܒ݂ܘܗܝ *pater ejus*

s) ܩܪܝ݂ܗܝ *vocavit eum.* t) ܗܪ݂ܘܡܝ *Roma.*

u) ܡܘ݂ܟܟ݂ܢܘܬܐ *cunctatio.* ܡܘ݂ܠܟ݂ܢܐ *promissio.* ܡܘ݂ܚܕ݂ܢܐ *indicatio.*

v) ܐܙ݂ܠܬ (Edlàth) für ܐܙܠܬ u. s. w.

w) S. oben §. 48. B. Not. *f)* *g)*

Des zweeten Abſchnitts

Viertes Kapitel.

Von den Tonzeichen.

§. 52.

Accente, wie die Hebräer, kennen die Syrer nicht.

§. 53.

Was mit den Accenten der Hebräer einigermaſſen übereinkommt, ſind

1) die Unterſcheidungs = oder Abtheilungszeichen, und was zu dieſen gehört und
2) die Affektszeichen.

§. 54.

Im Gebrauch der Unterſcheidungs = oder Abtheilungszeichen trifft man in den Schriften der Syrer mehr Verſchiedenheit, oft auch offenbare Nachläßigkeit an, als bey uns. — Die vorzüglichern (unter welchen die vier erſten wieder die vorzüglichſten x) ſind) ſind folgende:

1) Comma, oder Semicolon; zwey Punkte über einander (:) y).   Dies Zeichen trennt die einzelnen Glieder der Protaſis. z)

2) Colon; zwey Punkte von der Rechten zur Linken ſchreg über einander; (∵) a) — trennt die Protaſis von der Apodoſis; b) wird auch wol als Fragzeichen gebraucht. c)

3) Comma, oder Semicolon; zwey Punkte von der Linken zur Rechten ſchreg über einander (∴) d) — trennt die einzelnen Glieder der Apodoſis; oder auch einer etwas langen Frage. e)

4) Punktum; ein einzelnes Punkt, zu Ende eine Satzes. Doch bisweilen auch in der Mitte deſſelben.

_____

5) Comma, ein einzelnes Punkt. So in der engl. Polyglotte und in Widmanſtads N. T.

6) Punktum: vier Punkte (∵∵) oder (::) zu Ende eines Satzes. So in Erpens Pſalmen.

7) Colon; und zwar dasjenige, welches vor einer etwas langen Rede, oder anzuführenden Wor=

        F 3

_____

x) ܩܦ̈ܣܝܐ radicalia.   y) ܦܚ̈ܡܐ (i. e. æqualia.) und ܐܘ̈ܝܐ (i. e. compar) genannt.

z) Protaſis. Syr. ܩܕܡܐ Promiſſio.   a) ܬܚܬܝܐ (i. e. inferius) genannt.

b) Apodoſis. Syr. ܦܘܢܝܐ Retributio.   c) Joh. 19, 15.

d) ܚܢ̈ܟܐ   e) Matth. 12, 10.

Worten gesetzt wird. Sind drey Punkte schreg über einander (∴) f) — Wird auch als Fragzeichen gebraucht. *)

8) Parenthese. — .

Diese sämmtlichen Unterscheidungszeichen werden aber so häufig verwechselt, daß sie dem Leser oft mehr Schwierigkeit machen, als Erleichterung schaffen; Daher man sie, ohne Schaden, leicht ganz entbehren könnte.

§. 55.

Nicht bequemer, oder nützlicher sind die von Amira erwähnten und in Handschriften bisweilen vorkommenden Affektzeichen, wodurch eine Frag, ein Rufen, eine Verwunderung, ein Lob, ein Glücklichpreisen, ein Zeigen und Befehlen angezeigt wird; folglich größtentheils Dinge, die jeder Leser leicht ohne besondere Zeichen bemerkt.

§. 56.

Diese Affektzeichen sind eigentlich nur Ein Punkt, welches über dem ersten, oder zweyten Buchstaben der Wörter gesetzt wird und nur jene mannigfaltige Bedeutung (§. 55.) hat. —

Zum Ausdruck der Verwunderung wird bisweilen ein schreges Doppelpunkt (∵) dafür gesetzt. Da sie aber, selbst in den besten Ausgaben, kaum angetroffen werden, unnöthig sind und bey der Menge anderer Punkte, leicht Verwirrung machen könnten: so verweilen wir uns nicht länger dabey. g)

§. (57.) 58.

Von der Verbindung zweyer Wörter in der Aussprache, oder Schrift, oder beyder zugleich, an welche man bier beym Makkeph der Hebräer denken könnte, ist bereits oben, bey ähnlichem Verbindungsfall der Hebräer, §. 48. C. schon gehandelt.

Dritter Abschnitt.

Das erste Kapitel.

Von den Sylben der Syrer.

§. 59.

Die Sylben der Hebräer, welche durch Verbindung eines, oder mehrerer Buchstaben mit einem Vokal, entstehen, sind entweder einfache, (simplices) oder zusammengesetzte, (compositæ.) Eine

---

f) Matth. 19, 18. *) Vergl. J. D. Michaelis Gramm. Syr. p. 45 47.
g) Vergl. J. D. Michaelis Gr. Syr. p. 48.

Einfach heißt eine Sylbe, wenn sie auf einen Vokal, zusammengesetzte aber, wenn sie auf einen Konsonant ausgeht.

§. 60.

Eine einfache Sylbe hat gern einen langen, eine zusammengesetzte aber einen kürzern Vokal h) Vergl. §. 37. Anmerk. 5. — mit §. 43. 1. 2. 6.

§. 61. 62.

Des dritten Abschnitts
Zweytes Kapitel.
Vom Ton der Sylben.

§. 63.

Von derjenigen Sylbe, welche am deutlichsten oder nachdrücklichsten ausgesprochen wird, sagt man, sie habe den Ton, der Ton liegt aber entweder (und zwar bey den Syrern meistens theils) auf der vorletzten, oder auf der letzten Sylbe; und eigentlich niemals auf der vor vorletzten (antepenult.)

§. 64.

Ist die Endsylbe einfach (§. 59.): so ist der Ton auf der vorletzten; i) ist sie zusammengesetzt: k) oder aus den zusammengesetzten Endungen ורב und ירב, durch eine Apokope, zu den einfachen Sylben u und i geworden: l) so ist der Ton auf der letzten Sylbe.

Gleichsam auf der vorvorletzten Sylbe (antepenult.) ist der Ton, wo ein Mehagiono (§. 50. Nr. 5.) gesetzt, oder doch gedacht werden muß d. i. der, um distinkterer Aussprache willen angenommene Vokal ist gleichsam kein wahrer, sondern verstoßner Vokal. (§. 40.) m)

§. 65.

h) ܦ... Paœr. Nur daß sich im Syrischen, die Quantität der Vokale mehr nach der Beschaffenheit der Sylben bestimmt. S. §. 37. i) ܡܠܟܐ *mál-cho,* ܡܠܟܐ *mdl-cbt.* ܡܡܝܬܢܐ *Mmaithóne. Irrisores.* k) ܪܬܝܒ (*Rotdcb.*) *ferues,* ܪܕܝܢ *redcbin.* ܡܠܟ *Makbái.* l) ܡܠܟܗ (*makbi*) (aus ܡܠכֹּת) — ܬܘܕܝ (thandi.) *Gratiarum actio.*

m) ܡܕܒܚܢܐ Mádebcho (aus ܡܕܒܚܢܐ Mádbcho) Doch ists auch hier kein erwiesner Fehler, den Ton auf *penult.* zu legen. ܡܕܒܚܢܐ Ma-dtb-cbo.

§. 65. (66. 67.)

Vom Zurückziehen, oder Fortrücken des Tons wiſſen die Syrer nichts. Denn die natürlich ſich ergebende Vorrückung des Tons beym Zuſammenziehen zweyer Wörter (§. 48. C. und 114.) n) iſt kaum des Bemerkens werth.

Vierter Abſchnitt.
Von den Zeitwörtern

Vorläufige Anmerkungen.

§. 68.

Die Zeitwörter ſind bey den Syrern, wie bey allen Morgenländern, gemeiniglich die Grundwörter der Sprache, von welchen die Nennwörter ꝛc. abſtammen. Seltner iſt ein Nennwort das Grundwort und giebt erſt dem Zeitwort ſeine Bedeutung, in welchem Fall das Zeitwort denominativum genannt wird. Bisweilen iſt ein Zeitwort, in verſchiedenem Betracht Grundwort und denominativum zugleich, wie aus dem Hebräiſchen ſchon bekannt iſt.

Gemeiniglich beſtehen ſie aus drey Stamm= oder Hauptbuchſtaben; doch giebts auch welche, die aus vier Buchſtaben beſtehen und dieſe ſind entweder aus zwey *Verbis* zuſammengeſetzt, o) oder als beſondere Formen, oder Conjugationen von gewöhnlichen dreybuchſtäbigen Zeitwörtern s p) oder von Griechiſchen, oder andern fremden Wörtern q) gebildet.

Die Zeitwörter theilen ſich in *Tranſitiua* und *Intranſitiua*. Unter letztern begreifen wir alle diejenigen, welche nicht tranſitiv ſind.

Anmerk. 1. Einen Affekt anzeigende Zeitwörter ſind eigentlich intranſitiv; werden aber tranſitiv, wenn der Affekt zu einem andern übergeht, oder in demſelben ſeinen Grund hat.

Anmerk. 2. Einige Verba tranſitiua ſind zugleich auch intranſitiua oder haben auch paſſive, oder reciproke Bedeutung.

Anmerk.

---

n) ܟܳܬ݁ܶܒ kotél-wo. ܒܰܪܢܳܫ barnóſch ꝛc. ſ. m. o) ܐܶܬ݂ Paſſ. ܐܶܬ݂ *erubuit*; zuſammengeſetzt aus ܪܓܫ (ܢ܍ *foditas*) und ܢܝ *ignominia afficit.*

p) Hiervon §. 89. it. §. 75. 85. Hieher gehört auch, wenn, ſtatt der Verdoppelung des mittelſten Stammbuchſtaben ein ܝ eingerückt, (S. §. 48. Anmerk. 8. —) oder ein dreybuchſtäbiges Zeitwort durch Anhängung eines ܢ zum vierbuchſtäbigen wird. §. 109. 110.

q) ܩܬ݂ܠ *carbolicum conſtituit.* ܩܬ݂ܠ *Patriarcham conſtituit.*

Anmerk. 3. Alle Zeitwörter und Conjugationen, die reciprok gebraucht werden, sind ursprünglich erst passiv.

§. 69.

Beym Conjugiren hat man zu merken:

1) Die *Tempora* und *Modos* &c. *Praeteritum, Futurum* (welche beyden *Tempora* der Syrer aber nicht so leicht aoristisch wie im Hebräischen und Chaldäischen, gebraucht werden) Infinitiv, Imperativ und Participium. Vom *Praesent. periphrast.* §. 95. Anmerk. 2. 3.
2) den Numerus: Singular und Plural.
3) die Personen. Drey in beyden *Num.*
4) das Geschlecht der Personen. Männlich und weiblich; oder beydes. (commun.) Mehr von dem allen Kap. 2. §. 90 — 96.

§. 70.

Eigentlich haben die Syrer nur Eine Conjugation, aber destomehr Formen derselben, die man aber gemeiniglich auch Conjugationen nennt. Die gewöhnlichsten sind Peal, Pael, Aphel und Schaphel, deren jede wieder ihr besonderes, durch Vorsetzung der Sylbe *Et* gebildetes Passivum hat, ausser diesen kommen noch mehrere vor, die unten ebenfalls angeführt werden sollen.

§. 71.

Jedes Tempus aller Conjugationen hat gemeiniglich mehr, als Eine Form, weil die Morgenländer im Gebrauch ihrer Vocale viel willführliches haben. Es liegt viel daran, sie beym *Verbo perfecto* gleich kennen zu lernen, weil oft eine in dem Verbo perfecto vorkommende höchstseltene Form in einem und dem andern Verbo imperfecto die ordentliche ist.

Des vierten Abschnitts

Erstes Kapitel,

Von den regelmäßigen Zeitwörtern und deren Conjugationen insbesondere.

§. 72.

Coniug. I.

Peal, mit ihrem Passivo Ethpeel.

Die erste Conjugation (Peal) ist die einfachste und leichteste; und entspricht in allem der ersten Conjugation (Kal) der Hebräer.

Ihre Tempora, nebst deren verschiedenen Formen, sind:

G   1. Prä-

I. Präteritum:

ܩܛܰܠ r)

ܩܛܶܠ s)

ܩܛܺܠ t)

ܩܛܽܠ u)

ܐܶܩܛܰܠ und ܐܶܩܛܶܠ v)

Anmerk. 1. Von der ersten Form (ܩܛܰܠ) behält der mittelste Stammbuchstab in allen denienigen Personen, wo er voll seyn muß, sein ˙. S. das Paradigma.

Anmerk. 2. Von der zwoten Form (ܩܛܶܠ) behält er es in den Verbis quiesc. ע״ו in allen und jeden Personen, wirft es aber, weil er selbst wegfallen muß (§. 13. Reg. VII. B. 2.) dem ersten Stammbuchstaben zu; in den ל״א aber bleibt das ˙ nur noch in der 3 fem. sing. in allen übrigen Personen wird er mit ˙ in den ersten des Singulars aber mit ˙ bezeichnet. S. Paradigm. von diesen *Verbis*.

Anmerk.

r) Meist transitiver Bedeutung. ܩܛܰܠ *occidit*. — Doch auch seltner intransitiv: ܢܦܰܩ *defuit*. zumal bey einem Guttural, oder ܪ. s) In den Verbis quiescc. ע (ܩܳܡ für ܩܘܰܡ §. 13. Reg. VII. B. 2.) und ל״א. (ܡܠܳܐ) t) Wird gebraucht 1) überhaupt in den *Verbis intransitivis sensuum & affectuum* z. B. ܒܛܶܢ *concepit*. ܪܚܶܡ *dilexit*. 2) in den *Verbis* פ״י z. B. ܝܠܶܕ *peperit*. 3) in den *Verbis* ע״י *quiesc*. Z. B. ܟܐܶܒ *doluit*. ܥܐܶܠ *ægre tulit*. — NB. Einige *Verba* haben bald *a* bald *e* z. B. ܝܪܶܬ und ܝܪܰܬ *hereditavit*. ܐܟܰܠ und ܐܟܶܠ comedit. — Bisweilen mit Verschiedenheit der Bedeutung: ܦܠܶܓ divisus fuit. ܦܠܰܓ divisit, wie מָלֵא und מָלָא im Hebräischen. u) Bisweilen 1) in *Verbis* ל״א, sonderlich wenn die Bedeutung intransitiv ꝛc. ist. Z. B. ܚܕܺܝ *gavisus est*. ܫܓܺܝ *crevit*. ܣܪܺܝ *putidus factus est*. ܪܘܺܝ *inebriatus est*. ܫܠܺܝ *cessavit*; und 2) in den *Verbis quiescc*. ע. sonderlich ע״ו ܡܺܝܬ für ܡܘܺܬ §. 13. Reg. III. Anmerk. 2. A.

v) ܐܶܫܟܰܚ *invenit*; potuit. ܐܶܫܬܺܝ bibit. Daß dieß nicht Aphel seyn könne, sondern Peal oder Kal seyn müsse s. J. D. Michaelis Gramm. Syr. p. 110.

Anmerk. 3. Von der dritten Form (ܩܛܠ) und der vierten (ܩܛܠ) behält der mittelste Stammbuchstab in den Personen, wo er voll seyn muß, diesen seinen Vokal; w) nur daß ihn in den Verbis quiesc. ע״ו, das ܘ allzeit zum vorhergehenden zurückwirft. (§. 13. Reg. III. Anmerk. 2. A.) x)

II. Infinitiv:

y) ܡܩܛܠ

z) ܡܩܛܠ

a) ܡܩܛܠ

b) ܡܩܛܠ

III. Futurum,

c) ܢܩܛܠ

d) ܢܩܛܠ

e) ܢܩܛܠ

f) ܢܩܛܠ

g) ܢܩܛܠ

G 2   IV. Im-

w) ܚܢܘܢ. ܚܢܘܢ. ܚܢܘܢܗ &c. R. ܚܢܘܢ. ܪܚܡ. ܪܚܡ. ܪܚܡܬ &c. R. ܪܚܡ x) ܚܠܠ ܚܠܠܗ. ܚܠܠܬ rc. y) Die gewöhnlichste Form des Verbi Perfecti. z) in den Verbis ע״ד; (ܩܛܠܟ) auch öfters in den Verbis א״נ (ܩܛܠܟ) welches freylich aus §. 43. I. zu erklären ist. a) in den Verbis quiesc. ע״ו, ܡܩܛܠ aus ܡܩܘܛܠ für ܡܩܘܛܠ Vergl. §. 13. Reg. III. Anm. 2. 3. Reg. VI. B. 1.

b) in den V. quiesc. ע״י ܡܩܝܠ Doch ist mir dies bis jetzt noch bloß Form aus Analogie. c) Die gewöhnlichste Form des Verbi perf. it. quiec. ע״ו und gem. ע. auch פ״נ. — d) Die Form des fut. 1) in den Zeitwörtern, wo im præterito der mittelste St. B. (ˊ) hatte: ܐܕܒܩ von ܕܒܩ. —— 2) wegen eines Gutturals, oder (ܪ). (§. 37. Anmerk. 11.) — 3) insbesondere in einigen Verbis פ״נ. Z. B. ܢܣܒ accipiet. ܢܩܦ adhærebit. &c.

e) Sehr selten! ܢܚܛܐ angens Joh. 5, 14. Gewöhnlich aber in den Verbis ע״ו oft auch in den א״נ. S. das Paradigm. Ist hier übrigens auch §. 43. I. zu erklären. f) In den Verbis ל״א (s. Paradigma.) und einigen andern Zeitwörtern, als ܕܡܐ emit. (ܢܕܒ) ܢܬܒ sedit. (ܢܩܦ) — ܢܓܪ traxit. ܢܦܠ cecidit. ܥܒܕ fecit. ܢܣܡ sortiri. (ܢܨܒ sertiamur.) ܐܟܠ pependit. — Und gleichsam nach der Form 3. u. 4. zugleich: ܢܚܐ vivemus. Eigentlich die Form 4. und das (ˊ) der litt. præform. nach §. 43. I. — g) In den Verbis quiesc. ע״ו ܢܩܘܡ (für ܢܩܘܡ §. 13. Reg. III. Anm. 2. A. ——

IV. Imperativ:

NB. Der Imperat. richtet sich, in Ansehung des Vokals des mittelsten Sammbuchstaben, nach dem *Futuro.*

ܦܥܘܠ b)

ܦܥܰܠ i)

ܦܥܶܠ k)

ܦܥܺܠ l)

V. Participium: Ist zweyfach: *Activum* (Pohel) und *Passivum* P,hil)

1. *Particip. activ.* ܦܳܥܶܠ m)

ܦܳܥܰܠ n)

ܦܳܥܘܳܠ nn)

2) —— *passiv.* ܦܥܺܝܠ o)

ܦܥܶܠ *)

ܦܰܥܺܝܠ p)

Anmerk. Das Part. pass. komt, wie dieselbe Form im Arabischen und Hebräischen und im letztern sogar die Form Pahul, in den Verbis intransitivis oft statt des particip. activ. vor. S. vorhin die Not. o) und p) —

Pass.

b) Die gewöhnlichste Form des Verbi perfecti; ingl. נ״פ. ע״ו quiesc. — und *gem.* ע״ע. —

i) Die Form in den Verbis, welche im Futuro ' hatten. Aus gleichen Ursachen.

k) Wo im Futuro (ˆ) war; die Verba ל״א hier ausgenommen!) ܦܶܠ *cade.* Matth. 21, 21. ܥܒܶܕܘ *facite.* Matth. 3, 8. — dafür 1 Mos. 31, 46. ܥܒܶܕܘ. Möglich! vielleicht aber auch Nachlässigkeit! — l) In den *Verbis* quiescc. ע״י und ל״א ܩܺܝܡ. ܚܙܺܝ. m) Die gewöhnliche Form in allen Verbis.

n) Wegen eines Gutturals, oder ܪ (§. 37. Anmerk. 11.) ܪܳܬܰܚ *fervens.* Act. 18, 25. ܦܳܠܰܚ *colens.* ܦܳܪܰܥ *rependens.* ܐܳܡܰܪ dicens. [illegible] nn) ܡܫܟܰܚ *poteſt.* Matth. 3, 9.

o) ܩܛܺܝܠ *occisus.* ܪܒܺܝܥ *cubans.* 1 Mos. [illegible]. *) kbél. In den Verbis ל״א. —

p) ܚܒܺܝܒ *dilectus.* (Emph. Matth. 3, 17.) ܝܰܩܺܝܪ *oneratus.* Jes. 1, 4. ܕܚܺܝܠ *formidabilis.* Hebr. 12, 21. ܒܰܣܺܝܡ *suavis.* Matth. 11, 30. ܡܰܟܺܝܟ *humilis.* Matth. 21, 5. ܫܰܪܺܝܪ *verax.* Matth. 22, 16. ܕܡܺܝܟ *dormiens.* Matth. 8, 24.

Paſſivum von Peal

Ethpeel.

Das Paſſivum von Peal wird gebildet durch Vorſetzung der Sylbe ܐܬ (eigentlich das ܐ mit dem prosthetiſchen ܐ) und Verwechſelung des ' des mittelſten Stammbuchſtaben mit ܬ.

I. Præteritum:

o) ܐܬܩܛܠ

q) ܐܬܩܛܠ

r) ܐܬܩܛܠ

Anmerk. Dieſer Vokal des mittelſten Stammbuchſtabens der drey Formen bleibt jederſmal in allen übrigen Perſonen, wo der mittelſte Stamm.buchſtab voll iſt. **)

II. Infinitiv:

s) ܡܬܩܛܠܘ

III. Futurum:

ܢܬܩܛܠ

t) ܢܬܩܛܠ

v) ܢܬܩܛܠܐ

G 3   IV. Im

*) Ordentlich! (von ܐܬܩܛܠ ꝛc. ſ. §. 13. Reg. VIII. 2. und §. 46. Reg. V. 1. —)
q) Eth-kbal. Iſt die Form, 1) wenn der dritte Stammbuchſtab ein Gutural, oder Riſch iſt ܐܬܒܐܫ *laimus pœnas*, Luc. 23, 41. ܐܬܬܒܪ *contriſtatus eſt.* — 2) In den Verbis ܢ"ܚ. —
r) Ethkbil. Dieſe Form nimmt 1) das *Verbu* ܫܡܥ (Chald. ܣܒܠ *acquievit, conſenſit.*) allzeit an. ܐܬܬܦܝܣ Obedivit. Aſſenſum præbuit. Ap. Geſch. 18, 20. Kap. 21, 14. u. ſ. w. — 2) Die *Verba* ܢ"ܝ überhaupt. S. das Paradigma. 3) Die *Verba* quieſc. ܥ.
**) ܐܬܩܛܠ. S. das Paradigma. — ܐܬܒܐܫ (von ܒܐܫ) *laimus pœnas*, Luc. 23, 41. — ܐܬܦܬܚ *aperta ſunt.* Matth. 9, 30. ܐܬܦܬܚ *paruerunt.* Ap. Geſch. 5, 29. ܐܬܦܬܚ. — ܐܬܦܬܚ. ܐܬܦܬܚ u. ſ. w. S. das Parab. der Verbor. ܢ"ܝ.
s) Iſt die gemeine und einzige Form. Selbſt ܫܡܥ macht ܡܫܬܡܥܘ *obedire.* Ap. Geſch. 5, 29. Nethkbal. Wegen eines Guturals, oder ܪ. Z. B. ܢܬܦܬܚ *aperietur.* Matth. 7, 7. ܬܬܚܪܪ *liberaberis.* Luc. 13, 58. — v) Nethkbil. Im Verb. ܫܡܥ. — ܢܫܬܡܥ *obediens.* Röm. 15, 21. ܬܫܬܡܥܘܢ *obedietis.* Gal. 5, 7.

IV. Imperativ:

ܐܶܬ݂ܩܛܶܠ

܊) ܐܶܬ݂ܩܛܶܠ

u) ܐܶܬ݂ܩܛܶܠ

V. Participium:

ܡܶܬ݂ܩܛܶܠ

w) ܡܶܬ݂ܩܛܶܠ

x) ܡܶܬ݂ܩܛܶܠ

Anmerk. 1) Iſt der erſte Stammbuchſtab ein *Sibilant* (ܙ ܨ ܣ ܫ ܣ ܀): ſo wird das charakteriſti⸗
ſche ܬ damit verſetzt. y)

Anmerk. 2. Iſt er ܙ (Sain): ſo geht das ܬ noch überdies in ܕ über 2); iſt er ܨ (Zade):
ſo geht das ܬ in ܛ über. a).

Anmerk. 3. Die Verwandlung des ܬ char. in ܕ oder ܛ, wenn der erſte Stammbuchſtab
ܕ oder ܛ iſt; Verdrängung des einen und Erſetzung durch Dageſch (auch wenn der erſte
Stammbuchſtab ܬ iſt) kennen die Syrer nicht. b)

§. 73.
Conjug. II.
Pael,

Die zwote Conjugation (Pael) hat Charakter (obgleich implicite) und Bedeutungen mit
der zwoten hebräiſchen (Pihhel) gemein. (Daß ſtatt der Verdoppelung des mittelſten Stamm⸗
buchſtaben bisweilen ein Riſch eingerückt werde, ſ. oben §. 48. Anmerk. g.

I. Präter

---

*) Eth-kbil. In den Verbis N ... ܐܶܬ݂ܟܒܶܠ u) Ethkbil. Im Verb. ܣܓܶܕ. — ܐܶܣܬ݁ܓܶܕ
obedite. Hebr. 13, 17.

w) Methkbal. Wegen Gutt. oder ܀. ܡܣܬ݁ܒܪ ſatus. 1 Cor. 15, 44. — ܡܶܬ݂ܝܕܰܥ cognitus.
1 Cor. 14, 7. x) Methkbil. Im *Verb.* ܣܓܶܕ. ܡܶܣܬ݁ܓܶܕ obediens. Joh. 3, 16.
Röm. 10, 19. 21. ܡܶܣܬ݁ܟܰܠ Luc. 1, 17. ꝛc. ꝛc. y) ܐܶܣܬ݁ܩܰܒܠ.
z) ܙܒܝܢ emtus eſt. R. ܙܒܰܢ. Emit. a) ܐܶܙܕ݁ܩܶܦ crucifixus eſt. R. ܙܩܶܦ ſuſpendit.
b) ܐܶܬ݂ܒܰܠ abduſtus eſt. Matth. 4, 1. ܡܶܬ݂ܛܰܡܰܐ inquinatus. ܢܶܬ݂ܬܒܰܪ frangetur. Joh. 19, 36.

I. Präteritum:

ܩܛܠܐ

a) ܩܛܠܐ

c) ܩܛܠܐ

Anmerk. Dieſer Vokal des mittelſten Stammbuchſtaben bleibt in allen übrigen Perſonen, wo der mittelſte Stammbuchſtab voll iſt. **)

II. Infinitiv:

ܡܩܛܠܘ

III. Futurum:

ܢܩܛܠܐ

d) ܢܩܛܠܐ

IV. Imperativ:

ܩܛܠܐ

e) ܩܛܠܐ

f) ܩܛܠܐ

V. Participium:

1) Praeſ. ܡܩܛܠܐ

g) ܡܩܛܠܐ

2) Praet. h) ܡܩܛܠܐ

§ 74.

*) ka-bil. Wegen Guttural, oder ܂. ܩܒܠ annunciauit. c) ka-bil. In den Verbis ܠܗ
ܝܟܠܕ **) ܩܠܠܐ (von ܩܠܠ.) — ܩܡܠܝܢ miſſus. Phil. 4, 18. von ܐܦ.ܠ.—
Eben ſo in der Form kabil in ܠܗ. ܩܟܠܘ u. ſ. w. S.

d) Wegen eines Gutturals, oder ܂. ܐܒܕ euangeliztm. Röm. 1, 15. ܢܒܨܪ Ap. Geſch. 16, 10.
e) Wegen eines Gutturals, oder ܂. ܩܒܠ lauda. Joh. 9, 24. f) In den Verbis ܠܗ.
ܠܘܝ g) Wegen Guttural, oder ܂. ܩܡܪ gubernans, 1 Tim. 3, 4.
h) ܡܢܓܕ flagellans. Marc. 15, 15. =

§. 74.

Das Paſſivum der Conj. II. —

Ein durch bloſe Vokaländerung gebildetes Paſſivum der zwoten Conjugation, wie Hebräer und Araber, kennen die Syrer nicht. Sondern ſie bildens durch Vorſetzung der Sylbe ܐܬ welches dann die fünfte Conjugation der Araber und Hebräer iſt. Und davon §. 79.

§. 75.

Conj. III. (Pohel) Paubel, Pabel.

Die dritte Conjugation verkennen die Syrer auch nicht; ob ſie gleich ſelten vorkommt. Sie hat ein lautbares o nach dem erſten Stammbuchſtaben, welches mit dem Procho des erſten Stammbuchſtaben einen Diphtbong ausmacht, (§. 13. Reg. IV.) bisweilen aber auch (nach §. 13. Reg. V.) in � verwandelt wird und in dem des erſten Stammbuchſtaben ruhet. (§. 13. Reg. I.) Sie kommt, wie im Hebräiſchen und Arabiſchen, der Bedeutung nach, mit der zwoten meiſt überein. Ihre beyden Formen ſind:

I. Präteritum:

i) ܐܲܨܡܲܚ }
   ܨܲܡܲܚ }

k) ܡܲܨܲܚ f. U'

Anmerk. Hier kann man nur wiederhohlen, was beym Prät. Conj. II. §. 73. bemerkt iſt.

II. Infinitiv:

ܡܨܲܡܲܚܘ
ܡܨܲܡܲܚܘ

III. Futurum:

ܢܨܲܡܲܚ f. U'
ܢܨܲܡܲܚ f. U'

IV. Im

---

i) Erſters gewöhnlich; letztere wegen eines Gutturals, oder (ܨ). ܩܲܘ contorſit. abſtrinxit ſe. ܩܲܠܶܐ conjunxit. ܩܲܐ exenerare fecit. ܪܲܘܓ ruminavit. — ܐܘܓ accendit. ܩܲܙ communicavit.

k) ܪܓ concupivit. (für ܐ ܪܓ med. rad. ܐ in ܐ §. 13. Reg. IX. 1. c.) R. ܪܓ

IV. **Imperativ:**

Wie das Präteritum.

V. **Participium.**

1. *Präs.*

ܡܚܰܨܰܚ ܒ (m' f.

ܡܚܰܨܚܰܬܐ (m' f.

2. *Präterit.*

ܡܚܰܨܰܚ ܝ

ܡܚܰܨܚܰܬܐ

§. 76.

Das *Passivum* der Conj. III.

Ein Passivum der dritten Conjugation, blos durch Vokaländerung gemacht, wie bey den Hebräern und Arabern, kennen die Syrer nicht. Sondern sie bildens durch Vorsetzung der Sylbe ܐܬ welches dann die sechste Conjugation der Araber und Hebräer ist. Und davon §. 81.

§. 77.

Conjug. IV. Aphel.

Die vierte Conjugation Aphel, hat, statt des hebr. ܗ welches sie hier sehr selten behält, ein ܐ (§. 13. Reg. IX. 8.) vor dem ersten Stammbuchstaben zum Charakter, wie im Arabischen und entspricht ganz der vierten Conjugation der Hebräer (Hiphil) und Araber. Daher auch von ihrer Bedeutung hier nichts Neues zu merken ist.

I. **Präteritum:**

ܐܰܚܨܰܚ ܗ (m' f.

ܐܰܚܨܰܚ ܡ (m' f.

ܐܰܚܨܰܚܬ ܢ

Anmerk. Der Vokal des mittelsten Stammbuchstaben, jeder Form, bleibt in allen denjenigen Personen, wo der mittelste Stammbuchstab voll seyn muß. o)

ܗ

II. In-

---

*) ܡܚܰܨܚ *communicans.* Ap. Gesch. 7, 61. (8, 1.) l) Mit (ܐ) wegen Guttur. oder ܐ ܐܰܫܡܰܥ *audire fecit.*   m) In den Verbis 1) *quiesc.* ܥ. ܐܰܚܨܚ für ܚܰܨܰܚ (§. 13. Reg. VII. B. 2. und C. 2.) 2) ܠܐ. ܐܰܫܟܚ n) Nur im Verbo ܐܰܡܪ. ܐܰܡܪ *credidit.* Sehr oft.

o) ܐܰܚܨܚܬ. ܐܰܚܨܰܚ (nur daß hier, wegen des ausgefallenen mittelsten St. B. o, der Vokal, unter den ersten St. B. zu stehen kommt.) ܐܰܫܟܚܬ, ܐܰܚܨܰܚ.

II. Infinitio:

ܡܶܩܛܰܠ
ܡܰܩܛܳܠܘ p)

III. Futurum:

W'f. ܢܶܩܛܘܠ q)
ܢܶܩܛܽܠ r)
ܢܶܩܛܽܘܢ s)

IV. Imperativo:

W'f. ܐܶܩܛܘܠ t)
ܐܶܩܛܽܠ u)
ܐܶܩܛܽܠ v)
ܐܶܩܛܽܘܢ w)

V. Participium.

1) *activum.*

W'f. ܡܶܩܛܘܠ
ܡܶܩܛܽܠ x)
ܡܶܩܛܽܘܢ y)

2. Paſ-

---

p) Mit beybehaltenem (— hebräiſchen —) Charakter. Im Zeitwort ܐܟܠ. ܡܶܗܝܡܳܢܘ *cre-*
dere. Luc. 24, 25. Joh. 5, 44. q) Mit (ʼ) wegen Gutt. oder ܀. ܐܰܘܝܰܪ *lucere faciam*
Eph. 3, 9. r) Nakbil. In den *Verbis quieſc.* ܽ. ܢܶܩܛܽܠ für ܢܶܩܛܽܘܠ (§. 13. Reg.
VII. B. 2. und C. 2.) s) Mit Beybehaltung des (— Hebräiſchen —) Charakters.
Im *Verbo* ܐܟܠ. ܬܶܗܝܡܽܘܢ *credat.* Marc. 11, 23. Joh. 2, 21. Mit beybehaltenem
Syriſchen Charakter ܠܒܟ *ledat.* (R. ܠܒܟ) Rit. ſev. p. 57. Vergl. Lud. de Dieu Gr.
Harm. p. 243. u) Ak-bil. In den *verbis quieſc.* ܽ. ܐܶܩܛܽܠ aus ܐܶܩܛܽܘܠ (§. 13. Reg.
VII. B. 2. und C. 2.) v) Ak-bol. In den *Verbis* ܢܟܪ ܐܶܝܠ. w) Hakbel. Im
Verbo ܐܟܠ. — ܐܰܘܗܳܢܝ *crede!* Luc. 8, 50. S. §. 93. Con. *Aphel.* x) Makbil.
In den *verbis quieſc.* ܽ. ܡܶܩܛܽܠ aus ܡܶܩܛܽܘܠ (§. 13. Reg. VII. B. 2. und C. 2.)
y) Mhakbel. Mit beybehalt. (— hebr. —) Charakter. Im Verbo ܐܟܠ. ܡܰܘܗܝܡܳܢܝ *credens*
(qui fidem habet ali.) Marc. 9, 23, 24.

2) *Paſſivum.*

ܡܩܛܠ

2) ܡܩܛܠܐ

3) ܡܩܛܠܬܐ

§. 78.

Paſſivum der Conj. IV.

Etthaphal

Statt des Hophal der Hebräer bilden die Syrer aus der vierten Conjugation (Aphel) ein Paſſivum, durch Vorſetzung der Sylbe ܐܬ, wo ſie, aus Veranlaſſung vom Laut der Ausſprache, das charakteriſtiſche Olaf in ܬ verwandeln (§. 13. Reg. IX. Nr. 3. b) und, ſtatt des (˙) des mittelſten Stammbuchſtaben im Aktiv, (´) annehmen. b) Dies Paſſivum kommt ſelten vor; daher es die Grammatiker ehedem ganz verkannten.

I. **Präteritum:**

ܐܬܩܛܠ c)

ܐܬܩܛܠ d) ſ. u.

Anmerk. Der Vokal des mittelſten Stammbuchſtaben, jeder Form, bleibt in allen denjenigen Perſonen, wo der mittelſte St. B. voll ſeyn muß. e)

II. **Infinitio:**

ܐܬܩܛܠܘ

III. **Futurum:**

ܢܬܩܛܠ f)

ܢܬܩܛܠܘ g)

ܢܬܩܛܠ h)

H 2 IV. Im,

---

z) Makbel. In den *Verbis quiesc.* y: ܡܩܝܡ für ܡܩܘܡ (§. 13. Reg. VII. B. 2.)

a) Mhakbel. Mit beybehalt. (— hebr. —) Charakter! Im Verbo ܐܡܢ. ܡܗܝܡܢ *fidus, fidelis. Cui fides habenda,* Matth. 25, 23. u. ſ. w. b) ܐܬܩܛܠܘ für ܐܬܩܛܠ c) ܐܬܩܛܠ *additus eſt.* (R. ܩܛܠ) Ap. Geſch. 11, 24. d) Etthak-bil. In den *Verbis quiesc.* y. und N.h. z. B. ܐܬܩܛܠ (für ܐܬܩܛܠ (§. 13. Reg. VII. B. 2.) ܐܬܩܛܠ. — ܐܬܩܛܠ *projectus eſt.* Offenb. 12, 9. — e) S. die Paradigmen. f) ܢܬܩܛܠ *addetur.* (R. ܩܛܠ) g) Netthak bil. In den *Verbis quiesc.* y. ܢܬܩܛܠ (aus ܢܬܩܛܠ §. 13. Reg. VII. B. 2.) h) ܐܬܩܛܠ *comparebo.* In den *Verbis* N.h.

IV. Imperativ:

ܐܬܡܩܛܠܘ

ܐܬܡܩܛܠܝ i)

ܐܬܡܩܛܠܘ k)

V. Participium.

ܡܬܩܛܠܐ

ܡܬܩܛܠܢܐ l)

ܡܬܩܛܠܝܢ m)

§. 79.

Conjug. V. Ethpabal

Ethpabal entſpricht ganz dem Hithpabbel, der Hebräer, oder der fünften Conjugation der Araber. Iſt das ordentliche Paſſivum von Pahel (und vertritt zugleich die Stelle des (den Syrern fehlenden) Puhal).

I. Präteritum:

ܐܬܩܛܠ

ܐܬܩܛܠܬ n)

Anmerk. Der Vokal des mittelſten St. B. beyder Formen bleibt in allen Perſonen, in welchen er voll ſeyn muß. o)·

II. Infinitiv:

ܡܬܩܛܠܘ

III. Futurum:

ܢܬܩܛܠ

ܢܬܩܛܠܘ p)

IV. Imp

---

i) In den Verbis quiesc. ע. ס. beym Präterito. k) Etthakbel. In den Verbis N"ל. ܐܬܓܠܝ l) Metthakbil. In den Verbis quiesc. ע. ܡܬܩܛܠ &c. m) Metthakbil. In den Verbis N"ל ܡܬܓܠܐ. n) Ethkabil. In den Verbis N"ל. ܐܬܓܠܝ. o) S. Paradigm. p). Nethkabel. In den Verbis, N"ל. ܢܬܓܠܐ

IV. Imperativ:

ܐܶܬܩܰܛܰܠ q)

ܐܶܬܩܰܛܰܠܘ r)

V. Participium:

ܡܶܬܩܰܛܰܠ

ܡܶܬܩܰܛܠܳܐ s)

Anmerk. 1. 2. Ist der erste Stammbuchstab ein *Sibilans*: so gilt hier wieder, was §. 72. von Ethpehel gesagt ist. Das ܬ wird mit dem Sibilanten versetzt t) und, wenn letzterer, ܙ (Sain) ist: so geht das ܬ in ܕ u); wenn er aber ܨ ist, in ܛ über. v)

Anmerk. 3. Das charakt. ܬ bleibt aber auch hier unverändert stehen, wenngleich der erste Stammbuchstab ܕ ܛ oder ܬ ist. w)

§. 80.

Kein neues Passiv. hier.

§. 81.

Conj. VI. Ethpaubal. Ethpâbal.

(Passivum der dritten.)

Die sechste Conjugation der Hebräer und Araber, als das Passivum der dritten, (§. 75.) kommt im Syrischen, wie die dritte, oder das Activum selbst, selten vor.

 I. Prä-

q) *Ethkabl.* Wie im Ethpehel. ܐܶܬܚܰܙܰܩ *operitor.* Ap. Gesch. 12, 8. ܐܶܬܦܰܬܰܚ *aperitor!* Marc. 7, 34. ܐܶܬܟܰܬܰܫ *certa.* 1 Tim. 6, 12. — ܐܶܬܟܰܬܰܫܘ *certate.* Luc. 13, 24. Wenn anders nicht richtiger der mittelste Stammbuchstab, zum Unterschied von Ethpehel voll seyn muß und die Linie blos diakritische Linie des Imperativs ist. Zu den Gründen, welche Hr. R. Michaelis (Gr. Syr. p. 44. 45.) anführt, könnte man vielleicht auch den setzen, daß in den Verbis N°. ל״א d. mittelste Stammbuchstab voll ist. Doch muß ich bekennen, daß hier eine Ausflucht möglich sey. Vergl. §. 13. Reg. III. Anmerk. 2. B.

r) Ethkabol. In den Verbis N°. ל״א. ܐܶܬܓܰܠܳܐ. — s) Methkabel. In den Verbis N°. ל״א. Z. B. ܡܶܬܓܰܠܝܳܐ t) ܠܡܶܫܬܰܡܠܳܝܽܘ *Ad consummandum.* Marc. 13, 4. R. ܫܠܡ

u) ܐܶܙܕܰܗܰܪܘ *cavete vobis.* Marc. 12, 38. R. ܙܗܪ v) ܐܶܨܛܰܥܰܪ *contumelia affectus est.* 1 Thess. 2, 2. R. ܨܥܪ w) ܐܶܛܛܰܪܰܦܢ *ferremur.* Ap. 27, 27.

I. Präteritum:

x) ܐܬܦܥܠܬ

y) ܐܬܦܥܠܬ

II. Infinitiv:

z) ܡܬܦܥܠܘ

a) ܡܬܦܥܠܘ

III. Futurum:

b) ܢܬܦܥܠ

c) ܢܬܦܥܠ

IV. Imperativ:

Wie im Präterito.

V. Participium:

d) ܡܬܦܥܠ

e) ܡܬܦܥܠ

Anmerk. Hier gelten, wie ſchon aus einigen der angeführten Beyſpiele erhellet, und von ſelbſt leicht begriffen wird, wieder die Anmerkungen §. 79. u. §. 72.

§. 82.

---

x) ܐܬܦܥܠ *accenſus eſt. conflagrauit.* S. Particip. — ܐܬܚܒܪ *conjunctus eſt. conjunxit ſe.* Ap. Geſch. 26, 10. Röm. 15, 27. Hebr. 2, 14. Phil. 4, 15. ܐܘܠ ܠܗܘܢ *aſſociatis vos.* 2 Cor. 9, 13. ꝛc. R. ܚܒܪ. Eine ſeltſame Form iſt ܐܬܬܕܝ *torque donatus eſt;* welches das paſſiv. der zwoten (§. 73. u. §. 48. Anmerk. 8.) und der dritten Conjug. gleichſam zugleich iſt. — y) ܐܬܪܓ *concupiuit.* S. Particip. Vergl. §. 75. z) ܡܫܬܘܬܦ *communicare.* 1 Tim. 6, 18. — a) ܡܬܪܓ *concupiſcere.*

b) ܢܫܬܘܬܦ *communicabit.* Gal. 6, 6. ܬܫܬܘܬܦ *communicabis.* 1 Tim. 5, 22. — Vergl. Phil. 3, 10. — ܢܫܬܘܬܦ *confociarentur,* Matth. 1, 18. 2 Cor. 8, 4. — 1 Cor. 10, 21. 1 Petr. 1, 14. u. ſ. w. c) ܢܬܪܓ. — — d) ܡܬܦܥܠ *accenſus. correptus.* Ap. Geſch. 5, 33. ܡܫܬܘܬܦ *particeps; communicans &c.* Ap. Geſch. 2, 42. Röm. 1, 32. 2 Joh. v. 11. — &c. — e) ܡܬܪܓ *cupiens,* Luc. 16, 21.

§. 82.

Diejenige Conjugation (die siebente) welche ein Nun vor dem ersten Stammbuchstaben zum Charakter hat, und im Hebräischen und Arabischen so oft vorkommt, fehlt im Syrischen. Dafür wird bald das Passivum von Peal (Ethpehel §. 72.) bald von Aphel (Ettaphhal §.78.) gebraucht. —

§. 83.

Die achte Conjugation, die zum Charakter ein Thau nach dem ersten Stammbuchstab hat, und welche die Hebräer kaum kannten, kennen die Syrer gar nicht.

§. 84.

Auch die neunte Conjugation, wie deren Passivum die eilfte, die die Verdoppelung des dritten Stammbuchstaben zum Charakter hat und welche im Hebräischen, zumal in den *Verbis quiescis. y*, so gewöhnlich ist, kommt im Syrischen nicht vor. —

§. 85.

Confug. X. Schafel.

Die zehnte Conjugation, mit einem s vor dem ersten Stammbuchstab, der Bedeutung nach, meist mit der vierten (Aphel) übereinkommend, kommt öfters vor:

I. Präteritum:

ܐ f. ܐܫܩܶܠ g)

ܐܫܩܶܠ h)

Anmerk. Der Vokal des mittelsten Stammbuchstaben beyder Formen bleibt in allen Personen, in welchen er voll seyn muß.

II. Infinitiv:

ܡܫܩܳܠܘ

III. Futurum.

ܢܫܩܶܠ

ܢܶܫܩܶܠ i)

IV. Im-

---

f) Uܩܳܐ *notum facit* von Uܩܰ *scimit.*   g) ܐܫܠܶܡ *permutavit;* von ܫܠܶܡ. — Mit (')
wegen Gutt. oder ܪ. Uܩܳܐ f. Not. f) — ܫܩܶܐ *supereffe fecit.* von ܫܩܶܐ]. —

h) Schaklel. In den *Verbis* N''ܠ. ܐܫܠܶܡ ܐܫܠܶܡ *complevit.* Ap. Gesch. 13, 28.
i) S. das Paradigma. Wie in Aphel.

IV. Imperativ:

مֶּכֿתֿـاٌ ٍ
مֶכֿــاٌ k)

V. Participium.

1, activum:

مֶּכֿـתֿـاٌ
مֶכֿـّכֿـتֿـاٌ l)

2, passivum:

مֶּـّכֿـتֿـاٌ

Passivum.
der Conjug. X.

Das Passivum der zehnten Conjugation entsteht durch Vorsetzung der Sylbe ـאֶ; nur daß das ﬡ mit dem charakteristischen ﬡ versetzt und dem mittelsten Stammbuchstaben gemeiniglich (ʼ) gegeben wird.

I. Präteritum:

اֵֿـّתֿـכֿـتֿـاٌ
اֵֿـّתֿـכֿــاٌ m)

Anmerk. Die Anmerkung beym *Prät. activ.* gilt auch hier.

II. Infinitiv:

مֶّـّתֿـכֿـّכ̇

III. Futurum:

נֵֿـّתֿـכֿــاٌ
נֵֿـّתֿـכֿـتֿـاٌ n)

IV. Im-

---

i) Wegen eines Gutturals, oder ﬧ.

k) In den Verbis Nﬤ. مֶّـٌ l) Wegen eines Gutturals, oder ﬧ. Wie in Pael.

m) Eschthakbil. In den Verbis Nﬤ. اֵֿـّـّـّ *consummatus est.* S. Particip.

n) Neschthakbel. In den Verbis Nﬤ. — نֵֿـّـّـّـٌ *impleatur* f. Luc. 12, 50. Joh. 15, 11. R. ـّـٌ.

IV. Imperativ:

اܬܟܬܐ

o) اܬܟܬܐ

r) اܬܟܬܐ

V. Participium:

p) ܬܟܬܐ

Zugabe zu §. 85.

Statt ـ vor dem ersten Stammbuchstaben kommt auch ܩ vor; (Vergl. §. 13. Reg. IX.) in gleicher Bedeutung. Z. B. ܩܘܪܒ *festinare fecit, urfit;* wie in Aphel R. ܩܪܒ. — اܬܟܬܐ *adverfatus est. occurrit.* R. ܩܒܠ *contra, e regione fuit.* —

§. 86. (87. 88.)

Die eilfte, zwölfte Conjugation sind den Syrern unbekannt. — Die dreyzehnte aber, ein Wau nach dem zweyten Stammbuchstaben, ist, z. B. in ܩܒܠܘ (R. اܠ) *in captivitatem duxit* nicht unkenntlich:

§. 89.

Noch einige andere Conjugationen der Syrer.

Die Syrer haben, wie die Hebräer, noch einige Conjugationen, welche, wenn sie gleich selten vorkommen, doch zu merken sind:

Conjug. XIV. ܬܟܠܒ q) Hat zum Charakter die Wiederhohlung des zweyten und dritten Stammbuchstaben zugleich, in Einer Sylbe. — Ihre Bedeutung ist verstärkernd. Conjug. XV. u. XVI. kennen, so viel mir erinnerlich ist, die Syrer nicht.

       J   Conjug.

---

o) *Efchthakbel.* In den Verb. ل"ל. — اܠ (*Efchthakbl;* wol besser aber mit einem Vokal unterm mittelsten St. B. (Efchthakbal) S. oben beym Imperativ Ethpahal §. 79. In der Note.   p) *Mefchthakbel.* In den Verbis ל"ל. ـܬܟܬܐ q) *Kbalbel;* oder

— wegen eines Gutturals, oder ܪ, *Kbalbel.* — Z. B. ܓܪܓ (Vergl. das Chald. ܓܪܓ *perfuafit; allexit.* — Wenn dies nicht anders Spur von der neunten Conjug. ist.) — Daher im *Paffivo:* ܓܪܓ *imaginatus est.* Oder wohl richtiger (vergl. das Chald. vorhin!) *perfuafus, feductus est.* Jud. v. 8. — Schaaf (Lex. Syr.) irrt ohne Zweifel, wenn er, in der Meynung den Castellus zu verbessern ܓܪܓ (רגג) zum Stamm

Conjug. XVII. ܩܝܒܠ r). Hat ein ܝ nach dem ersten Stammbuchstaben zum Charakter.

Conjug. XVIII. ܬܩܒܠ, oder, in Verbis א״ל: ܬܩܒܠ s) Hat zum Charakter ein Thau vor dem ersten Stammbuchstaben, und hat ihre Bedeutung völlig mit Aphel gemein; so, daß andere Grammatiker sagen, es sey wirklich die Conjugation Aphel; nur sey das ܐ in ܬ übergegangen. (S. §. 13. Reg. IX. 3. c.) — Diese Conjugation ist deswegen sonderlich wichtig, weil viele Nennwörter von ihr abgeleitet werden. t)

Conjug. XIX. ܡܩܒܠ u) Hat ein ܡ vor dem ersten Stammbuchstaben zum Charakter. In der hebräischen Grammatik war mir ihre Existenz noch zweifelhaft; nun aber ist sie mir, durchs Syrische, authorisirter. Sie hat ihre Bedeutung mit Pael gemein; und hat auch ihr eignes Passivum. v)

Conj. XX. ܩܠܩܠ Hat zum Charakter 1) die Wegwerfung des mittelsten Stammbuchstaben u. 2) die Wiederhohlung des ersten und dritten Stammbuchstaben in Einer Sylbe. — Sie kommt, wie im Hebräischen, gemeiniglich nur in den *Verbis quiesc.* V. w) und *geminant.* V. x) vor.

Bisweilen wird der dritte Stammbuchstab das erstemal weggeworfen y), und dann öffters dafür ein ܘ z) oder ܝ a) eingerückt.

Des

wort annimmt; und die Form gleichsam aus der Conjug. X. (ܫ) und Conj. XX. (תרגם) sich mischen läßt. Das Schin ist radikal. Arab. سرج *pulchra facie fuit.* (Mentitus f.) It. *Luxit.* Daher auch im Chaldäischen שְׁרָגָא *lucerna, lumen.* Conj. XIV. Einem leuchten — wozu. d. i. wozu anleiten, anbringen, vollführen. Davon Passiv. — — werden.

r) Kaibel, oder Kaibal. Z. E. ܥܝܓܠ *accelerauit*, ܣܝܒܪ *patiens fuit; tolerauit* — R. ܥܓܠ. ܣܒܪ. s) Thakbel; Thakbal. Z. B. ܬܠܡܕ *discipulum fecit.* R. למד *didicit.* — ܬܘܡܪ *moratus est.* R. ܐܡܪ — ܬܘܕܝ *gratias egit.* t) Z. B. ܬܘܕܝܬܐ (תודה) *Gratiarum actio.* R. ܐܕܝ. An ein passives Thau hier zu denken, ist nicht leicht möglich. — u) Makbel; makbal: ܡܣܟܢ *depauperauit.* R. سكن *pauper fuit.* — v) ܐܬܡܣܟܢ Z. E. ܐܬܡܣܟܢ *depauperatus est.* 2 Cor. 8, 9. w) ܪܘܡܡ *exaltauit.* Passiv. ܐܬܪܘܡܡ R. ܪܘܡ. — ܙܘܥܙܥ *commouit.* Passiv. ܐܬܙܘܥܙܥ R. ܙܘܥ. — x) ܪܓܪܓ Pass. ܐܬܪܓܪܓ *desiderauit.* Matth. 13, 17. rc. R. ܪܓ y) Z. B. ܨܨܠܐ für ܨܠܨܠܐ (צִלְצֵל) *cymbalum.* R. ܨܠ — z) ܪܘܪܒ (aus ܪܘܒ für ܪܒܪܒ) *magnificauit.* 2 Sam. 12, 14. Pass. ܐܬܪܘܪܒ *magnificatus est.* Phil. 1, 20. 2 Cor. 10, 15. — R. ܪܒܒ. — a) Z. B. ܓܝܓܠܐ (גַּלְגַּל) *orbis. sphaera.* Psalm 83, 14. ܓܠܓܠܐ

Des vierten Abschnitts

Zweytes Kapitel,

Von den Temporibus der Conjugationen und ihre Flexion, in Ansehung des Numeri, Generis und der Personen insbesondere.

§. 90.

Hier kommen das Präteritum, der Infinitiv, das Futurum, der Imperatio und die Participien, jedes insbesondere, in nähere Betrachtung.

§. 91.

Vom Präterito.

In den Präteritis aller Conjugationen unterscheiden sich die Personen, beyderley Geschlechts, in beyden Numeris, durch die *Litteras affirmativas*, bisweilen auch noch durch die Aussprache d. i. durch Verschiedenheit und verschiedene Stellung der Vokalzeichen. b)

Im Singular:

I. die dritte Person

1) männlichen Geschlechts endigt sich, in allen Conjugationen, auf den dritten Stammbuchstaben. c)

2) weiblichen Geschlechts wächst durch die weibliche Sylbe L ; daher der Vokal des mittelsten Stammbuchstaben wegfällt (§. 45. II.) und der erste einen Vokal, und zwar (˘) bekommt. d) (§. 46. Reg. I. 1.)

II. die zwote Person

1) männlichen Geschlechts nimmt ein bloses, von dem persönlichen Fürwort ܐܢܬ entlehntes L an, ohne Vokal. Daher, weil dieser Endzuwachs keine Sylbe ausmacht, keine Vokalveränderung vorgeht. (§. 45. II.) c)

2) weiblichen Geschlechts; — erhält am Ende dasselbe L; nur noch mit dem weiblichen ܝ (§. 28. 2.). abgekürzt aus ܐܢܬܝ. f)

III. die erste Person, (*gen. commun.*) geht aus auf L welches eine Abkürzung aus ܐܢܬ ist, das ehedem auch für ܐܢܐ vorgekommen seyn mag. Wegen dieses eine ganze Sylbe ausmachenden Endzuwachses, fällt der Vokal des mittelsten Stammbuchstaben weg (§. 45. II.) und der erste bekommt ein (˘). g) (§. 46. Reg. I. 1.) —

J 2 Im

---

b) S. Paradigma. c) S. Paradigma. d) ܩܛܠܬ aus ܩܛܠ. e) ܩܛܠܬ

f) ܩܛܠܬܝ g) ܩܛܠܬ

Im Plural.

IV. Die dritte Perſon:

1) männlichen Geſchlechts, nimmt ein leeres Wau, aus ꣑ꣳ abgekürzt, h) an; ſelten auch noch ein paragogiſches Nun, wo dann dem Wau ein (˙) gegeben wird, darinnen es ruhet. ")

2) weiblichen Geſchlechts, ein weibliches leeres ꣳ i) bisweilen auch mit dem paragogiſchen Nun, (§. 29.) an, in welchem letztern Fall fürs ꣳ, damit es ruhen könne, ein (˙) angenommen wird; ſo, daß dieſe Perſon auf dieſe Art zwar durch eine ganze Sylbe wächſt, aber ohne eine Punktveränderung zu verurſachen. k)

Anmerk. Wie die dritte Perſon des Plurals bey den Hebräern *gen. comman.* iſt: ſo iſt dies auch im Syriſchen öfters der Fall; doch nur ſo: das ꣳ der weiblichen Perſon fällt oft und das O der männlichen nur bisweilen (eigentlich gar: nur ſehr ſelten) weg; in welchem Fall dann die Form l) ebenfalls *gen. comm.* iſt.

V. die zwote Perſon

1) männlichen Geſchlechts, nimmt die aus ꣳꣳ abgekürzte Endſylbe ꣳꣳ m) und die 2te

2) weiblichen Geſchlechts ꣳꣳ aus ꣳꣳ n) an.

VI. die erſte Perſon nimmt ein von ꣳꣳ entlehntes leeres Nun an: o) Bisweilen ein doppeltes, deren erſtes dann Ptocho bekommt. p)

Hauptanmerk. I. Von dem Vokal des mittelſten Stammbuchſtaben in den Perſonen, wo er voll ſeyn muß, in den ſämmtlichen Conjugationen, iſt oben bey jeder Conjugation, ſchon das Nöthige bemerkt.

Hauptanmerk. II. Das Präteritum iſt bey den Syrern, an ſich, nicht ſo leicht aoriſtiſch gebraucht. Wie es aber auch das Plusquamperfectum ausdrücken könne, f. im Syntax. §. 48. —

§. 92.

Vom Infinitiv.

Der Infinitiv, deſſen Formen ſchon K. 1. angeführt ſind, wird nicht flektirt.

§. 93.

---

h) ꣳꣳ ") ꣳꣳ. §. 29. c. Beyſpiele f. in J. D. Michaelis Gr. Syr. p. 104. Dann aber könnte man ſagen: die Endung ꣳ ſey aus ꣳꣳ abgekürzt.

i) ꣳꣳ §. 28. 2.   k) ꣳꣳ l) ꣳꣳ 3 plur. *m.* u. *fem.* — Beyſpiele wird man in Hrn. K. Michaelis Gram. Syr. geſammlet finden.   m) ꣳꣳ

n) ꣳꣳ o) ꣳꣳ p) ꣳꣳ

§. 93.

Vom Future.

Numerus, Personen und deren Geschlecht werden im Futuro, durch gewisse Nebenbuchstaben vor dem ersten, und in einigen Personen auch noch nach dem dritten Stammbuchstaben bezeichnet.

Im Singular.

I. Die erste Person (gen. commun.) hat ein von ܐܢܐ entlehntes ܐ vor dem ersten Stammbuchstaben. q) Die übrigen Vokale sind aus Kap. 1. nach den verschiedenen Formen, bekannt.

II. Die zwote Person

   1) männlichen Geschlechts hat blos ein, von ܐܢܬ entlehntes ܬ vor dem ersten St. B. r)

   2) weiblichen Geschlechts hat eben dies; am Ende aber noch ein weibliches ܝ mit dem paragogischen Nun. ܝ (§. 28. 2. β) u. §. 29. 2) s)

III. Die dritte Person 1) männlichen Geschlechts, hat ein, (vermuthlich aus dem bestimmenden Fürwort ܗܘ entlehntes, Nun vor dem ersten St. B. t)

   2) weiblichen Geschlechts, hat eben dies, nur gemeiniglich *) noch am Ende ein weibliches ܝ u) (§. 28. *. β. —)

Im Plural.

IV. Die erste Person, gen. commun. hat, vor dem ersten St. B., ein aus ܚܢܢ entlehntes Nun. v)

V. Die zwote Person

   1) männlichen Geschlechts, hat ܬ (aus ܐܢܬܘܢ) vor dem ersten, und ܘ hinter dem dritten Stammbuchstaben. w)

   2) weiblichen Geschlechts, hat, statt ܘ nur ܢ (vermuthlich aus ܐܢܬܝܢ) hinter dem dritten Stammbuchstaben. x)

VI. Die dritte Person

   1) männlichen Geschlechts hat ܢ (wie im Singular) vor dem ersten und ܘ hinter dem dritten St. B. y) — Sehr selten blos ܘ, ohne Nun parag. *)

---

q) ܐܩܛܘܠ r) ܬܩܛܘܠ s) ܬܩܛܠܝܢ t) ܢܩܛܘܠ

*) Marci 4, 32. Kap. 9, 50. ic. kommts ohne ܝ vor.

u) ܬܩܛܠ v) ܢܩܛܘܠ w) ܬܩܛܠܘܢ x) ܬܩܛܠܢ y) ܢܩܛܠܘܢ

*) ܢܥܝܪܘܢ excitabunt. Daher mit dem Suffix ܢܥܝܪܘܢܗܝ ut excitarent eum, Matth. 8, 28.

2) weiblichen Geschlechts, behält das ܝ vor dem ersten und nimmt an ܰ hinter dem dritten St. B. z)

Hauptanmerk. 1. Ein ordentliches Futurum paragog. kennen die Syrer nicht.

Hauptanmerk. 2. Auch nicht das Futurum apocop.

Hauptanmerk. 3. Das Futurum der Syrer, wird nicht so leicht, wie im hebräischen, aoristisch gebraucht. Wodurch aber seine Bedeutung geändert werden könne, davon im Syntax. §. 49. u. s. w.

§. 94.
Vom Imperativ.

Auch im Syrischen kommt der Imperativ nur in der zwoten Person, aber in beyden generibus und numerus vor. (Die Syrer brauchen ihn nur beym Befehlen; nicht beym Verbieten.)

Im Singular.

(Die andere Person)

1) männlichen Geschlechts, geht auf den dritten Stammbuchstaben aus. a)

2) weiblichen Geschlechts, auf ein paragogisches weibliches ܝ. b)

Im Plural.

(Die andere Person)

1) männlichen Geschlechts geht auf ein leeres Wau aus. c)

2) weiblichen Geschlechts, geht auf ein weibliches ܝ mit dem paragog. Nun (ܶܝ) aus. d)

Anmerk. Vom Gebrauch des Imperativs s. Syntax. §. 50.

§. 95.
Vom Participio.

Die Participien findet man N. 1. bey jeder Conjugation. Sie werden als Neunwörter flectirt. Im männlichen Singular gehen sie auf den dritten Stammbuchstaben, im weiblichen auf die Endung ܐ; im männlichen Plural auf ܶܝ und im weiblichen auf ܳܢ aus. —

Anmerk.

---

a) ܢܩܛܘܠ　　z) ܩܛܠܐ　　b) ܩܛܘܠܝ

c) ܩܛܘܠܘ　　d) ܩܛܘܠܝܢ

Anmerk. 1. — —

Anmerk. 2. 3. Vom Gebrauch des Particip. zum Ausdruck des *Temp. præsentis*, und *Prat. imperfecti.* (s. Syntax §. 52. Anhang. —)

§. 96.

Zur bequemern Uebersicht dienen nun die Conjugationstabellen, oder Paradigmen.

Fünfter Abschnitt.
Von den anomalischen Zeitwörtern insbesondere.

Vorläufige Anmerkungen.

§. 97.

Welche *Verba* sind anomalisch.

Die meiste Anomalie in den Zeitwörtern verursachen die Vokalbuchstaben, die aber aus §. 13. leicht zu erklären ist. Ausserdem haben noch etwas Eignes die Zeitwörter, deren erster Stammbuchstab Nun ist, und diejenigen, welche den zweeten Stammbuchstaben doppelt haben, d. i. wo der dritte dem zweiten gleich ist; welches aber schon grosen Theils aus §. 48. erklärbar ist.

Anmerk. 1. Werden die Vokalbuchstaben nicht als solche, sondern als Konsonanten gebraucht: so haben sie, ausser nur bisweilen in Ansetzung der Vokalzeichen, auf die Flexion ic. weiter keinen Einfluß.

Anmerk. 2. Die Vokalbuchstaben haben in diesen *Verbis*, auch bey den Syrern gern ihre Lieblingsvokale; obgleich nicht bey ihnen so viel Eigensinn hierinnen Statt hat, auch, wegen ihrer weit wenigern Vokalzeichen, nicht Statt haben kann.

Anmerk. 3. Von den vierbuchstäbigen Zeitwörtern der Syrer s. oben §. 68.

§. 98.

Benennung der anomalischen Zeitwörter.

Der Kürze wegen, benennen wir auch die irregulären Zeitwörter der Syrer von dem alten Paradigma פעל, so, daß man unter פ den ersten, unter ע den zweeten, und unter ל den dritten Stammbuchstaben eines jeden Zeitworts verstehet, so, daß also ein *Verbum* פ"נ ein Zeitwort ist, dessen erster Stammbuchstab (נ) ein Nun ist u. s. w. wie aus der hebräischen Grammatik als hinlänglich bekannt voraus gesetzt werden kann.

Des

Des fünften Abschnitts
Erstes Kapitel.
Zeitwörter, die, wegen des ersten Stammbuchstaben, anomalisch sind.

§. 99.
Verba אנ"ע

Der Abweichungen in den *Verbis* אנ"ע sind bey den Syrern weit weniger, als bey der Hebräern; weil die Syrer in Ansehung der Vokalzeichen nicht so viel Delikatesse lieben, als die Hebräer; deswegen sie auch weniger Vokalzeichen haben.

Im Allgemeinen dürfen wir uns hier nur merken, oder vielmehr nur wieder erinnern:

A. Das א, welches, zu Anfang, leer stehen sollte, nimmt einen Vokal an, (§. 13. Reg. III. Anm. *.

B. 2.) und zwar im Präterit. Peal ein (ˉ), im Imperativ aber und Participio Peil ein (˘) e)

B. In der Mitte, wo es eine Sylbe anfangen sollte, wirft es seinen Vokal dem vorhergehenden leeren Buchstab zu (§. 13. Reg. III. Anmerk. 2. A.) f); war es aber leer: so nimmts erst einen an. g)

C. Das Uebrige wird theils bey jeder Conjugation, theils in den Hauptanmerkungen, am Ende dieses §. am schicklichsten zu bemerken seyn.

I. Präteritum:
Conjug. Peal.

Der erste Stammbuchstab bekommt also, auch wo er, nach Analogie, leer stehen sollte, (nach A.) ein (ˉ) S. das Paradigma.

II. Infinito:

ܡܐܟܠܐ h)

ܡܐܟܠܐ i)

III. Fut

e) אכֿל (für אכֿל) — אכֿוֿל; אכֿל für — — ‍ — — ‍.
f) אכֿלܐ für אכֿלܐ. — g) אכֿל‍ܐ aus אכֿל‍ܐ für אכֿל‍ܐ. —
h) Diese kommt sonderlich in folgenden Zeitwörtern vor: אכֿל *conduxit.* אסר *cepit.* אכֿל *comedit.* אלܝ *ejulavit.* אܟܫ *coarctavit.* אסܪ *ligavit.* אܙܠ *occurrit.* אܫܕ *effudit.* — אܬܐ *venit.* z. B. ܢܐܬܐ. —
i) אכֿל. Diese Form sonderlich in den *Verbis:* אܒܕ *periit.* אܙܠ *abiit.* אܠܦ *didicit.* אܢܣ *fastidivit.* אܡܪ *dixit.* אܪܟ *protendit.*

ܢܬܚܨܠܐ k)

ܢܬܚܠܐ l)

IV. Imperativ:

ܐܬܚܨܠܐ m)

ܐܬܚܠܐ n)

ܚܠܐ (ܐܬܠܐ) o)

V. Participium:

1) Activ.

ܐܬܚܠܐ o

ܐܬܚܠܐ p)

2) Paſſiv.

ܐܬܚܠܐ q)

Paſſivum von Peal,

Eſhpeel.

Das Olaf ruhet hier in dem zurückgezogenen Vokal (der, nach A. angenommen werden
muſte) S. B. — Bisweilen gehts in ܠ über. (§. 13. Reg. IX. 3. a) *)

ܐ Präter

---

k) ܢܬܚܨܠܐ Alle diejenigen Verba, welche im Infinitiv ܡܬܚܠܐ haben. S. Not. b) — Auss
genommen ܠܙܐ

l) ܐܬܚܠܐ. So alle Verba, die im Infin. ܡܬܚܠܐ haben. Und dann auch noch ܠܙܐ.
3. B. ܠܙܚܝ. — m) S. das Paradigma.

n) ܐܬܚܠܐ 3. B. ܐܠܚܡ. f. ܐܬܚܠܝ. pl. m.ܐܬܚܪܡ f. ܐܬܚܪܡ. Wegen des Riſch §. 37. Anmerk. 11.

o) ܚܠܐ für ܐܬܚܠܐ; mit Wegwerfung des ܐ. Dies thun die beyden Zeitwörter ܐܙܠ und ܠܙܐ.

Daher 3. B. ܐܙܠ. ܐܙܠܝ. ܐܙܠܘ. ܐܙܠܝܢ. — ܠܙ. ܠܙ. ܘܠܙ. ܠܙܝܢ. —

p) 3. B. ܐܠܚܡ *dicens.* Wegen des ܙ. §. 37. Anmerk. 11.

q) ܐܬܚܠܐ für ܐܬܚܠܐ. Nach A.) — *) Dies ordentlich in dem Zeitwort ܐܡܪ. —

I. **Præteritum:**

r) ܐܬܐܟܠܠ

s) ܐܬܟܠܠ

II. **Infinitio:**

t) ܡܬܐܟܠܘ

v) ܡܬܟܠܘ

III. **Futurum:**

u) ܢܬܐܟܠ

w) ܢܬܟܠ

IV. **Imperatio:**

ܐܬܐܟܠܠ

z) ܐܬܟܠܠ

V. **Participium.**

y) ܡܬܐܟܠ

z) ܡܬܟܠ

Conjug.

---

r) für ܐܬܟܠܠ (oder ܐܬܟܠܠ nach A.) Siehe B.

s) Nach §. 13. Reg. IX. 3. 2. — Doch (in Ethpeel) eigentlich nur in dem Verbo ܐܡܪ. — Z. B. ܐܬܐܡܪ. t) S. Not. r). --

v) Doch nur in ܐܡܪ. ܡܬܐܡܪܘ. S. Not. s)

u) S. Not. r) Præterit. w) S. Not. s) Præterit. —

x) ܬܬܟܠ S. Not. s) — y) fem. ܡܬܐܟܠܐ z) S. Not. r) — fem. ܡܬܟܠܐ.

Conj. Pael. Im Infinitiv, Futuro und Particip. wirft das Olaf, seinen Vokal zurück (A.); kann auch ganz wegfallen. (§. 13. Reg. VI. A. 1).

I. Präteritum:

a) ܐܰܚܺܝ

II. Infinitiv:

b) ܡܰܘܚܳܝܽܘ

c) ܡܰܚܳܝܽܘ

III. Futurum:

d) ܢܰܘܚܶܐ

e) ܢܰܚܶܐ

IV. Imperativ:

f) ܐܰܚܶܐ

V. Participium.

1) *Activum:*

g) ܡܰܘܚܶܐ

h) ܡܰܚܶܐ

2) *Passivum:*

ܡܰܘܚܰܝ

ܡܰܚܰܝ

ܟ 2

Paff.

---

a) Wie im *Verbo perfecto.* — b) Nach A.

c) ܡܰܚܳܝܽܘ R. ܐܠܦ. (§. 13. Reg. VI. A. 1.

d) Nach A. für ܢܰܚܶܐ. e) §. 13. Reg. VI. A. 1.

f) Wie im *Verbo perf.* g) Nach A.

h) ܡܰܚܶܐ R. ܐܠܦ. (§. 13. Reg. VI. A. 1.

Paſſvum von Pael.

Ethpaal: Das Olaf ruhet in dem zurückzuziehenden Vokal (B.) — geht auch öfters in ܠ über. (§. 13. Reg IX. 3. a.)

I. Präteritum:

ܐܬܟܬܒ

ܐܬܒܪܟ i)

II. Infinitiv:

ܡܬܟܬܒܘ

ܡܬܒܪܟܘ k)

III. Futurum:

ܐܬܟܬܒ

ܐܬܒܪܟ

IV. Imperativ:

ܐܬܟܬܒ

ܐܬܒܪܟ

V. Participium.

ܡܬܟܬܒ

ܡܬܒܪܟ

Conjug. Aphel: Der erſte Stammbuchſtab Olaf geht in ein lautbares Wau über (§. 13. Reg. IX. 1.) ſeltner in ein lautbares Jut. Letzteres nur in zwey Zeitwörtern l) (§. 13. Reg. IX. 2. a.)

I. Präs

---

i) ܐܬܒܪܟ R. ܒܪܟ. — Hieher gehöret aber nicht ܒܪܟ *negotiatus eſt;* welches von ܟܪܟ Ar. تجر abzuleiten iſt.

k) ܡܬܟܬܒܘ. —   l) ܐܙܠ und ܐܝܬ

I. Präteritum:

ܐܩܛܠ

ܐܝܬܝ m)

II. Infinitiv:

ܡܩܛܠܘ

ܡܝܬܝܘ n)

III. Futurum:

ܢܩܛܠ

ܢܝܬܐ o)

IV. Imperativ:

ܐܩܛܠ

ܐܝܬܐ p)

V. Participium:

1) *Activum.*

ܡܩܛܠ

ܡܝܬܐ q)

2) *Passivum.*

ܡܩܛܠ

ܡܝܬܐ r)

K 3 Passi-

---

m) ܐܝܬܝ *adduxit.* R. ܐܬܐ. — und — mit dem hebräischen Charakter dieser Conjugation ܗ — ohne Zweifel aus dem hebräischen (jüdisch- und christlichen Glaubenswort האמן) beybehalten ܗܝܡܢ *credidit.* R. ܐܡܢ. Vergl. §. 77.

n) ܡܝܬܝܘ *adducere.* Joh. 10, 16. R. ܐܬܐ — ܡܗܝܡܢܘ *credere.* Mit beybehaltenem und zwar hebräischen Charakter. —

o) ܢܝܬܐ *adducet.* Ap. Gesch. 9, 2. ܢܗܝܡܢ *credet.* Joh. 2, 22. Wie Not. n) —

p) ܐܝܬܐ *adduc.* Joh. 20, 27. ܗܝܡܢ *crede.* Marc. 5, 36.

q) ܡܝܬܐ *afferens.* Joh. 15, 5. ܡܗܝܡܢ *credens.* Joh. 20, 20. (Emph. ܡܗܝܡܢܐ) — Wie Not. n) — r) ܡܗܝܡܢ *fidus, fidelis.* (Wie Not. n.) Matth. 25, 23.

Paſſivum von Aphel.

Ettaphal. Hier gilt eben das, was vom *Aĉtivo* bemerkt worden iſt:

L. Präteritum:

ܐܶܬ݁ܬ݁ܰܘܕ݁ܺܝ

ܐܶܬ݁ܬ݁ܰܘܕ݂ܰܬ݂ s)

u. ſ. f. S. die Tabellen!

Conjug. *Schaphel.* Der erſte St. B. Olaf geht, wie in *Aphel,* in ein lautbares Waw über. (§. 13. Reg. IX. 1.) Uebrigens wie im *Verbo perfeĉto.* Eben ſo im *Paſſivo*! S. die Tabellen! —

Hauptanmerk. I. In der Mitte fällt der erſte Stammbuchſtab Olaf häufig weg und zwar
1) Allzeit in der erſten Perſon des Singulars im Futuro Peal t) und Pael u) (S. §. 13. Reg. VI. A. 1.)
2) Bisweilen auch in den übrigen Perſonen und — Participien v); Doch im Peal am ſeltenſten. w)

Hauptanmerk. II. Daß das Olaf in der Conj. Aphel und deren Paſſivo mit Waw, ſeltner auch mit Jut verwechſelt werde, iſt ſchon vorhin bey der Conj. Aphel bemerkt.

Hauptanmerk. III. Das Zeitwort ܐܒܝ (*Abiit*) hat das Eigne, daß es den Vokal des dritten Stammbuchſtaben zum zweeten zurückwirft, ſo oft der zweete leer ſtehen ſollte und der dritte bekommt die verbergende Linie. x) (§. 51. 6.) NB. Wenn aber das Zeitwort in der Bedeutung *prodeſſe* gebraucht wird, geht es wie jedes andere Verb. N.B.

Hauptanmerk. IV. Die *Verba* ܢ·ܕ ahmen diejenigen nach, welche mit ܐܬܠ anfangen.

Sie nehmen nemlich unterm ܠ, wo es zu Anfang leer ſtehen ſollte, einen Vokal an und

---

s) *creditus eſt.* Gal. 2, 7. u. ſ. w. Von ܝܕܐ.
t) ܐܚܕܐ für ܐܚܕܐ. — u) ܐܬܠܐ für ܐܬܠܐ Mit zurückgezogenem Vokal §. 13. Reg. III. Anmerk. 2.)
v) ܠܬܠܠ ſonſt ܐܬܠܐ. — ܚܠܬܟ f. ܚܠܬܟ.
w) ܐܚܕܠ ſeltner ܐܚܕܠ. ܠܚܕܐ Seltner ܐܚܕܪ. x) ܐܙܕܠ *abiit,* ܐܙܕܠ *abiit,* ܒܐܙܕܝ
für ܒܐܙܕܝ *abiit.* f. — ܢܐܙܕܝ. ܒܐܙܕܝ. — ܐܒܝ für ܐܒܝ (Particip.) — ܐܒܝܟ
ܐܙܠ Vergl. Schaafs Lex. Syr.

und werfen ihn dann auch zurück. Vergl. §. 13. Reg. I. *d*) mit Reg. III. Anm. 2.
B. 2. Ingl. A. desselben §. 13. Nur herausfallen kann dies ܠ nicht, wenns gleich ruhet. *y*)

§. 100.

Verba gutturalia. ܗܶܐ ܗܶܐ ܝܒ

Die Zeitwörter, welche zum ersten Stammbuchstaben ܢ, ܫ, oder ܐ haben, leiden bey den Syrern keine Anomalie, weil im Syrischen nicht so viel Delikatesse in Ansehung der Vocalzeichen, und kein zusammengesetztes Schwa statt hat. Folglich gehören diese Zeitwörter im Syrischen gar nicht unter die Anomala.

§. 101.

Verba ܝܒ.

Auch die meisten *Verba* ܝܦ der Syrer sind ursprünglich *Verba* ܝܒ *) nur, daß die Syrer die beyden Klassen dieser Zeitwörter fast gar nicht unterscheiden; daher wir in der syrischen Grammatik den §. 102. fast ganz ersparen können.

Von den *Verbis* ܝܦ merken wir uns:

A. Das aus O entstandene ܘ bleibt, so lange als es eine Sylbe anfangen sollte. 2) So bald aber das ܘ so zu stehen kommt, daß es eine Sylbe schließen sollte, kommt das ursprüngliche O wieder; d. i. im Aphel und Schaphel und deren Passiven. Vom Futuro und Infinitiv der ersten Conjugation s. B.

B. Im Infinitiv und Futuro der ersten Conjugation (Peal), wo der erste Stammbuchstab ebenfals die Sylbe schließen müste, ist diejenige Form gewöhnlich, welche unter der *litt. præform.* Ehwajo (˙) und unterm mittelsten Stammbuchstaben Ptocho hat. (S. §. 72. II.

III.) — Das O sollte wieder kommen (A.) müßte aber, wegen des ihm vorstehenden (˙) wieder in ܘ übergehen (§. 13. Reg. V.) Man sagt also hier besser: „Das ܘ bleibe hier fürs erste — weil es (˙) vor sich habe. — Es wird aber das ܘ noch überdies mit ܝ verwechselt. (§. 13. Reg. II.) 2) — In zwey Zeitwörtern b) die hier die Form mit (˙) unter der *litt. præf.* annehmen, fällt das ܘ weg. c)

C. Das

---

y) S. ܒܙܘ in Schaafs *Lex. Syr.* *) Dergleichen haben die Syrer, wenn man will, auch *explicite.* Z. B. ܠܘ *oportuit.* S. auch die folgende Note. 2) Seltner trifft man hier schon das O an. Z. B. in ܐܡܪ Pael, *condixit.* Matth. 28, 16. — Wie auch im Hebräischen ܝ S. ܝܠܕ ܗܬܘܕܗ &c. 2) ܡܠܟ. ܝܠܕ b) Nemlich in ܐ.. und ܡ... c) Daher ich sage ܡ.. ܠܟܐ. ܝ.. ܝܡܒ Vergl. §. 13. Reg. VI. C. 1. —

C. Das ܝ, wenn es zu Anfang leer stehen sollte, bekommt einen Vokal und zwar (ܺ), in welchem es dann ruhet, (§. 13. Reg. III. Anmerk. 2. B. 2.) — Sehr selten fällts weg. d)

Conjug. *Peal.*

I. Präteritum:

NB. Der erste Stammbuchstab, bekommt, so oft er leer stehen müßte, (ܶ) (nach C.) der mittelste aber meistentheils (ܶ) e) auch wo es die Bedeutung nicht erfordert. (§. 72. I. Not. 1) — f) — Nur wegen eines Gutturals, oder ܪ nimmt er Ptocho an. g) Dies thut das Zeitwort ܝܗܒ *dedit*, welches noch das Eigne hat, daß sein leer stehen sollender erster Stammbuchstab kein (ܶ) annimmt, dafür aber den Vokal des zweeten Stammbuchstaben annimmt, wo dann das ܗ die verbergende Linie bekommt. (§. 51. 4. c.) — h) — Also:

ܝܶܠܶܕ

ܝܺܪܶܬ

ܝܰܗ݇ܒ

II. Infinitiv:

NB. Hat gemeiniglich die Form ܡܺܐܬܰܒ. (Ptocho unterm mittelsten St. B. weil er im Prät. (ܶ) hatte.) Das ܝ sollte nun ruhen, wird aber in ܐ verwandelt. (§. 13. Reg.

---

d) Z. B. im Imperativ der in der vorigen Note angeführten beyden Zeitwörter. Daher ܪܶܬ und ܬܶܒ. — e) ܝܶܘܟܶܡ *niger fuit.* ܝܶܩܶܕ *arsit.* ܝܶܪܶܒ *magnus f.* ܝܶܬܶܒ *sedit.* f) ܝܶܥܶܦ *furit.* ܝܶܠܶܦ *didicit.* (id. q. ܐܶܠܰܦ) ܝܶܠܶܕ *peperit.* g) ܝܺܪܰܬ *monit.* ܝܺܩܰܪ *gravis fuit.* ܝܺܬܰܪ *lucratus est.* §. 37. Anmerk. 11. h) Also ܝܰܗ݇ܒ für ܝܗܒ. — Aber in der 3 fem. und 1 sing. geschiehts nicht, weil da das ܝ ohnehin voll wird: ܝܶܗܒܰܬ. ܝܶܗܒܶܬ. — Sonst aber in allen übrigen Personen: ܝܰܗ݇ܒܬ. ܝܰܗ݇ܒܬܘܢ. ܝܰܗ݇ܒܘ. ܝܰܗ݇ܒܬܶܝܢ — — ܝܰܗ݇ܒܢ. — NB. Aber auch die 3 fem. und 1 sing. thut das, wenn ein Suffix angehängt wird. Z. B. ܝܶܗܒܶܬ *dedi.* Mit dem Suffix erst: ܝܶܗܒܬܳܟ݂ Weil nun das ܝ leer ist: so sag ich nun ܝܰܗ݇ܒܬܳܟ݂ *dedi* (constitui) *te*, 1 Mos. 17, 5.

Reg. II.) — Nur in zwey Zeitwörtern kommt die Form ܡܶܬܛܰܐܠ vor, wo das ܐ in (˘) ruhet und denn heraus fällt. (§. 13. Reg. VI. C.)

ܡܳܐܠ

i) ܡܶܠ

III. Futurum:

NB. Hat gemeiniglich die Form ܢܶܛܰܠ mit der Verfahrungsart, wie im Infinitiv. Nur daß in der ersten Person des Singul. das aus ܐ entstandene ruhende Olaf (§. 13. Reg. VI. C.) ganz wegfallen muß. k)

ܐܳܠ

l) ܐܶܢ ܝܶܬ

ܢ ܝܶܬ

IV. Imperativ:

NB. Hat die Form ܡܶܛܰܠ; daher das ܝ nach C, ein (˘) annimmt. Nur ܣܰܩ nimmt die Form ܣܩܰܠ an und zwar so, daß der leer stehen bleiben sollende erste Stamm-buchstab wegfällt. Letzteres geschieht auch im Zeitwort ܗܰܒ. —

ܐܳܠ

m) ܐܶܠ

n) ܐܶܠ

ܐ

V. Par-

---

i) Nur in ܗܰܒ und ܝܶܬܒ. Z. B. ܗܰܒ ܡܶܛܰܠ. — NB. Von ܣܠܩ kommt weder der Infinitiv, noch das Futurum vor; sondern er wird von dem Synom. ܣܠܐ gemacht.

k) ܐܶܟܶܠ für ܐܰܟܶܠ l) Der Formen ܢܶܛܰܠ und ܡܶܛܰܠ. Nur in den beyden Verbis ܗܰܒ und ܝܶܬܒ. — Daher: ܗܰܒ ܝܶܬܒ. Nach §. 13. Reg. VI. C. 1.

m) Nur ܗܰܒ sine. n) Nur ܬܒ sede.

V. Participium:

1) *activum*

ܡܠܒ

2) *paſſivum*: (S. Nr. C.)

ܡܠܒܡ

Paſſivum von Peal,

Ethpeel: So oft der erſte Stammbuchſtab leer ſtehen müſte, nimmt er (ˀ) an. (C.) welches aber (nach §. 13. Reg. III. Anmerk. 2. A. a.) zum vorhergehenden letzten charakteriſtiſchen *L* zurückgezogen wird. o) — S. die Tabellen.

Conjug. *Pael.* ⎫
u. Paſſ. *Ethpael.* ⎬ Geht völlig regelmäſig; nur daß, wie auch im Hebräiſchen bisweilen, gegen die Hauptregel A, hier auch das urſprüngliche o wiederkommt. p)

Conj. *Aphel.* Hier kommt nach A. das urſprüngliche o wieder. q) — S. die Tabellen.

Paſſiv. von Aphel,

Ettaphal. Hier gilt daſſelbe. S. die Tabellen.

Conjug. *Schafel u. Paſſ. Eſchtaphal.* Hier gilt, nach A. wieder eben daſſelbe. S. b. Tab.

§. 102.

Verba ܝܦ vere talia.

Die Zeitwörter, welche zum erſten Stammbuchſtaben ein urſprüngliches ܘ haben und ſich, als ſolche, von den Verbis ܝܦ, auch in der Bildung der Conjugationen und Temporum unterſcheiden, haben die Syrer ſehr wenige. Doch um dieſer wenigen willen, darf man ſie doch nicht verkennen, da ihre Exiſtenz aus dem Hebräiſchen und Arabiſchen eben ſo unleugbar, als die Kenntniß derſelben wichtig iſt. Die Urſache, warum die Syrer ſo wenig urſprüngliche Verba ܝܦ zu haben ſcheinen, ſ. §. 103. Anmerk. 3.

Ur-

---

o) ܐܠܒܡ für ܒܠܒܡ aus ܐܠܒܡܐ

p) Doch faſt nur allein im Verbo ܝܨܪ — ܝܨܪ Paſſ. ܝܨܪ

q) ܐܒܘܠ. ܐܦܘܠ. R. ܡܠܒ. ܡܠܒ. — ܐܠܐܠ *ejulavit* und ܐܡܝܪ *faxit*, (wo das ܘ auch in Aphel bleibt, gehört nicht hieher, ſondern zu §. 102. unter b. Verb. ܝܦ *vere tali.* —.

Ursprüngliche, oder wahre Verba יפ bey den Syrern sind (und sie sind auch bey den Hebräern: ‎ﻟﻞ (‎יָרֵל Chald.) und ‎ܡܠ (‎יָנ faxit) Aber auch diese unterscheiden sich von den Verbis פפ, oder den gemeinen so genannten Verbis יפ, so viel wir wissen, blos in der Conjug. Aphel, wo das ‎ܘ bleibt und nicht in o übergeht. r)

§. 103.
Anmerkungen über die Verba
יפ und יפ.

Anmerk. I.

Was Hebräer und Araber thun, — daß sie bisweilen Verba יפ, zumal in Ansehung des Futuri der ersten Conjugation, wie Verba יפ vere talia behandeln, thun die Syrer nicht; oder — man müßte, wenn man nur auf die Punktation der litterar. præform. im Fut. Conj. I. verglichen mit dem Hebräischen, sehen wollte, sagen, sie thäten es allzeit, d. i. sie geben der Litt. præf. immer ein (') — welches im Hebräischen sonst nur die Verba יפ vere talia thun — zum sichtbaren Unterschied von den Verbis יפ.

Anmerk. II.

Was die Araber bisweilen und die Hebräer gar selten thun, daß sie den ersten Stamm-buchstaben ‎ܘ (sonderlich aus Wau entstanden) im Futuro der ersten Conjugation in Alef verwandeln — das thun die Syrer im Futuro und Infinitio der ersten Conjugation, nach Regel (§. 13. Reg. II.) allzeit. — S. oben §. 101. a. f. O. — oder auf der Tabelle. —

Anmerk. III.

In den Verbis יפ vere talibus (die man, im Syrischen, oft blos durch Vergleichung mit dem Hebräischen und Arabischen entdecken kann) geht das ‎ܘ in der vierten Conjugation (Aphel) meist in o über. s) Und dies macht, daß es (da sich auch im Hebräischen diese Verba fast blos in der Conj. IV. und im Fut. der Conj. I. unterscheiden — und im letztern hat im Syrischen nicht einmal Unterscheidung Statt.) im Syrischen fast gar keine Verba יפ vere talia zu geben scheint, — wie denn auch die Hebräer wirklich weit weniger Verba יפ, als Verba יפ haben, welches auch von allen übrigen orientalischen Dialekten zu gelten scheint.

F 2

Anmerk.

---

r) Z. B. ‎ﻟﻞ (Hebr. ‎הֵילִיל) ejulavit. — ‎ﺍﻣﻠﻚ ejulate. (Imp.) Jac. 5, 1. ‎ܐܬܝܠܠ

ejulantes. Marc. 5, 38. R. ‎ﻟﻞ (‎יָלַל) — ‎ﺍﯾﻤﺲ laetaverunt, Luc. 23, 25. ‎ܐܬܝܠܠ

Lactans, Matth. 24, 19. κ.

s) Z. B. ‎ܝܒܫ (Hebr. ‎יָבֵשׁ) Ist Verb. יפ vere tale. Das ‎ܘ ist ursprünglich; und doch sagt

man in der Conj. IV. ‎ܐܘܒܫ arefecit. ‎ܡܘܒܫ Jac. 1, 11.

Anmerk. IV.

Auch im Syrischen werden bisweilen Verba פו oder פי zu Verbis פן unter gleicher Bedeutung. Hieher kann man rechnen die beyden *Verba* ܘ݁ (sciuit) und ܝ݁ sedit. 1) Daraus aber kommen sie §. 101. als unter besondern Formen der Verbor, פן nicht in Betrachtung, sondern man verweiset sie unter die Verba פ׳ §. 104. —

§. 104.

Verba פ׳. —

Das Eigne der *Verbor.* פן läßt sich größtentheils aus §. 48. B. erklären; nemlich

A. Der erste Stammbuchstab, Nun, fällt weg, wenn er in der Mitte leer stehen und die Sylbe schließen sollte. (§. 48. B.) Folglich

1) im Futuro und Infinitiv der Conj. I. (Peal). t)
2) in der vierten Conjugation (Aphel) u) und natürlich auch in deren Passivo.

Anmerk. Doch wird das Nun beybehalten:

a) Wenn der zweete Stammbuchstab ein ܗ ist. v)
b) Wenn ein *Verbum* פן zugleich *geminans* ע w) oder *quiest.* ע ist; z) welches seinen ganz natürlichen Grund hat.

B. Auch fällt das zu Anfang im Imperativ leer stehende Nun weg.

Conjug. Peal.

I. Präteritum:
Geht völlig regelmäßig. —

II. Infinitiv:
Hier fällt, nach A. der erste Stammbuchstab weg:

ܡܦܩ

III. Fut

t) ܐܦܘܩ. ܡܦܩ. R. ܢܦܩ   u) ܐܦܩ
v) ܢܝܬܘܪ bират. Matth. 5, 16. ܐܢܗܪ (Aph.) Ap. Gesch. 16, 29. S. Schaafs Lex. Syr.
unter ܢܘܪ   w) z. B. ܢܬ (ܢܬܢ) —
z) z. B. ܢܣܒ. ܢܦ   y) ܡܦܩ für ܡܢܦܩ

III. Futurum.

Der erſte Stammbuchſtab fällt weg. (A.) Hat übrigens folgende drey Formen:

ܢܣܒ

1) ܢܣܒ

2) ܢܣܒ

IV. Imperativ:

Der erſte St. B. fällt weg, (B.) und kann drey Formen haben:

ܣܒ

b) ܣܒ

c) ܣܒ

V. Participium:

Act. u. Pall. geht regelmäßig.

Paſſivum,	*Ethpeel,*	
Conjugat.	*Pael*	} Geht ganz regelmäßig.
Paſſivum	*Ethpaal*	

Conjug. *Aphel.* Der erſte Stammbuchſtab fällt (nach A. 2.) weg.

I. Präteritum:

ܐܣܒ

II. Infinitiv:

ܡܣܒܘ

£ 3 III. Futu,

---

2) ܢܣܒ *accipiet.* Ap. Geſch. 8, 17. ܢܩܦ *adhærebit.* Matth. 19, 5.

3) ܒܥܠ *cadet.* Matth. 5, 29. ܢܬܠ *dabit.* Matth. 20, 28.

b) ܣܒ *accipite.* Matth. 25, 28. ܣܩ *adſcendite.* Joh. 7, 8.

c) ܣܩ *cade.* Matth. 21, 21. ܒܕܪ *diſpergite.* Matth. 10, 14. —

III. Futurum:

d) ܢܨܒ

u. ſ. w.

Conjug. *Schafel.* Der erſte St. ܒ muß wegfallen; (nach A. 2.) kommt aber in dieſen Verbis eben nicht vor.

Anmerk. Das Verbum ܣܟܠ iſt defectiv und kommt blos im Präterito und Particip. der Conjugation Peal vor. Die übrigen *Tempora* und — Conjugationen entlehnt es von dem Synonym. ܣܟܠ e)

Des fünften Abſchnitts

Zweytes Kapitel.

Zeitwörter, welche in Anſehung des mittelſten Stammbuchſtaben anomaliſch ſind:

§. 105.

Verba gutturalia.

ܐܥ. ܥܘ. ܥܗ. ܥܥ.

Die Zeitwörter, welche zum mittelſten Stammbuchſtab einen Guttural (ܐ. ܗ. ܚ. ܥ.) haben, leiden bey den Syrern, die weder Dages, noch zuſammengeſetztes Schwa, noch auch in den Vokalzeichen ſo viel Wohlllang lieben, wie die Hebräer, gar keine Abweichung vom *Verbo perfecto.*

Anmerk. Das Eigne, welches das Zeitwort ܠܩܛ zu haben pflegt, iſt oben im §. 101. gehörigen Orts bemerkt.

§. 106.

---

d) Und mit beybehaltenem Charakter ܢܨܒ z. B. ܢܙܠ *ledal.* (R. ܢܙܠ) Rit. Sen. p. 57. Vergl. Lud. de Dieu Gramm. Harm. p. 243. —

e) Daher Infin. ܣܟܠ. Fut. ܢܣܟܠ. Imp. ܣܟܠ. — Aph. ܐܣܟܠ. ܣܟܠ

§. 106.

Verba quiefcc. עׇיׇוׇ

Im Hebräischen und Arabischen unterscheidet man *Verba quiefcentia* עׇיׇ und עׇוׇ sehr sorg=
fältig; nur gar selten wird z. B. ein Verbum quiefcens עׇיׇ als עׇוׇ behandelt, oder umgekehrt. f) —
Im Syrischen geschieht dies überaus häufig, so, daß man fast gar keine wahre Verba quiest=
עׇיׇ zu haben meynen sollte: daher man auch in den gewöhnlichen Grammatiken nichts davon
antrifft. Ich — werde §. 107. weiter davon sprechen, sowol von den wenigen wahren *Verbis
quiefcc.* עׇוׇ als auch von den *quiefc.* עׇעׇ die jene affektiren. — Hier also nur von den reinen,
oder wahren *Verbis quiefc.* עׇוׇ.

Das Eigne der Verbor. quiefcc. עׇעׇ fließt von selbst aus §. 13. Reg. III = VI. her. Der Wo=
kal des mittelsten Stammbuchstaben wird (ausser in Aphel und dessen Passivo, wo er durchaus
wegfällt; und in Pael und dessen Passivo, wo er lautbar oder mit ܽ vertauscht und im Par=
ticip. Benoni, wo er theils mit einem lautbaren ܐ vertauscht, theils lautbar wird,) zurückge=
zogen. — Ich bemerke es, bey ieder Conjugation noch besonders:

Conjug. *Peal.*

Damit der mittelste Stammbuchstab ruhen könne, wird sein Vokal zurückgezogen (§. 13. Reg.
III. Anm. 2. A.) und fällt dann, weil er ruhet, ganz weg. (§. 13. Reg. VI. B. 1) =
Das Eigne in den Participien dieser Conjugation — unten a. f. O.

I. Präteritum:

Hat die Form ܩܰܛܶܠ (§. 72.) — Daher:

ܩܳܡ g)

II. Infinitiv:

Hat die Form ܡܶܩܛܰܠ (§. 72.) Daher:

ܡܩܳܡ h)

III. Futurum:

Hat die Form ܢܶܩܛܽܠ (§. 72.) Daher:

ܢܩܽܘܡ i)

IV. Jnf

---

f) 3. B. בִּין und בֵּין, לִין und לוּן. שׁוּם u. שִׂים — und מִן

g) ܩܳܡ für ܩܳܘܡ ܩܳܘܡ (*kwom*)   h) ܡܩܳܡ für ܡܩܳܘܡ aus ܡܩܳܘܡ (*Mekwom*) —
Seltner auch ܡܩܽܝܳܡ   i) ܢܩܽܘܡ für ܢܩܳܘܡ aus ܢܩܳܘܡ (*Nekwom*.) — Seltner
auch ܢܩܺܝܳܡ z. B. ܩܘܽܡ Marc. 10, 19. (*Edit. Gutbier.*)

IV. *Imperativ*:

Hat die Form ܟܣܡ (§. 72.) Daher:

ܣܟܡ k) — Seltner ܡ *q)

V. Participium.

1) *Activum*:

Das O geht in Olaf über, (§. 13. Reg. IX. 5. b.) welches dann wie Jut ausgeſprochen (§. 2. Anm. 4.) und dann, wo dieſ Particip. durch die weibliche r oder Pluralen-dung wächſt, ſelbſt in ܥ übergeht. —

ܣܟܡ **)

ܟܣܡ &c.

S. das Paradigm.

2) *Paſſivum*:

ܣܟܡ *l)

Paſſivum von Peal,

Ethpeel: Es hat die Form ܐܬܩܣܡ, woraus, nach den, in der vorigen Note, an-geführten Regeln des §. 13. von ܟܣܡ — entſtehen würde.

ܐܬܩܣܡ m)

Weil

k) ܟܣܡ für ܟܣܡ aus ܟܣܡ (*kwum.*)

*q) ܟܡ für ܟܣܡ (aus ܟܣܡ; der Form ܟܣܡ.) — NB. Dieſe Form hat das *Verbum* ܚܣܡ *parcere* — wo es *abſi* heißt (Matth. 16, 22. ſ. Schaafs Lex.) wo es aber *parce* heißt, hat der Imperativ die gewöhnliche Form ܚܣܡ. — Vergl. J. D. Michaelis Gram. Syr. p. 129.

**) Oder, wegen eines Gutturals, oder 5 mit Ptocha, z. B. ܙܝܥ *commotus.* Matth. 2, 5. ܓܐܪ *moechans.* Matth. 19, 19.

l) ܣܡ . aus ܣܡ (§. 13. Reg. VI. Anmerl.) für ܣܡ (§. 13. Reg. V.) ſtatt ܣܡ (§. 13. Reg. III. A.) — m) Nemlich erſtlich ܐܬܩܣܡ. Dann ܐܬܩܣܡ Hierauf ܐܬܩܣܡ und endlich ܐܬܩܣܡ. —

Weil nun aber hier — das ‌ܠ, bey geschwinder Aussprache doppelt zu tönen scheint: so wird auch doppelt geschrieben und — wirklich auch doppelt ausgesprochen. (Aehnliches Verfahren s. §. 13. Reg. IX. 3.) — Also:

I. Präteritum:

ܐܠܠܡܝܟ

II. Infinitio:

Hat die Form ܡܐܠܠܘܕܐ; woraus wieder, dem vorhin Bemerkten zu Folge, ganz ordentlich entsteht

ܡܐܠܠܘܕܐ a)

III. Futurum:

ܪܡܠܠܡܝܟ

NB. Wo aber, durchs Präformativum des Futuri drey ܠ zusammen kommen sollten, fällt das Eine weg. (§. 48. A. 1. "ausgenommen.")

IV. Imperativ:

ܐܠܠܡܝܟ

V. Participium.

ܡܐܠܠܡܝܟ

Conjugat. Pael:

Der mittelste Stammbuchstab wird lautbar, o) oder — wird mit einem lautbaren ܘ vertauscht. p) In beyden Fällen geht die Conjugation wie im Verbo perfecto. S. das Parad. Von einigen kommen beyde Formen, aber in verschiedener Bedeutung, vor. q)

R Passi-

n) ܡܐܠܠܘܕܐ. Erst ܡܐܠܠܘܕܐ. Hierauf ܡܐܠܠܘܕܐ (§. 13. Reg. III. A.) und dann, nach §. 13. Reg. VI. B.) ܡܐܠܠܘܕܐ und endlich — ܡܐܠܠܘܕܐ

o) ܩܘܡ. — ܘܩܝ copulavit. Matth. 19, 6. — u. dergl. m.

p) ܩܘܡ. — ܩܝܒ damnavit. — ܩܝܡ exaltavit. u. dergl. m. — Wie im hebräischen: Nicht nur קום sondern auch קים obgleich hier — wenigstens im Präterito hinlängliche Ursache da zu seyn scheint. q) ܩܝܡ excitavit. - Aber ܩܝܡ excitavit.

Paſſivum von Pael,

Ethpaal. Hiervon gilt, was vom Activo bemerkt worden iſt.

Anmerk. Statt Pael und Ethpaal wird, wie im Hebräiſchen, häufig die Conjug. XX. (§. 89.) gebraucht. Davon hernach a. ſ. O. —

Conjug. Aphel. — Hat die Form ܐܥܓܒܠ (§. 77.) u. ſ. w. — Der mittelſte Stamm‐ buchſtab fällt, wie im Hebräiſchen, in dieſer ganzen Conjugation weg. (§. 13. Reg. VII. B. 1)

I. Präteritum:

r) ܐܣܒܥ

II. Infinitie:

s) ܡܣܒܥܘ

III. Futurum:

t) ܢܣܒܥ

IV. Imperativ:

u) ܐܣܒܥ

V. Participium:

1) Activum.

v) ܡܣܒܥܘ

2) Paſſivum.

w) ܡܣܒܥܘ

Paſſi‐

_____

r) Iſt für ܐܣܒܥ, mit weggeworfenem O.   s) für ܡܣܒܥܘ Ganz nach der Form des Verbi perf. —   t) für ܢܣܒܥ. Der Form ܢܥܓܒܠ (§. 77.)

u) für ܐܣܒܥ der Form ܐܥܓܒܠ. —

v) für ܡܣܒܥܘ. Der Form ܡܥܓܒܠ‐

w) für ܡܣܒܥܘ, der Form ܡܥܓܒܠ. —

Passivum von ܐܒܕ

Ettaphal. Hat die Form ܐܬܒ̣ܠ woraus, nach Wegwerfung des mittelsten Stammbuchstaben, ganz natürlich die Form entsteht — z. B. im

I. Präteritum:

ܐܬܐܒ̣ܠ א)

II. Infinitio:

ܡܬܐܒܠܘ

u. s. w. Folglich ganz, wie Ethpeel. Conjug. *Schafel.* Kommt nicht vor.

Conjug. XX. (§. 89.) kommt in diesen *Verbis* ziemlich häufig, statt *Pael*, vor. Gerade wie im Hebräischen.

I. Präteritum:

ܐܒ̣ܠܒ y)

II. Infinitiv:

ܡܐܒܠܒܘ

III. Futurum.

ܐܒ̣ܠܒ

M 2 IV. Im-

א) Z. B. ܐܬܐܒ̣ܠ *exaltatus est.* R. ܐܒܠ. — Das zweyte L sollte eigentlich Ptocho bekommen, weil das ܠ im Activ, Ptocho hat und behält. Allein, es bekommts nicht. Das von Hrn. N. Michaelis angeführte ܐܬܐܒ̣ܠ *paruit*, *obedivit*, (wenn das Stammwort ܐܒܥ seyn soll,) — ist mir hier bedenklich. Die hier anzunehmende höchst unnatürliche Verwechslung des L mit ܥ bestimmt mich, es beym Alten zu lassen — und das *Verbum* ܐܒܥ anzunehmen, wie Andere thun.

y) ܐܒ̣ܠܒ *exaltavit.* R. ܐܒܠ — Oder, mit Ptocho, wegen eines Gutturals, oder ܪ. Z. B. ܐܒܕ *commovit.* R. ܐܒܕ. —

IV. Imperativ.

ܪܰܘܪܶܒ

V. Participium:

1) *Activum:*

ܡܪܰܘܪܶܒ

2) *Passivum:*

ܡܪܰܘܪܰܒ

Passivum der Conjug. XX.

Ethkamkam.

I. Präteritum:

ܐܶܬܪܰܘܪܰܒ 1)

II. Infinitiv:

ܠܡܶܬܪܰܘܪܳܒܽܘ

u. s. w. —

Hauptanmerk. Diejenigen Zeitwörter, welche zum mittelsten Stammbuchstaben ein lautbares ο haben, gehören natürlicher Weise nicht hieher, sondern gehen, in Ansehung dieses mittelsten Stammbuchstaben, wie das *Verbum perfectum.* *) Dahin gehören aber:

1) die *Verba* ל״א oder ל״י. a)

2) Einige andere. b)

3) Ei,

---

1) ܐܶܬܪܰܘܪܰܒ *exaltatus est.* Ap. Gesch. 19, 17. — *) Daher auch z. B. im Part. Ben. ܩܳܐܶܡ, von ܩܳܡ

a) Z. B. ܕܘܳܐ *doluit.* ܗܘܳܐ *fuit.* ܙܘܳܐ *tumuit.* ܟܘܳܐ *adussit.* ܠܘܳܐ u. ܠܘܳܝ *comitatus est.* ܣܘܳܐ *desideravit.* ܨܘܳܐ *statuit,* erexit lap. ܪܘܳܐ *irriguus f.* ܫܘܳܐ *aequalis, dignus f.* ܬܘܳܐ *poenituit.*

b) ܣܘܰܚ *cupiit.* ܥܘܰܠ (Daher ܐܰܥܘܶܠ *injuste agit.*) ܫܘܰܪ *insiluit.* ܕܘܰܨ *exsultavit.* ܫܘܰܙ *exsiliuit.* ܬܘܰܗ *stupuit.* ܬܘܰܙ *stupuit.*

3) Einige haben das o bald ruhend bald lautbar, aber mit Verschiedenheit der Bedeutung c)

§. 107.

Verba quiesce. ‏ֽי‏.

Verba quiesce. ‏ֽי‏ kennen die Syrer nur wenige. d) In Ansehung des mittelsten Stamms buchstaben gilt hier alles, was von den *Verbis quiesce.* ‏ֽי‏ nunmehr bekannt ist. Der Vokal des mittelsten Stammbuchstaben wird, (ausser in Aphel, wo er durchaus wegfällt und in Pael, wo er lautbar, und im Particip. Benoni, wo er theils mit einem lautbaren ‏ܠ‏ vertauscht, theils lautbar wird,) zurückgezogen, wo dann nach den Regeln des §. 13. verfahren wird.

Conjug. *Peal.*

I. Präteritum:

Hat die Form ‏ܡܚܠ‏; auch wol ‏ܡܶܚܠ‏ (§. 72.) woraus dann, von ‏ܣܚܡ‏, §. 13. Reg. III, A, entsteht:

e) ‏ܣܚܡ‏

f) ‏ܣܚܡ‏

II. Infinitio:

Hat die Form ‏ܡܣܚܡܠ‏ woraus dann entstehet:

‏ܡܣܚܡ‏

III. Futurum:

Hat die Form ‏ܢܣܚܡ‏ oder ‏ܢܣܚܡܠ‏ (§. 72.) —. Also:

‏ܢܣܚܡ‏

M 3   IV. Im-

___

c) Z. B. (‏ܣܘܐ‏) ‏ܡܢ‏ *intuitus est.* Aber ‏ܒܢܐ‏ *albuit.* ‏ܩܘܡ‏ (Daher ‏ܐܘܩܝ‏ *germinauit.*) — Aber ‏ܣܐܒ‏ Aph. ‏ܐܘܣܒ‏ *audax fuit.* —

d) ‏ܣܚܡ‏ und ‏ܒܝܢ‏:

e) ‏ܣܚܡ‏ für ‏ܚܝܣܡ‏.

f) ‏ܚܡ‏ für ‏ܚܡܘ‏. Und dies für ‏ܚܡܘ‏ (*siim.* §. 11. Reg. V.) — aus ‏ܚܡܘ‏ nach Reg. III. — Doch könnte man, in Ansehung dieser Form sagen, [das *Verbum* ahme hier die Verba quiesce. ‏ֽי‏ nach, wiewol doch auch im Hebräischen ‏ܒܢ‏ von ‏ܒܝܢ‏ vorkommt — gleiches Ursprungs. —

IV. Imperativ:

Hat die Form ܢܩܛܠ oder ܢܩܛܠ. Daher:

ܢܩܛܠ

> 1) *Aɡivum.*
> 2) *Paſſivum.* } wie in ܥܥ,

Paſſivum von Peal,

Ethpeel. Geht ganz wie in den Verbis ܥܥ. Entſteht aber hier noch leichter, als dort. Vergl. §. 13. Reg. III. —

Conjug. Pael.

Das ܐ wird lautbar. Geht alſo ordentlich. Kommt aber eben nicht vor.

Conjugat. Aphel.

Ganz wie in den Verbis quieſc. ܥܘ. Der mittelſte Stammbuchſtab fällt weg. g) —

Paſſiv. von Aphel

Etthaphal. — Ganz wie im ܥܥ. — Kommt aber nicht vor.

Conjugat. Schaphel.

Kommt auch hier nicht vor.

Hauptanmerk. I. Diejenigen Zeitwörter, welche ein lautbares ܘ haben h) gehören nicht hieher.

Hauptanmerk. II. Einige *Verba quieſc.* ܥܘ ahmen bisweilen die *Verba quieſc.* ܥܥ nach. i)

Haupt

---

g) ܐܬܒܣܡ *odoratus eſt.* (הֵרִיחַ) für ܐܬܒܣܡ —

h) 3. B. ܚܝܐ *vixit. &c.* Dies hat aber wieder ſeine eignen Anomalien. Davon in der Hauptanmerk. III.

i) 3. B. ܣܒܟ (כבה) — Præt. Peal ܣܒܟ. (Erklärt ſich leicht aus der Form. Nemlich ܟܒܐ. Dieſe angenommen entſteht 1) ܣܒܟ. 2) ܣܒܟ 3) ܣܒܟ. §. 13. —) Im Futuro kommt aber ſchon wieder ܢܣܒܟ vor.

Hauptanmerk. III. Das Zeitwort ܚܝܐ (*vixit*) hat seine eigne Anomalie. Es fällt näm=
lich sein mittelster Stammbuchstab weg, so oft der erste, wenn ein präformativer
Buchstab vorgesetzt wird, leer wird. Nemlich

Peal.

I. Präteritum.

Geht ordentlich; nemlich als Verbum N'ל.

II. Infinitiv:

k) ܡܚܢܐ

III. Futurum:

l) ܢܚܐ

IV. Imperativ:

Hier fällt der mittelste Stammbuchstab, nach dem ersten leeren, weg, wenn gleich kein
Präformativum vorsteht:

m) ܚܝ

V. Particip. Benoni:

ܚܝܐ

n) ܚܝܐ

Plur.

o) ܚܝܝܢ
p) ܚܝܝܢ
q) ܚܝܝܢ

Pael

---

k) für ܡܚܝܐ. — Bisweilen mit eingerücktem ܠ. ܡܚܠܢܐ 1 Mof. 6, 20. – §. 13. Reg. VIII.

l) für ܢܚܝܐ der Form ܝܩܛܠܐ

m) für ܚܝܝ Dan. 2, 4. — Plur. ܚܝܘ Ap. Gesch. 2, 40.

n) für ܚܝܝܐ 1 Tim. 2, 15.   o) ܠ in ܠ — Matth. 15, 27. Ap. Gesch. 2, 47.
p) Luc. 13, 23.   q) Luc. 20, 38.

Pael müſte ganz wie ein *Verbum* Nᵘⁱ ל gehen.

Aphel:

I. Präteritum,

α) ܐܒܝܫ

II. Infinitiv:

β) ܡܒܐܫܘ

III. Futurum:

ι) ܢܒܝܫ

IV. Imperativ:

u) ܐܒܫܐ

V. Participium:
Praͤſ.

v) ܡܒܐܫ

Die übrigen Conjugationen kommen nicht vor.

§. 108.

Verba geminant. ע.

Die Anomalien der *Verbor. geminant.* ע ſind aus §. 48. A. zu erklären. Es fällt nämlich der mittelſte Stammbuchſtab weg 1) in der ganzen Conjug. Peal, die beyden Participien ausgenommen; 2) in der ganzen Conjugat. Aphel und Schaphel und deren Paſſiven. — Hingegen bleibt er in Ethpeel, Pael und Ethpaal. — S. das Paradigma.

Con

---

r) für ܐܒܝܫ.   s) und, mit beybehaltenem charakteriſtiſchen ܐ — ܡܒܐܫܘ Hebr. 7, 25.

t) und, mit beybehalt. ܐ charakt. ܢܒܐܝ 1 Cor. 7, 17.

u) *Serta.* Luc. 23, 37.   v) Luc. 9, 24. fem. ܡܒܐܫܐ 2 Cor. 3, 6. (ܡܒܐܫܐ iſt Fehler. —

Conjugat. *Peal.*

L. Präteritum:

ܣܝܡ w)

Die Flexion f. im Paradigm.

II. Infinitiv:

ܡܣܝܡ x)

III. Futurum:

ܢܣܝܡ y)

ܢܣܝܡ z)

ܢܣܝܡ a)

IV. Imperativ:

ܣܝܡ b)

ܣܝܡ c)

ܣܝܡ d)

V. Participium.

1) *Activum*

Nach dem ersten Stammbuchstaben wird, nachdem der zweite herausgeworfen worden,
ein ܝ eingerückt, welches aber, wenn der *Stat. emphat.* oder das *femininum* oder der
N   Plur

---

w) für ܣܝܡ der Form ܩܛܠ. —   x) Form ܡܩܛܠ

y) Form ܢܩܛܠ. Und mit leerer *litt. præformat.* Matth. 18, 33. ܠܣܘܐ vermuthlich fehlerhaft.

z) Form ܢܩܛܠ. Z. B. ܢܣܒ *fortiamur.* Joh. 19, 24. R. ܣܡܡ. —

a) Form ܢܩܛܠ. Z. B. ܝܐܬ *concupiscet,* Röm. 7, 7. R. ܝܐܬ

b) der Form ܩܛܘܠ   c) Form ܩܛܠ.

d) Form ܩܛܠ. ܝܐ *æmulare* pl. ܝܐܘ 1 Cor. 14, 1.

Plural gemacht werden ſoll, wieder ausgelaſſen wird. ‒ ܣܟܘܝ ſem. ܠܘܝ. S. das Parad. e)

2) *Paſſivum:*

Ganz nach dem *Verbo perf.* Der mittelſte St. B. bleibt: ܣܟܘܝ ſ. d. Parad.

Paſſivum von Peal,

Ethpeel. Der mittelſte Stammbuchſtab bleibt. Geht daher völlig regelmäßig. ‒

Conjug. *Pael.*

Geht, nebſt dem *Paſſivo,* völlig regelmäßig.

Conjugat. *Aphel.*

Hier fällt in allen *Temp.* wieder der mittelſte St. B. weg. (§. 48. A.) ‒ S, das Paradigma. ‒ Nur im Particip. kommt bisweilen der mittelſte Stammbuchſtab wieder; bekommt aber dann die verbergende Linie. (§. 48. A. ‒ §. 51. Nr. 1.). Z. B. ܡܛܠܠܝܢ *obumbrantes.* Hebr. 9, 5.

Conjugat. *Schafel.*

Kommt in keinem erweislichen Beyſpiele vor. Hr. R. Michaelis führt S. 92. ܣܚܝܢ *niger fuit,* (welches aus ܣܚܘܢ entſtanden ſeyn möchte. R. ܣܚܘܢ) und ܦܠܗ *blandicus eſt,* R. ܦܗ zu Beyſpielen an. Noch aber iſts mir nicht einleuchtend.

Conjugat. XX. (§. 89.) Kommt in dieſen Zeitwörtern öfters, ſtatt der Conjug. II. (Pael) vor. Wie im Hebräiſchen.

I. **Präteritum.**

ܣܟܘܝ f)

u. ſ. w. ‒ Wie in den *Verbis quieſc.* V. §. 106. a. ſ. D.

Haupt‒

---

e) Doch im Verbo ܥܠ (ܥܠ *ingreſſus eſt*) bleibt das ܠ z. B. ܥܠܟ Joh. 17, 41. ܥܠܟܘ Matth. 10, 12. ܥܠܟ Matth. 12, 45. ‒ Auſſerdem gar ſelten: ܥܠܗ Hebr. 11, 16. Vergl. J. D. Michaelis C. S. p. 134. ‒ f) Und, wegen eines Gutt. oder ܪ mit Pſego: ܡܪܓܙ *exacerbauit,* 4 Moſ. 20, 24. ‒ ܓܪܓ *traxit.* Ap. 8, 3.

Hauptanmerk. Die Zeitwörter, welche Olaf zum zweeten und dritten Stammbuchstaben zugleich haben, g) werden nicht als *Verba gemin. ע*, sondern als *Verba א"ר* conjugirt. Gehören also nicht hieher.

Des fünften Abschnitts.

Drittes Kapitel,

Von denjenigen Zeitwörtern, welche in Ansehung des dritten Stammbuchstaben anomalisch sind.

§. 109.

Verba א"ל

Die *Verba א"ל* der Syrer begreifen zwey oder, nachdem man zählt, dreyerley *Verba* — 1) Die *Verba א"ל* die ein ursprüngliches Alef zum dritten Stammbuchstaben haben. 2) die *Verba י"ל* und ה"ל *quiesc.* oder — die *Verba חי*? *quiesc.* der Hebräer. — Die Syrer machen unter diesen Zeitwörtern keinen Unterschied — wobey dann der Syrisch lernende schon wieder etwas gewinnet; nur daß er sich nicht befremden lassen darf, wenn er unter einem *Verbo א"ר* ganz verschieden fremde Bedeutungen antrift — eben weil die Syrer *Verba א"ל* u. ה"ל *quiesc.* nicht unterscheiden. — Das Eigne dieser Zeitwörter werd' ich bey jeder Conjugation und deren *Temporibus* besonders bemerken. Doch kann man sich überhaupt merken: 1) daß alle *Präterita* ausgehen auf ‿ِ. (nur in der ersten Conjugation meist auf ܝ') — 2) Alle *Futura* auf ܢ ' 3) Alle *Imperative* auf ܢ ' (ausgenommen in der ersten Conjugat. (‿ِ.) und deren Passiv. (‿ِ') — 4) Alle *Participia,* auf ܐ ٗ. — Nur die *Part. præt.* endigen sich sämtlich auf ‿ِ' 5) Der männliche Plural aller Participien ist ‿ܶ *) seltner ‿ِ܇ **) und am seltensten ‿ِ. ***)

Consug. I. *Peal.*

I. Präteritum:

1) ܥ݈
ܐ 3

Wie

---

g) 3. B. ܗ݈ܝ *eminuit.* ܗ݈ܝ *decorus fuit.* ܗ݈ܝ *increpuit.* u. s. w.

*) d. i. ܢ 3 rad. in ‿ s. d. Paradigma. — **) ‿ܣܦ Daher ܦܩܕܘ 4 Mos. 10, 35.

‿ܡܘܕܥܐ *impuri.* — ***) ‿ܡܒܝܒ *exosi.* Röm. 1, 30. —

Wie dieſe Form (Iſt die Form ܡܬ݂ܐ §. 72.) flektirt werde, ſ. d. Paradigma. — Die
3 ſ. ſing. ܐ݊ܬ݂ܶܐ iſt, für ܐܬ݂ܶܐ (§. 13. Reg. VI. A. 2. — In allen übrigen Perſonen geht das ܐ in ܘ über — oder — wenn man lieber will ܘ das urſprüngliche
ܘ kommt wieder und wird lautbar; ausgenommen in der erſten Perſon des Singulars, (wo es in (˙) ruhet und in der 3 pl. m. & fem. wo das ܐ in Ptocho ruhen
ſollte b); aber — wegfällt. (§. 13. Reg. VI.) —

2) ܡܶܝܐ i)

Iſt die Form ܡܬ݂ܐ (§. 72.) wo dann, wegen des (˙) das ܐ in ܘ übergehen mußte. § 13.
Reg. V.) — Das (˙) bleibt in allen Perſonen, ſo, daß das ܘ darinnen ruhet,
ausgenommen in der dritten weiblichen Perſon im Sing. wo es mit dem Ptocho
lautbar wird. — S. Parad. —

3) ܡܶܝܕ݁ܐ k)

Iſt ganz die vorige Form, nur mit dem proſthet. ܐ (§. 39. II. 1.) wird auch, wie jene
flektirt. Doch hat Gutbier Luc. 13, 26. ܐܡ݂ܐ für ܐܡ݂ܝ

II. Infinitiv:

ܡܶܫ݁ܬ݂ܐ l)

III. Su

---

h) Nämlich ܐܬ݂ܐܝ · ܐܬ݂ܐ. — In der Conjugat. Aphel führt Hr. R. Michaelis, aus
der Philoſ. Ueberſ. Marc. 15, 4. ein Beyſpiel an. ܐܡܘ̇ܠܩ ſoluerunt eum. Wenn anders
die Leſeart richtig iſt. — i) Z. B. ܣܡܝ gauiſus eſt. ܠܐܝ laborauit. ܣܪܝ creuit.
ܣܪܝ putidus factus eſt. ܪܘܝ inebriatus eſt. ܕܟܝ ceſſauit. (ܐ݊ܘܠ bibit.) — Alſo meiſt
ſolche Verba, die, als Verba perfecta, um ihrer Bedeutung willen, (˙) unterm mittelſten
Stammbuchſtaben haben müſſen. §. 72. Conſ. L. 1. Not. t.) — Beyde Formen hat
ܬܡܶܐ jurauit; welches auch ܝܡܐ macht. —

k) ܐ݊ܘܠ bibit. l) ܚܕܝ݂ܐܝ gaudere. Luc. 15, 32. ܥܡ݂ܠܐ laborare. Ap. 20, 35. R.
ܠܐܝ. — Form ܡܶܫ݁ܬ݂ܐ.

III. Futurum:

m)

n)

IV. Imperativ:

o)

Die Flexion f. auf dem Paradigma.

V. Participium:

1) *Activum.*

2) *Passivum.*

p)

q)

N 3   Paſſi=

---

m) Form ‏ܢܩܛܠ‎. — Eben ſo das Verbum ‏ܗܘܐ‎, welches aber, auſſer der Form ‏ܢܗܘܐ‎ auch die Form ‏ܢܗܘܐ‎ hat (gleichſam als *verbum quieſcens* ע behandelt.) Z. B. Matth. 17, 20. Luc. 1, 32. — Wie im Hebr. Pred. Sal. 11, 3. ‏יְהוּא‎

n) Wie die im Hebräiſchen eben ſo ſeltne Form ‏יִגְלֶה‎. Z. B. ‏אֶעֱשֶׂה‎ ‏יִכְרֶה‎ ꝛc. S. die aus= führliche hebr. Sprachlehre. —. Im Fut. der erſten Conjugat. habe ich zwar noch kein Beyſpiel gefunden; wol aber im Paſſivo. S. Ethpeel.

o) ‏ܩܛܠ‎ kommt vor, wenn im Prät. die Form ‏ܩܛܠ‎ angenommen war. Z. B. ‏ܩܛܠ‎ iurz. 1 Moſ. 21, 23. ‏ܐܠܗܝ‎ bibe. 1 Moſ. 24, 14.

p) Der Form ‏ܩܛܠ‎. — Z. B. ‏ܒܢܐ‎ *ædificatus.*

q) wie im *Verbo perfecto.* Doch nur im Verbo ‏ܡܝܬ‎ welches aber auch in dieſem Particip. die erſtere Form hat, jedoch, wie die Grammatiker bemerkt haben wollen, ſo, daß die Form ‏ܡܝܬ‎ von einer haſſenswerthen Sache, ‏ܡܝܬ‎ aber von einer ſolchen Perſon gebraucht wird. Vergl. Lud. de Dieu Gramm. H. p. 317. — mit Schaaf's Lex. Syr.

Paſſivum von Peal,
Ethpeel.

I. Präteritum:

ܐܶܬܟܬܶܒ r)

In allen übrigen Perſonen, die dritte weibliche des Singulars ausgenommen, behält der mittelſte Stammbuchſtab ſein (ˊ). S. Paradigm.

II. Infinitiv:

ܡܶܬܟܬܳܒܽܘ s)

III. Futurum:

ܢܶܬܟܬܶܒ

ܢܶܬܟܬܶܒ t)

IV. Imperativ:

ܐܶܬܟܬܶܒ

ܐܶܬܟܬܰܒ u)

Die 2 L pl. iſt eigentlich ܐܶܬܟܬܶܒܘܢ, dafür kommt aber Hobel. 5, 8. auch ܐܶܬܟܬܰܒ

(ܐܶܬܚܠܶܡ) vor.

V. Participium.

ܡܶܬܟܬܶܒ

Cons

r) der Form ܐܶܬܩܛܶܠ   s) ܡܰܟܕܳܢܽܘ *mentem advertere.* Ap. Geſch. 7, 39.

t) ܢܶܥܒܶܕ 1 Moſ. 17, 5. Kap. 32, 28. Kap. 48, 16. S. übrigens bey eben dieſer Form das Fut. Peal, was in der Note bemerkt iſt.

u) Gleichſam apokopirt (Hebr. הִתְנַגֵּל R. גָּלַה) ז. B. ܐܶܬܗܦܶܟ *convertere.* Luc. 9, 38. und ganz ohne ܘ, alſo wirklich apokopirt ܐܶܬ Pſ. 6, 5. Pſ. 80, 15. Pſ. 119, 132. —

Conjug. *Pael.*

I. Präteritum:

ܟ݁ܬܶܒ v)

In allen übrigen Personen, die 3 *fem. fut.* ausgenommen, behält der mittelste St. B. sein (˙). —

II. Infinitiv:

ܡܟܰܬܳܒ݂ܘ w)

III. Futurum:

ܢܟܰܬܶܒ

IV. Imperativ:

ܟܰܬܶܒ

V. Participium:

1) Activum:

ܡܟܰܬܶܒ

2) Passivum:

ܡܟܰܬܰܒ

S. das Paradigma. —

NB. Die *Verba quadrilit.* die die Syrer, durch Anhängung eines in (˙) ruhenden ܘ machen, gehen ganz wie Pael. x)

Passiv

_____

v) der Form ܩܛܶܠ.

w) die Formen ܡܒܰܝܳܐܘ *consolari.* Lk. 1, 9. und ܒܰܝܳܐܘ 1 Mos. 37, 35. s. §. 112.

x) Z. E. ܩܰܒܪܘ *dicavit, revelavit.* ܬܰܪܒܝ *aluit, nutrivit,* ܫܰܥܒܕ *sublevit.*

Paſſivum von Pael,

Ethpaal.

I. Präteritum:

ܐܶܬ݂ܟ݁ܬ݂ܶܒ݂

u. ſ. w. S. das Paradigma. —

Conjugat. *Schaſel.*

I. Präteritum:

ܫܰܟ݂ܬ݂ܶܒ݂

u. ſ. w. Wie in Pael; S. d. Parad. —

Paſſivum von Schaphel

Eſchtbaphal.

ܐܶܫܬ݁ܟ݂ܬ݁ܰܒ݂

u. ſ. w. Wie in Ethpaal. S. d. Paradigm. —

Conjugat. XIII. die ein o nach dem zweeten Stammbuchſtaben zum Charakter hat. (§. 88.) — Spuhr von ihr zeigt ſich in ܐܶܫܬ݁ܒ݁ܺܝ, *in captivitatem duxit.*

Conjugat. *Aphel.*

I. Präteritum,

ܐܰܟ݂ܬ݁ܶܒ݂

u. ſ. w. S. d. Parad.

Paſſiv. von Aphel,

Ettbaphal.

I. Präteritum:

ܐܶܬ݁ܟ݁ܬ݂ܶܒ݂

u. ſ. w. S. das Paradigm. —

Hauptanmerk. I. Wenn ein *Verbum* אל"ה zugleich auch 1) *quiescens* ע ist y): so wird es hauptsächlich als *Verbum* אל"ה behandelt. 2) 2) zugleich in Ansehung des ersten Stammbuchstaben anomalisch ist: so wird es nach beyderseitiger Anomalie behandelt: 2)

Hauptanmerk. II. Daß die Syrer, durch Anhängung eines in (') ruhenden ܘ *verba quadrilit.* machen, ist vorhin schon, hinter der *Conj. Pael,* beyläufig bemerkt. —

§. 110.

Verba אל"ה. הל"ה. רח"ה. רע"ה. (*gutturalia*) u. הל"ה.

Zeitwörter, die zum dritten Stammbuchstaben ein ruhendes ה hätten, kennen die Syrer also nicht; sondern diese werden unter ihren *Verbis* אל"ה (§. 109.) mit begriffen. Dafür merken wir uns hier die Zeitwörter, welche zum dritten Stammbuchstaben ein lautbares (guttural.) Olaf b), oder ܚ, oder ܥ, oder ܛ oder — ܪ haben.

Diese Zeitwörter erhalten ihr Eignes aus (§. 37. Anmerk 11.) Sie nehmen nehmlich, statt eines jeden andern Vokals, gern Ptocho an. c)

ܕ   §. 111.

---

y) Z. B. ܡܥܠ *eminuit.* ܡܥܠ *decorus s.* ܡܥܠ *increpuit.*

2) Z. B. ܡܥܠ (Part. Peil.) *eminens, excellens.* —

a) Z. B. ܝܡܐ *iuravit.* Daher Inf. ܡܐܡܐ *iurare.* Matth. 26, 74. ܝܡܐ Hebr. 6 13.

b) Z. B. Die Verba (in Pael) ܒܝܐ *solatus est.* ܛܡܐ *contaminavit.* ܝܨܦ *sorduit.* — So bleibt z. B. im Imperativ (plur. m.) das ܘ (als Guttural) und fällt nicht, wie in den *Verbis* אל"ה *quiesc.* ע weg (ܐܬܒܝܐܘ *consolamini* 1 Thess. 5. 11.) Eben so im Infinitiv, wo es nicht in ܘ übergeht: ܡܬܒܝܐܘ Tit. 1, 9. — Eine ausserordentliche Form ist ܐܬܒܝܐܘ und im Eschpaal ܡܬܒܝܐܘ (*consolationem accipere.*) 1 Mos. 37, 35. wo vielleicht aus einem Irrthum, noch ein ܘ hinzugekommen ist. Also das *Verbum* אל"ה *gutturale* und *quiescens* zugleich behandelt. — Eben so ܢܬܒܝܐ *consolemur.* 2 Cor. 1, 4. mit angehängtem ruhenden Olaf.

c) S. z. B. die Not. b. angeführten *Verba,* wo med. R. Ptocho, statt (̄), hat — Eben so z. B. im Imperativ ܐܡܪ *dic.* Ap. Gesch. 22, 17. und Part. Ben. ܐܡܪ *dicens.* ܦܠܚ *colens.* ܦܪܥ *rependens* u. s. w.

§. 111.

Verba ל"י mobil.

Zeitwörter, die zum dritten Stammbuchstaben durchaus ein lautbares Wau, oder Jut hätten, haben die Syrer auch nicht. — Doch Spuhr von ihnen ist in den *Verbis* א"ל *quiesc.* so oft nämlich der dritte St. B. ו in ein lautbares Jut übergeht, nicht zu verkennen.   S. das Paradigma der *Verbor.* א"ל *quiesc.*

§. 112.

Verba ל"י und ל"ה.

Die *Verba* ל"י und ל"ה leiden im Syrischen gar keine Anomalie; selbst da nicht, wo sie im Hebräischen unvermeidlich wäre. d)

Der sechste Abschnitt.

Von den Nennwörtern.

Das erste Kapitel.

§. 113.

Ursprung der Nennwörter.

Die Nennwörter der Syrer stammen, wenigstens der Form nach, allzeit erst von Zeitwörtern ab. — Die Nomina propria sind auch im Syrischen unveränderlich.

Anmerk. I. Seit Alexanders, des Großen, Zeit, wo Syrien unter griechische Bothmäßigkeit gekommen war, und — in den Hauptstädten, griechisch geredet wurde, (fast mehr als in unsern Hauptstädten und bey unsern Höfen französisch;) wurde das Syrische mit vielen griechischen Wörtern gemischt; noch mehr unter der Herrschaft der griechischen Kayser, sonderlich in Ansehung Gottesdienstlicher und auf Gottesdienst sich beziehender Wörter. — Lateinische Wörter hat die Syrische Sprache nur einige wenige aufgenommen. e)

Anmerk.

d) ܢܚܶܬ *descendistis.* 1 Cor. 11, 17. ܗܘܳܐ *pudefacta es.* Jer. 2, 36. — ܗܝܡܶܢܢ *credidimus.* Gal. 2, 16.

e) ܩܘܣܛܘܕ *custodes.* ܩܘܝܣܛܝܘܢ *questionarius.* (Carnifex.)

Anmerk. 2. Die Syrer haben auch viele zusammengesetzte Nennwörter. *)

§. 114.

Eintheilung.

Wir theilen auch im Syrischen die *Nomina* in *nuda* und *aucta*.

§. 115.

Formbedeutungen.

Aus allen Conjugationen pflegen Nennwörter abgeleitet zu werden. Viele Regeln aber über diese Formen und deren Bedeutung können allenfalls nur in einer ausführlichen syrischen Sprachlehre erwartet werden; scheinen aber dem Anfänger die Sache mehr zu erschweren, als zu erleichtern. Doch merke man sich:

1) Die aus der Conjug. Pael abgeleiteten Nennwörter, der Form ܡܰܕ݁ܥ (entsprechend der hebräischen Form קַטָּל) zeigen eine mit einer Fertigkeit handelnde Person (die gleichsam von etwas Profeßion macht) an. f)

2) Bisweilen werden von Nennwörtern, sonderlich Participien, g) neue Nennwörter gebildet. h) —

Dahin gehören auch, wie in allen Sprachen, die Diminutive, die jedoch die syrische Sprache in den ältern Zeiten nur gar wenig gekannt zu haben scheint, wie die hebräische gar nicht. —

Die syrischen Diminutive aber werden gemacht durch Anhängung der Sylbe ܳܘ, i) oder ܘܢܐ k) oder durch Wiederhohlung des dritten Stammbuchstaben, zwischen welchem ܘ eingerückt wird. l)

(§. 116. — 129. fallen weg.)

---

*) Nicht blos *Nomina propria*; dergleichen auch die Hebräer viele haben, sondern auch *appellativa*. Z. B. ܒܰܪ *homo*, ܒܥܶܠܕ݁ܒܳܒܐ *inimicus* u. s. w.

f) ܕ݁ܳܝܢ *iudex*, ܟ݁ܰܪ *hortulanus*. g) ܡܰܕ݁ܥܢܐ

h) ܡܪܰܚܡܢ *misericors*; u. ܡܪܰܚܡܢܘܬ݂ܐ *misericordia*. —

i) ܒ݁ܰܪ *filius*, ܒ݁ܪܳܐ Emph. ܒ݁ܪܘܢܐ *filiolus*. — ܒ݁ܰܪ ܢܳܫܐ *homo*, ܒ݁ܪ ܢܳܫܐ Emph. ܒ݁ܰܪ ܢܳܫܘܢܐ *homuncio*. — Bisweilen auch mit verdoppelter Diminutivendung. Z. B. ܒ݁ܪܘܢܘܢܐ *filiolus*. Doch nur selten und — Scherzweise.

k) ܢܘܢ *piscis*. ܢܘܢܐ Emph. ܢܘܢܘܢܐ *ἰχθύδια* Marc. 8, 7, Philoxen. — Vergl. Amira p. 143. ff.

l) ܟ݁ܘܢܫܐ *collectaneuls*; aus ܟ݁ܢܫ.

Des sechsten Abschnitts

Zweytes Kapitel.

Vom Genere, Numero und Statu.

§. 130.

Geschlecht der Nennwörter

Die Nennwörter sind entweder männlichen oder weiblichen, oder beyderley Geschlechts (com. g)

A. *Masculina* sind

  I. Vermöge der Bedeutung:

    1) die Namen der Männer und männlichen Aemter, m) 2) Berge, 3) Flüsse, 5) Völker und 3) Monate.

  II. Vermöge der Endigung: Kurz: die keine weibliche Endigung (S. K. II.) haben.

  III. Vermöge des besondern Gebrauchs. n)

B. *Feminina* sind

  I. Vermöge der Bedeutung:

    1) die Namen der Weiber und weibl. Aemter 2) Landschaften; 3) Städte; 4) die Namen der Glieder am menschlichen Leibe.

  II. Vermöge der Endigung:

    die sich, im *stat. absoluto*, endigen

    1) auf ܰܐ o) 2) auf ܳܐ p) 3) auf ܰ q) 4) auf ܠ r) im statu emphat. aber auf ܠܐ, wenn das ܠ nicht radikal ist. p) — Mit der weiblichen Endung ܐ hat man die

---

m) Auch diejenigen, welche im Plural die weibliche Endung haben. ܐܣܰܘܳܬ *medici.* ܳ *domini.* ܩܳܐ *pincernæ.*

n) Z. B. ܐ (fœm.) ist, Joh. 1, wo es von Christo gebraucht wird gen. masc. v. 1-4. 14.

o) ܐܓܪܬ *epistola.* p) ܡܠܟܘܬ *regnum.* q) ܒܪ *creatura.* ܡܢܬ *portio.* — NB. ܐ entspricht dem ה *fem.* der Hebräer; ܠ dem ת (z. B. מְנָת *portio.* Die Endigungen von ܳ und ܰ aber (als apokopirte Endungen von ܘ u. ܬ, wie sie im stat. constr. vorkommen) entsprechen den hebräischen End. ות und ת — ܫܡܫ behält sein ܠ. —

p) ܐܓܪܬ. ܪܘܚܐ. ܐܪܥܐ. Hingegen ܡܠܟܘ ist (emphat.) *masc.* Denn das ܠ ist radikal.

die Endung des *stat. emphat.* — ܐ — die männlichen Nennwörtern eben so wol angehängt wird nicht zu verwechseln. q)

Anmerk. Wenn von männlichen Nennwörtern weibliche gemacht werden sollen und zwar

1) von *Adjectivis:* so wird nur die Endigung ܐ (emphat. ܬܐ) angehängt. r)

2) von *Substantivis:* so wird die Sylbe ܬܐ angehängt. s)

NB. α) Alle Nennwörter auf ܐ oder ܝ (Emphat. ܝܳܐ) machen ihr Femininum einfach auf ܝܳܐ, Emphat. auf ܝܬܳܐ t) — und die (masc.) auf ܢ (E. ܢܳܐ) machen ihr Femininum auf ܢܺܝܬܳܐ u)

β) Die Nennwörter auf ܝ (Emph. ܝܶܐ) machen im Fem. ܝܬܳܐ v)

γ) Die auf ܝ nehmen im *Fem.* ܐܬܐ an. w)

δ) Einige bilden das *fem.* irregulär. z. B.

ܫܦܺܝܪܳܐ oder ܫܦܺܝܪ (*decorus*) macht f. ܫܦܺܝܪܳܐ und ܫܦܺܝܪܬܳܐ

ܐܰܚܳܐ (*frater*) macht f. ܚܳܬܳܐ (*soror.*)

ܚܰܕܬܳܐ (*novus*) macht f. ܚܰܕܬܳܐ (*nova.*)

ܐ̱ܚܪܺܝܢ (*alius*) macht f. ܐ̱ܚܪܺܝܬܳܐ

u. s. w.

q) ܡܰܠܟܳܐ der König.

r) ܓܡܺܝܪ. fem. ܓܡܺܝܪܳܐ Emph. ܓܡܺܝܪܬܳܐ. — ܡܫܰܡܠܰܝ fem. (ܡܫܰܡܠܝܳܐ) ܡܫܰܡܠܝܬܳܐ *perfecta.* Jac. 1, 16. s) ܡܰܠܟܬܳܐ *regina*, von ܡܠܶܟ Emph. ܡܰܠܟܳܐ

t) ܐܳܣܳܐ (E. ܐܳܣܝܳܐ) *Medicus*, fem. ܐܳܣܝܳܐ Emph. ܐܳܣܝܬܳܐ *medica.* 1 Chron. 7, 25.

u) ܡܫܰܡܫܳܢܳܐ *minister*, fem. E. ܡܫܰܡܫܳܢܺܝܬܳܐ *ministra.* Röm. 16, 1.

v) ܒܘܟܪܝܬܳܐ *primigenia.* 1 Mos. 30, 41. von ܒܘܟܪܶܐ *primogenitus.* Jac. 5, 7. — ܩܰܕܡܳܝܬܳܐ *prima*; von ܩܰܕܡܳܝܳܐ *primus.*

w) ܣܰܓܺܝܐܳܬܳܐ *multa.* Hebr. 5, 11. von ܣܰܓܺܝ

C. *Communis gen.* sind

I. Die Namen der Thiere. x)

II. Einige Andere. y)

Hauptanmerk. Ausländische, ins Syrische aufgenommene Wörter pflegen auch im Syrischen in dem Geschlecht gebraucht zu werden, welches sie, in ihrer Originalsprache, hatten. z)

§. 131.
Numerus der Nennwörter,

Auffer dem Singular und Plural, kennen die Syrer auch einen Dual, ob dieser gleich nur gar selten vorkommt. — Vom Singular ist hier weiter nichts zu bemerken, als daß er, wie im Hebräischen, öfters kollectiv d. i. statt des Plurals gebraucht werde; dann aber bekommt er ריu Ribbui. (§. 50. Rt. 6.) a)

A. Der Plural

I. Der männlichen Nennwörter — endigt sich auf ــــ b)

II. der weiblichen Nennwörter — auf ــــ c)

Anmerk. 1. Die zusammengesetzten Nennwörter (§. 113. Anm. 2.) setzen entweder das letzte, d) oder das erste, e) oder beyde f) im Plural.

Anmerk.

---

x) ܨ paſſer. ܓ *camelus.* ܢ *aſinus.*

y) 3. B. ܡ *(locus)* Luc. 9, 6. — ܕܘܪ E. Matth. 24, 7. ܐܕܘܪ 1 Mof. 24, 31. — ܟ u. ܟ *mar.* ܫ *cælum.* Matth. 16, 2. (fem.) — ܡ *(fol)* u. f. w.

z) ܣ *ſynodos* femin. ܕ ܕܝܐܬܝܩܐ. ܐܐܪ *(Aër)* com. gen.

f) ܩ *civitates.* (ohne Ribbui; *civitas.*)

b) ܐ von ܟ. — Die Endigung ܝܢ die 1. B. 1 Mof. 6, 2. vorkommt (ܟ) ist hebräisch und — absichtlich beybehalten. —

c) ܬ — von ܟ *(bona f.)*

d) ܟ *(plur. emphat.) boſtes.* e) ܢ *(pl. conftr.) homines.*

f) ܢ *(1. plur. conftr.* 2) *emph.* ܩ *κενοφωνίας.* 1 Tim. 6, 20. ܨ *maledici.*

fng. ܐ. —

Anmerk. 2. Ursprünglich-Griechische Wörter scheinen einen eignen Plural auf ܘ zu machen. g) Doch nur im jüngern Syrischen, seit dem fünften Jahrhundert.

B. Der Dual

geht auf ܝܢ aus und ist nur in vier Wörtern h) gewöhnlich. Er kommt mit der hebräischen seltnern Dualendigung ־ַיִם i) überein; oder ist aus der Chaldäischen Dualendigung ־ַיִן — zusammengezogen.

Hauptanmerk. I. Verschiedene Wörter männlichen Geschlechts haben im Plural, die weibliche Endigung. k)

Hauptanmerk. II. Verschiedene Wörter weiblichen Geschlechts haben im Plural die männliche Endigung. l)

Hauptanmerk. III. Verschiedene Wörter haben im Plural die männliche und weibliche Endigung zugleich. m)

Hauptanmerk. IV. Blose Singularia sind meist alle diejenigen, welche es im Hebräischen sind: Die *Nomina propria*, die Namen flüssiger Dinge, der Tugenden und Laster, nebst einigen Andern.

Haupt-

---

g) Z. B. ܣܘܢܗܕܘ *synodi* sing. ܣܘܢܗܕܘܣ Vergl. J. D. Michaelis Gramm. Syr. p. 166. wo mehr Beyspiele gesammlet sind.

h) ܬܪܝܢ *duo*; ܬܪܬܝܢ *duae*. ܡܐܬܝܢ *ducenti*. ܡܨܪܝܢ *Aegyptus*.

i) שְׁתַּיִם. שְׁנַיִם

k) Z. B. ܪܥܝܐ *pastor*. pl. ܪܥܘܬܐ. Eben so ܐܣܝܐ *medicus*. ܐܬܪ *locus*. (ܐܬܪܘܬܐ) — ܛܪܦܐ *folium*. (ܛܪܦܘܬܐ) &c. — Eben so folgende nur im stat. emphat. vorkommende Wörter: ܐܕܫܐ (ܐܕܫܘܬܐ) — ܐܘܪܝܐ (ܐܘܪܝܘܬܐ) *praesepe*. Vergl. Opitii Syr. p. 68.

l) Z. B. ܐܡܬܐ *cubitus*. pl. ܐܡܝܢ. — ܕܡܥܬܐ *lacryma*. pl. ܕܡܥܐ — ܠܒܢܬܐ Pl. ܠܒܢܐ *lateres*. — ܡܢܬܐ *pilus*. Pl. ܡܢܐ — ܫܢܬܐ *[illegible]*. pl. ܫܢܝܢ — ܣܦܝܢܐ E. ܣܦܝܢܬܐ *navis*. pl. ܣܦܝܢܐ. — ܫܒܛܬܐ *palmes*. ܫܒܛܐ. — ܫܥܬܐ *hora*. pl. ܫܥܝܢ — ܫܬܐܣܬܐ *fundamentum*. ܫܬܐܣܐ Vergl. Opiz p. 69. f.

m) Z. B. ܐܒܐ *pater* (ܐܒܗܝܢ. ܐܒܗܬܐ.) ܚܝܠܐ (חַיִל). ܢܦܫ. ܓܢܐ. ܟܡܐ. ܥܠܡܐ ܢܗܪܐ ܢܗܪܘܬܐ — Vergl. Opiz p. 70. f.

Hauptanmerk. V.   Bloße Pluralia sind einige wenige. n)

Hauptanmerk. VI.   Den Dual brauchen die Syrer weiter nirgends, als in den oben bey
B. genannten vier Wörtern.

Hauptanmerk. VII.   Hat ein Wort im Plural eine ganz andere Form, als im Singular:
so hat man sich vom Singular zwey verschiedene Formen zu denken, von deren einer
dann der Plural regelmäßig entstehet. o)

§. 132.

Status der Syrischen Nennwörter.

Der sogenannte *Status* der Syrer ist dreyfach: *absolutus*, *constructus* und *emphaticus* Der
absolutus und *constructus* ist, der Sache nach, schon aus dem Hebräischen bekannt. — *) der
stat. emphaticus ersetzt die Stelle des Artickels (ה) der Hebräer; wie man denn eben sowol sagen könnte, ein hebräisches Wort, das den Artickel ה hat, stehe im *stat. emphat.* — Die
Syrer hängen dafür, am Ende, den Nennwörtern ein Olaf an (ܐ plur. m. ܐ) — wie
die Syrer überhaupt öfters statt des ה der Hebräer ein Olaf setzen. (§. 19. Reg. IX. 8.) —
Doch scheint der *status emphat.* bisweilen ganz seine Bedeutung zu verliehren, indem viel, sonderlich männliche Nennwörter blos im *stat. emphat.* und im *absoluto* gar nicht vorkommen. S.
die Beyspiele bey §. 131. Hauptanm. I.

Uebrigens macht der *stat. constr.* und *emphat.* zusammen im Syrischen kaum so viel Umstän-
de, als der *stat. construct.* bey den Hebräern allein; weil die Syrer in Ansehung der Vokalzeichen, nicht so viel ändern. — Man merke nur (und vergleiche damit die Paradigmen der
Nennwörter auf den letzten Tabellen:)

A) von männlichen Nennwörtern:

1) Im Singular — ist der *stat. absol.* und *construct.* gleich d. i. die Form des Worts
bleibt im *stat. constructo* unverändert. Im *statu emphatico* wird die Sylbe ܐ angehängt. p)

2) Im.

---

n) ܒܥܠ (נשים) (mulieres.) ܐܓܚܝ facies. ܢܝܬܐ vita u. s. w. S. Opitz p. 72.

o) ܐܚܘܝ pl. ܐܵܦ̈ܵܐ Hier ist im Singular ܐܝܕܐ und von ܚܒܝ nicht ܐܡ sondern ܝܡ.
ܒܝܬ anzunehmen, wenigstens zu denken. (Vergl. §. 132. Hauptanmerk. I.)

*) Auch Adiectiva und Participia (nicht blos eigentliche Nomina substantiua werden im *stat.*
constructo. gesetzt) z. B. ܟܕܐ ܝܕܟ — ܝܚܢܦ ܝܚܣܝܡ ܢܝܡܚܢ *carentes mente; graues corde.*
Luc. 24, 25.

Emphat.	Constr.	Absol.
p) ܟܬܐ	ܒܬ	ܒܬ masc. sing.

2) Im Plural geht die Endigung des *stat. absol.* ــَ im *stat. constr.* in ـ über. Im *stat. emphat.* aber in ـ. Weil nun diese, in unpunktirter Schrift, vom *stat. emph. sing. num.* nicht zu unterscheiden seyn würde: so pflegt der *stat. emph. plur.* zum Unterschied ein Ribbui (§. 50. Nr. 6.) zu bekommen. — q)

Anmerk. ـ ist für ـ, wie theils aus dem chaldäischen (ܐ) und theils aus einigen Wörtern, welche diese ursprüngliche Form wirklich noch haben, r) erhellet.

II. Von weiblichen Nennwörtern:

1) Im Singular geht die weibliche Endigung des *stat. absol.* ـ, im *stat. constr.* in ܠ und im *stat. emphat.* in ܠ über. s)

2) Im Plural geht die weibl. Endigung des *stat. absol.* ـ, im *stat. constr.* in ܠ und im *stat. emphat.* in ܠ über. t)

Hauptanmerk. I. Bisweilen ist der *status emphaticus* von einer andern Form des *stat. absol.* als welche sonst — vorkommt, gemacht. u) In solchem Fall muß man sich die erforderliche Form zur Erleichterung denken. v) Vergl. §. 131. Hauptanm. VII.

Hauptanmerk. II. Mit dem über den *stat. absolut. constr.* und *emphat.* der Syrer bisher Gesagten vergleiche man den Anhang der Tabellen, oder Paradigmen der Nennwörter in Ansehung ihres dreyfachen *Status.*

Hauptanmerk. III. Declinationen der Nennwörter kennen die Syrer nicht. Doch ist in der Philol. Ueberf. bisweilen in ursprünglich griechischen Wörtern auch der griechische Casus beybehalten, w) wie wir es auch im Deutschen thun, wenn wir z. B. lateinische Wörter aufnehmen. — Uebrigens merke man, wie sich die Syrer den Mangel

P ordent-

Emphat.	Constr.	Absol.	
q) ܩܛܠ	ܩܛܠ	ܩܛܠ	*masc. plur.*
r) ܡܣܟܠܐ *adspectus.*	*specula.*	ܡܣܟܠܐ *coeli &c.*	

Emphat.	Constr.	Absol.	
s) ܩܛܠܐ	ܩܛܠ	ܩܛܠ	*fem. sing.*
t) ܩܛܠܐ	ܩܛܠ	ܩܛܠ	*fem. plur.*

u) z. B. ܥܝܢܐ von ܥܝܢ *oculus.* — ܗܢܐ von ܗܢܐ *dies,* u. s. w.

v) z. B. ܥܝܢ. ܗܢܐ u. s. w.

w) S. Hrn. R. Michaelis Or. und exeget. Biblioth. Th. 16. S. 129. f.

ordentlicher Endfälle erſetzen: Der Nominativ verräth ſich leicht von ſelbſt. Den Genitiv drücken ſie entweder ſo aus, daß ſie das vorhergehende Nomen im *ſta. conſtr.* ſetzen *) oder dem Nomen, entweder im *ſtat. emph.* **) oder mit einem aufs nächſt folgende Nomen ſich beziehenden überflüſſigen Suffir***) das ; folgen laſſen. — Den Dativ bezeichnet das Präfir Lomad. Den Accuſativ aber entweder ein bloſes Verbum (*activum,*) oder eine Präpoſition, oder das Präfir Lomad, oder die aus der hebr. *nota accuſat.* אֵת entſtandene Partikel ܠ ****) — Den Vokativ laſſen

ſie uns entweder aus dem Context errathen, oder ſie drücken ihn durch ܐܘ (Griech. ω) aus. †) Den Ablativ aber durch Präpoſitionen, die den Ablativ regieren. —

§. 133.
Comparation.

Die Comparation geſchieht im Syriſchen nicht durch veränderte Endigung, ſondern durch Umſchreibung.

I. Der Comparativ wird, durch ܡܢ, umſchrieben; ſo, daß dieſe Partikel bald vor, bald

nach ſtehen kann x) — Zur Verſtärkerung wird noch ܛܒ oder ܝܬܝܪ eingerückt. — y)

II. Der Superlativ wird umſchrieben

1) Durch Wiederhohlung des Rennworts z)

2) Durch

---

*) ܡܶܠܰܬ ܐܰܠܳܗܳܐ Worte Gottes.

**) ܡܶܠܶܐ ܕܰܐܠܳܗܳܐ *Verba, quæ Dei* (ſunt.)

***) ܡܶܠܰܘܗܝ ܕܰܐܠܳܗܳܐ *Verba ejus, quæ Dei* (ſunt.) —

****) 1 Moſ. 1, 1. Pred. Sal. 2, 3. K. 3, 7. K. 4, 1. Kap. 8, 9, 17. Hohel. 3, 5. Kap. 8, 4. — †) S. §. 50. Nr. 2. —

x) ܥܡ ܟܠܐ ܗܘ ܪܒ *pre omnibus magnus* (major) cf. Joh. 10, 29. ܡܢ ܚܢܦܘܬܐ ܢܣܝܒܘܬܐ *ſapientior hominibus.*

y) Matth. 3, 11. Gal. 4, 27.

z) ܩܠܝܠܐ ܩܠܝܠܐ *parvum parvum* i. e. *minimum.*

2) Durch Beysetzung eines im Plural stehenden und im Genitiv zu übersetzenden Renn:
worts. a)

3) Durch die Partikel ܣܓܝ? (valde) und ܣܓܝ (multum)

4) Durchs Präfix. ܒ, vor dem Plural. b)

5) Durch Rennwörter, aus einer verstärkenden Conjugation, (sonderlich Conj. XX.) her:
geleitet. c)

6) Durch jedes Adjectivum, absolute gesetzt. d)

§. 134.

Nomina numeralia.

Die Zahlwörter — lernt man eigentlich, wie andere Wörter, aus dem Wörterbuch.
Judessen ists bequem, sie dem Anfänger, gleich in der Grammatik, zusammen bekannt zu ma:
chen. Ich füge sie also auf der letzten Tabelle, bey. — Hier aber merke man sich:

1) Die *Cardinalia* von 3 bis 10 sind unter weiblicher Endigung männlich und unter männ:
licher End. weiblich. — Die aber von 20 bis 100 (incl.) sind beyderley Geschlechts. —
(com.)

2) Die von 3 bis 10 bedeuten im Plural zehnmal mehr.

3) Bey zusammengesetzten Zahlwörtern (von 11 — 19) geht die kleinere Zahl vorher; bey
welcher Zusammensetzung aber bisweilen in Punkten und Buchstaben etwas geändert wird.
— Die übrigen zusammengesetzten Mittelzahlen aber (von 21 an) entstehen so, daß die
Einer den Zehnern nachgesetzt werden und das verbindende O bekommen. — Bey
gröfern Zusammensetzungen, geht auch immer die gröffere Zahl vorher und die, nach dem
Rang folgenden kleinern werden. — durch das O cop. damit verbunden. —

4) Die Hunderte werden durch ܡܐܐ ausgedrückt. · 200 durch den Dual. Die übrigen Hun:
derte aber durch Vorsetzung der Einer.

---

a) ܐܒܝܠܒ ܚܣܝܘܬܐ *parvus* (i. e. minimus) *apostolorum.*

b) ܐܦܝܬ ܚܒܠܢܐ *pulcherrima mulierum.* Hohel. 1, 8. Vergl. Jer. 49, 15.

c) ܐܙܥܪ *ελαχιςος.* ܪܒܐܘ *μεγιςος.*

d) Matth. 22, 36. "welches Gesetz ist ܪܒ *magnum* i. e. *maximum,*

5) Die Tausende werden durch ܐܠܦܐ Pl. ܐܠܦܝ̈ܢ ausgedrückt; von 2000 an, durch Vorsetzung der Einer. Selten werden die Einer nachgesetzt. *)

6) Die Cardinalia werden bisweilen als Ordinalia gebraucht. e) Die von XI. an gemeiniglich, da denn die gezählte Sache im *stat. constructo* vorhergeht; †) — wie die Cardinalia überhaupt hinter dem *stat. constructo* mit oder ohne ܕ præfix. — ††)

7) Von der Zahl 11 an, brauchen die Syrer die *Ordinalia* selten; Sie setzen lieber dafür die *Cardinalia*.

8) Die *Distributiva* drücken die Syrer, durch Wiederhohlung der *cardinal.* aus. f)

9) Die *Multiplicativa* drücken sie, durch ܚܕ, das sie den Cardinalien bald mit, bald ohne Präfix ܒ — vorsetzen, aus. g)

10) Beyde (*ambo*) drücken die Syrer, durch ܬܪܝܢ, mit dem Suffix, aus. h) — : Mal: (*vicem*) drücken sie durch ܙܒܢ pl. ܙܒܢܝ̈ܢ *) und die Zahl, Theile (Drittheil ꝛc.) durch besondere Wörter **) oder durch Umschreibung aus. — ***)

Uebrigens s. statt der bey diesem §. anzuführenden vielen Beyspiele, die letzte Tabelle. —

Anmerk. Die Namen der syrischen Monate i) (Monden; mens. lunar.) und Wochentage s. auf der letzten Tabelle.

Der

*) ܚܡܫܐ ܐܠܦܝ̈ܢ 5,000. Matth. 14, 21.

e) ܝܘܡܐ ܚܕ *dies primus.* 1 Mos. 1, 5. ܝܘܡܐ ܕܬܪܝܢ *dies secundus* 1 Mos. 1, 8. u. s. w.

†) ܒܫܢܬ ܚܡܫܥܣܪܐ im 15ten Jahr. — ††) ܫܢܬ ܚܕܐ *annus primus.* ܕܬܠܬܐ *tertius.*

f) ܚܕ ܚܕ i. e. *singuli.* ܬܪ̈ܝܢ ܬܪ̈ܝܢ *bini.* 1 Mos. 6, 19. ܫܬ ܫܬ *seni.* ܫܒܥܐ ܫܒܥܐ *septeni.* u. s. w. g) ܚܕ ܬܪܝܢ *duplus.* Jer. 17, 18. ܚܕ ܒܫܒܥܐ *septuplus, adv. septempliciter.* 1 Mos. 4, 15. Jes. 30, 26.

h) ܬܪܝܗܘܢ *duo illi.* i. e. ambo. Matth. 19, 5.

*) ܙܒܢܐ ܚܕܐ *semel.* ܬܪܬܝܢ ܙܒܢܝ̈ܢ *bis.* ܬܠܬ ܙܒܢܝ̈ܢ *ter.*

**) ܬܘܠܬܐ Drittheil. ܪܘܒܥܐ Viertheil. ܫܘܒܥܐ Siebentheil. Zehent. —

***) ܚܕ ܡܢ ܥܣܪܐ *decima pars.* i) Vergl. J. D. Michaelis Commentatio de mensibus Hebr. §. 6.

Der siebente Abschnitt.

Von den Fürwörtern.

§. 135.

Die Syrer haben vielerley Fürwörter: 1) Persönliche, 2) Bestimmende, 3) Beziehende, 4) Fragende.

§. 136.

Pronomina personalia.

Die persönlichen Fürwörter sind:

Plural:			Singular:		
ܚܢܢ (c.)	Wir.	1.	ܐܢܐ (com.)	Ich	1.
ܐܢܬܘܢ (m.)	Ihr.	2.	ܐܢܬ (m.)	Du	2.
ܐܢܬܝܢ (f.)	—		ܐܢܬܝ (f.)	—	
ܗܢܘܢ (m.) ܐܢܘܢ	Sie.		ܗܘ (m.)	Er.	3.
ܗܢܝܢ (f.) ܐܢܝܢ	Sie.	3.	ܗܝ (f.)	Sie.	

Anmerkungen über die persönlichen Fürwörter:

1) Die persönlichen Fürwörter werden auch zugleich zum Ausdruck des Hülfszeitworts Seyn gebraucht. *)

2) Von den Veränderungen, die einige dieser Fürwörter, unter verschiedenen Umständen leiden z. B. ܐܢܐ. ܗܘ. ܗܝ. Davon s. §. 51. So auch z. E. ܗܘ ܐܢܐ statt ܗܘ ܐܢܐ Davon s. §. 48. c. —

P 3   3. Die

---

*) S. hernach Not. l) —

3) Die Formen ܗܘ u. ܝܘ werden mehr beſtimmend gebraucht. k)

4) Die Formen ܐܢܘܢ f. ܐܢܝܢ werden gern geſetzt, wenn das Fürwort im Accuſativ ſtehen muß und — wo es das Hülfszeitwort ſeyn ausdrücken ſoll. l)

§. 137.

Pronomina demonstrativa:

Die beſtimmenden Zeitwörter der Syrer ſind:

Im Singular:

1) ܗܢܐ (m.) Dieſer.

2) ܗܕܐ
   ܗܕܝ } (f.) Dieſe.

Anmerk. I. Wenn ܗܘ oder ܝܘ (es — als Verb. ſubſt. gebraucht) — damit verbunden wird, flieſſen beyde zuſammen. m) — Dabey merke man ſich, in Anſehung des weiblichen beſtim. Fürworts: „Vor ܝܘ wird die Form ܗܕܝ — vor ܗܘ aber ܗܕܐ angenommen. n)

Anmerk. II. Bisweilen wird, zu nachdrücklicherer Beſtimmung auch ܗܘ oder ܝܘ als perſönliche Fürwörter mit dem beſtim. Fürwort verbunden. o)

Im

---

k) ܗܘ ܓܒܪܐ *vir ille.* ܝܘ ܐܢܬܬܐ *femina illa.* (Aber ܗܘ ܓܒܪܐ für ܗܘ ܓܒܪܐ *vir eſt.* ܝܘ ܐܢܬܬܐ *femina eſt.* Davon im Syntax — und — oben §. 48. C. 1.

l) ܐܢܘܢ ܩܛܠܘ *occiderunt eos,* — ܐܢܘܢ ܐܢܬܘܢ *vos eſtis.* —

m) ܗܢܘ aus ܗܘ ܗܢܐ (§. 48. C. 1.) — (ܝܘ ܗܕܝ — S. eben daſ. — Vergl. folgende Not. n) —

n) ܝܘ ܗܕܝ *hæc eſt.* — ܗܘ ܗܕܐ

o) ܗܢܐ ܗܘ *is ipſe,* ܗܕܐ ܝܘ *id ipſum.* Matth. 5, 47. Syntax. §. 23. Anmerk. 3. —

Im Plural:

1) ܐܢܘܢ *hi.*

2) ܐܢܝܢ *hæ.*

3) ܐܢܘܢ *hi, hæ.*

* Anmerk. 1. Selten wird das aus אֱלֶה (אֵלֶּה) entstandene ܐܠܝܢ (sonst meist *interrogativ.* §. 139.) bestimmend gebraucht. p)

* Anmerk. 2. Dann aber auch relativ. S. §. 138.

§. 138.
Pronom. relativa.

Das beziehende Fürwort der Hebräer (אֲשֶׁר) kennen die Syrer nicht. Dafür aber brauchen sie das, aus dem bestimmenden Fürwort der Hebräer הַ, entstandene (ܕ), womit es also dieselbe Bewandniß hat, wie mit dem deutschen, der, die, das — dessen wir uns ebenfalls häufig, als eines beziehenden Fürworts, (statt welcher, welche, welches,) bedienen.

Anmerk. 1. Bisweilen lassen die Syrer vor dem (ܕ) ein fragendes Fürwort q) hergehen, und machen es dadurch relativ. Sehr selten brauchen sie auch ein fragendes Fürwort, allein (ohne darauf folgendem ܕ) blos relativ, wie andere Morgenländer so oft thun. r)

Anmerk. 2. Daß die Syrer ursprünglich auch das vollständige Chaldäische דִי gebraucht haben, wird aus der Umschreibung des Pron. possessivi §. 141. einleuchten.

§. 139.
Pronomina interrogativa.

Die fragenden Fürwörter der Syrer sind:
1) *Person.*

ܡܰܢ (com. g. — Sing. & Plur.) Wer? Welcher? Welche?

Ant

---

p) 1 Theff. 4, 2. (ܕ) ܐܠܝܢ ii. (*qui.*) — ܐܠܝܢ ܐܝܟ ܕ (*quæ sunt sicut*) bac. i. e. qualis. 2 Petr. 3, 11.

q) ܡܰܢ ܠܰܐ. ܐܡܢ ܐܠܝܢ S. §. 139. — 3. B. ܐܡܝܩܐ ܐܝܢܐ (*qui stellit,* Hebr. 1, 1. —
ܡܰܢ ܕܢܰܟܶܐ ܐܢܫ Matth. 5, 39. *quisquis percusserit* te. u. f. w.

r) ܐܢܫ ܡܰܗܶܒ *qui possit.* Statt ܕ ܡܰܗܶܒ? oder ܕܡܰܗܶܒ? ܡܰܗܶܒ ܐܢܫ h br. 5, 20.

Anmerk. 1. Es wird öfters mit ܗ zusammengesetzt und fließt damit in Eins zusam-

men: ܡܢܘ s) — zur Erklärung dieser Zusammensetzung muß man sich das bezie-

hende (ܗ) hinzu denken. t)

Anmerk. 2. Mit diesem persönlich fragenden Fürwort ܡܰܢ darf man das aus dem

Griechischen μεν entstandene ܡܶܢ, welches eben so häufig und überflüßig, als das

Griechische gebraucht wird, nicht verwechseln.

ܐܰܝܢܳܐ (m.) Wer? Welcher?

ܐܰܝܕܳܐ (f.) Welche?

Anmerk. Von dem Gebrauch der fragenden Fürwörter statt des Beziehenden, s. §. 131.
Anmerk.

2) Rei:

ܡܳܐ n. ܡܳܢ. Auch ܡܳܢܰܘ u) und — ܡܳܢܰܐ v) Was? Welches?

3) Pers. & Rei:

ܐܰܝܠܶܝܢ (comm.) Welche?

§. 140.

Pronomina reciproca.

Reciproke Fürwörter haben die Syrer so wenig, als andere Morgenländer, sondern sie
umschreiben sie, durch Nennwörter, mit angehängten Suffixen; drücken auch damit das *ipse*
(S. auch Syntax §. 23. Anmerk. 3.) auch wirkliche personliche Fürwörter aus. Diese Hülfsnennwörter sind:

1) ܢܰܦܫܳܐ w)

2) ܩܢܘܡܐ x)

Anmerk.

___

s) für ܗܘ ܡܰܢ *quis* (ille?)

t) ܡܢܘ ܣܥܕܟܘܢ *quis* (ille, qui) *monstravit vobis.* Matth. 3, 7.

u) Daher auch ܡܳܢܰܘ ܡܛܠ *quam ob caufam.* (Eigentlich: *ob quid?*)

v) Aber höchst selten: Richt. 13, 17. Nehem. 11, 24. Es scheint mit ܡܳܐ einerley und
nur ܡܳܢܐ zu punktiren zu seyn, wie Richt. 13, 17. — ܡܰܢ war also nach §. 13. Sieg.
VI. aus ܡܳܢܐ erst entstanden. —

w) ܢܰܦܫܗ *ipse.* Und: *sefe.* x) *Subftantiv. Perfona:* ܩܢܘܡܗܘܢ *in se ipfo.* Joh. 5, 26.

ܡܢܩܢܘܡܝ ܐܢܬܘܢ *vos ipf.* — 1 Theff. 4, 9. u. f. w.

Anmerk. 1. Bisweilen werden bloße Suffixe reciprok gebraucht. γ)

§. 141.

Suffixe.

(Pronom. possessiva.)

Statt der Fürwörter, die einen Besitz anzeigen, hängen die Syrer den Nennwörtern am Ende gewisse aus den persönlichen Fürwörtern gemachte Sylben an, welche man deswegen Suffixe nennt. Ihr Paradigma s. auf den Tabellen. —

Wo das bloße Anhängen eines Suffixes entweder nicht Bestimmtheit genug leistet, z) oder wo das *Pronomen possessivum* mit Nachdruck stehen soll, a) da umschreiben die Syrer ein emphatisches *Pron. possess.* durch das im Chaldäischen so gewöhnliche beziehende Fürwort ܕܝ (woraus das ܕ *relat.* entstanden ist): worauf sie das den Dativ bezeichnende Lomad (ܠ?) und dann das Suffix folgen lassen; nach folgendem Paradigma:

Plural:	Singular:
ܕܝܠܢ c. unser.	ܕܝܠ c. mein. *)
ܕܝܠܟܘܢ m. eure.	ܕܝܠܟ m. dein.
ܕܝܠܟܝܢ f. —	ܕܝܠܟܝ f. —
ܕܝܠܗܘܢ m. ihre.	ܕܝܠܗ m. sein.
ܕܝܠܗܝܢ f. —	ܕܝܠܗ f. ihr.

§. 142.

Suffixa (in spec.) *addita*

I. Nominibus.

Wenn Nennwörtern Suffixe angehängt werden sollen: so hat man Folgendes zu merken:

a) Man nimmt die Form des *status emphat.* an, wirft die emphatische Endigung ܐ weg,

---

γ) ܝܘܚܢܢ *ement. fbl.* Matth. 14, 15. —

z) Daher Matth. 6, 13. „dein ist das Reich: ܗܝ ܕܝܠܟ ܡܠܟܘܬܐ

a) ܕܝܠܟ ܐܢܘܢ ܬܠܡܝܕܐ *tui* (tibi qui sunt) *discipuli.* Marc. 2, 18. u. s. w.

*) Eben so viel, als im Hebräischen ܐܫܪ ܠܝ

weg, und hängt dafür das Suffix an. b) Vor dem Suff. ܝ und den schweren Suffixen aber wird in den weiblichen Nennwörtern die Form des *stat. construct.* angenommen. *)

β) Wenn, nach weggeworfener emphat. Endigung ܐ, das Nennwort *sing. num.* gar keinen Vokal hat: so wird dem ersten Buchstab des Nennworts ein (ܰ) gegeben. c)

γ) Wenn, vor den Suffixen, welche leer angehängt werden, (d. i. ܝ und die schweren) drey, d) in den weiblichen Nennwörtern, sonderlich nach Stoso und Szozo zween, e) lautbare Buchstaben leer sind: so nimmt gemeiniglich der zweete leere ein Ptocho an. (§. 46. Reg. III.)

Anmerk. 1. Eben das thut ܚܕܘܬܐ (*gaudium*) welches man sich aber nach der ursprünglichen Form ܚܕܘܬܐ (§. 46. Reg. II. d) zu denken hat. f)

Anmerk. 2. Seltner vermißt man das Ptocho gar. g)

δ) Nun hat man sich noch insbesondere zu merken:

1) Wenn den Wörtern ܐܒܐ. ܐܚܐ. ܚܡܐ die Suffixe (*Singularia*) angehängt werden sollen, so nimmt man diejenige Form an, welche auf den ursprünglichen dritten

---

b) ܡܠܟ *rex.* Emph. ܡܠܟܐ. — ܡܠܟܟ dein König. S. aber auch unten Nr. 6.

*) S. die Tabelle von den Suffixen der Nennwörter.

c) ܒܪܝ mein Sohn, für ܒܪܝ, aus ܒܪܐ; ܫܡܝ mein Name, für ܫܡܝ, aus ܫܡܐ

d) ܡܫܟܒܝ aus ܡܫܟܒܝ ܡܫܟܒܐ *cubile.* Eben so ܡܫܟܒܟܘܢ u. s. w. ܐܢܬܬܝ von ܐܢܬܬܐ ܐܢܬܬܝ *uxor mea;* von ܐܢܬܬܐ (wo man sich bey dem Nun, das hebr. Dages zu denken hat.) * — ܡܠܬܝ (מִלָּתִי) *verbum meum;* von ܡܠܬܐ (implicite ein doppeltes Lomad;) * ܫܢܬܝ von ܫܢܬܐ *somnus.*

e) ܫܥܬܝ *hora mea;* für ܫܥܬܝ von ܫܥܬܐ. ܦܪܫܘܬܝ *equitium meum;* von ܦܪܫܘܬܐ — ܡܐܟܘܠܬܝ *cibus meus,* von ܡܐܟܘܠܬܐ

f) ܚܕܘܬܝ. ܚܕܘܬܟܘܢ u. s. w.

g) ܛܒܬܝ *bonum meum.* Ps. 16, 2. ܡܝܬܬܝ *mortua mea.* 1 Mos. 23, 5. 8. 13. — ܡܐܟܘܠܬܝ *cibus meus.* Matth. 4, 34.

dritten Stammbuchstaben ausgeht — nemlich auf o in (˚) ruhend. (ܩܕ)ܵ. ܩܢܝ̈.
ܩܒܘ̈) b)

Anmerk. Ausgenommen vor dem Suffix (ܝ) vor welchem die sonst gewöhnliche Form
(ܝܕܐ und ܠܝ̈) jedoch mit (˚) über dem ersten Stammbuchstaben angenommen wird. i)

2) Die männlichen Nennwörter *Sing.* auf ܝ̄, die im *plat. emphat.* ܠܐ machen, nehmen
vor den sonst leer anzuhängenden Suffixen (ܒ und den schweren) entweder
unter k) oder vor dem ܒ des *plat. emph.* (ܳ) an. l)

Anm. Aber ܟܘܪܣܝܐ (*solium;* vielleicht weil es im *plat. absol.* nicht eigentlich
ܟܘܪܣܝ sondern. (mit dem lautbaren ܒ) ܟܘܪܣܝ heißt) macht mit dem
leeren Suffix — ܒ̇ ܡ)

3) Das Wort ܪܒܝ (*magister*) giebt dem Suffix ܒ ein (ܳ) n) welches aber wohlbe-
dächtige Affektation des Ollaramäischen, oder Chaldäischen, o) ist.

Anmerk. Wenn das Suff. ܒ außerdem ein (ܳ) vor sich hat und ܗܘ darauf
folgt: so hat dies seinen sonstigen guten Grund. (§. 48. C. 1.)

D 2   4) ܟܬܒܐ

---

h) ܐܒܝ̈. ܐܚܘܗܝ̈. ܐܚܕܗ̈. ܐܚܕܝ̈ u. f. w. ܐܒܘܗܝ̈. ܣܦܪܝ. ܣܦܪܝܗܘܢ u. f. w.
i) ܐܒܝ *Pater meus.* ܐܒܝ *fr. m* — (ܣܦܪܐ aber macht nach ß) ܣܦܪܟ *socer meus.*)
k) ܒܘܟܪܝ *puer meus,* Matth. 8, 6. 8. ܪܥܝܐ *Pastor meus.* Jes. 44, 28. (aus ܪܥܝܐ. ܐܚܘܗܝ̈.
 von ܠܐ. ܐܚܐ) Wiewol auch hier Andere, vielleicht besser, mit zurückgezogenem (˚)
lesen ܒܘܟܪܝ. ܐܚܘܗܝ — Engl. Polygl.
l) ܟܘܪܣܝܗܘܢ *puer eorum.* ܟܘܪܣܝܟܘܢ *potus vester* (von ܟܐܣܐ) — ܟܪܘܟܗܘܢ *fuga
vestra.* Matth. 24, 20.) (von ܟܪܘܟܐ)
m) ܟܘܪܣܝ *thronus meus.* Ap. Gesch. 7, 49.
n) ܪܒܝ Matth. 8, 19. u. f. w. —   o) רבי‎

4) ܡ̈ܝܐ (*aqua*) nimmt die Suffixe auf die unten in der Note p) angezeigte Art an.

5) ܡܳܪܝܳܐ (*dominus*) nimmt nicht unter dieser, sondern nur unter der *Form* ܡܳܪܳܐ oder ܡܳܪܰܐ die Suffixe an. q)

6) Die Plurale auf ܝ̈ *Emph.* ܐ̈ werfen vor den Suffixen die ganze emphatische Endigung (ܝ̈ܐ), r) oder nur das ܐ mit den beyden vorhergehenden Vokalen weg, so, daß im letztern Fall das übrig bleibende ܝ lautbar wird. s)

7) ܒܪܰܬܐ (*filia*) rückt, vor dem Suffix ܝ sein Ptocho zum zweeten Buchstaben fort. t) Vor den übrigen Suffixen aber bleibts an seiner Stelle. u)

8) Die *Nom. numeralia Cardinalia* von 3 bis 10. nehmen die *Suffixa pluralia* an. v)

§. 143.

Suffixa (in spec.) *addita*

II. *Verbis.*

1) Statt des Suffix. ܝ (welches nur hinter den Infinitiven auf ܘ (ܘܬ) bisweilen ange-

---

p) ܡ̈ܝܰܝ *aqua mea;* ܡ̈ܝܰܟ — *tua.* ܡ̈ܝܰܘܗܝ — *ejus.* ܡ̈ܝܰܝܗ̇ —. — *f.* -- ܡ̈ܝܢ — *nostra.*
ܡ̈ܝܟܘܢ — *vestrae* 4 Mos. 23, 25.
ܡ̈ܝܰܝܗܘܢ — *illorum.* 2 Mos. 7, 14. } Also hier auf dreyerley Art, nach Beschaffenheit der Nominalform.
ܡ̈ܝܗܘܢ — — Ezech. 12, 19.

q) ܡܳܪܝ *dominus meus.* ܡܳܪܶܗ — *ejus.* ܡܳܪܰܢ — *noster.*

r) ܓܒܰܘܗܝ *electi ejus;* von ܓ̈ܒܝܐ aus ܓܒܝ

s) ܓܒܝܰܘܗܝ *electi ejus.* — — — —

t) ܒܪܰܬܝ *filia mea.*

u) ܒܪܰܬܳܟ — *tua.* ܒܪܰܬܟܘܢ — *vestra.*

v) ܬܠܳܬܰܝܗܘܢ *tres illi,* 1 Joh. 5, 7. 8. ܐܪܒܥܰܝܗܘܢ; ܫܒܥܰܝܗܘܢ *septem illi.*

angenommen wird) *) nehmen die Zeitwörter (sonderlich in der 3 *sing. m. & f.* der Präterit. und in allen nicht auf Nun ausgehenden Personen der *Futuror.* wie auch in allen Infinitiven) ܘ w) und, statt ܘܗܝ u. ܝܗܝ, immer ܐܢܘܢ und ܐܢܝܢ x) an.

2) Statt diesen ܢܝ und *pl.* ܢ wird angenommen a) ܢܝ und ܢ in der 2. m. sing· und 3 f. pl. der *Praeterit.* und allzeit hinter dem *Nun struili;* y) d. i. *paragog.* und zwar hinter dem gewöhnlichen sowol, als hinter dem seltnern. (§. 29.) β) ܝܢܝ und ܝܢ in der 2. m. sing. im Imperativ z) bisweilen auch im Futuro. a)

3) Das Suffix ܝܗܝ wird gemeiniglich in der 1. u. 3. Sing. Prat. und bey allen Infinitiven angenommen. Dafür aber

a) ܝܗܝ hinter der 2 m. sing. und 3. pl. fem. Praeterit. b) ingl. in der 2. m. sing. des Imperativs c) und hinter allen auf Nun ausgehenden Personen. d) Doch letzteres nicht allzeit. e)

Q 3

β)

---

*) ܠܡܦܨܝܢܝ *ad liberandum me.* Psalm 40, 14. ܠܡܕܟܝܘܬܢܝ *ad mundandum me.* Matth. 8, 2.

w) ܩܛܠܢܝ *occidit me.*

x) ܩܛܠ ܐܢܘܢ *occidit eos.* — ܐܢܝܢ — *eas.*

y) ܩܛܠܬܢܝ *occidisti me.* ܩܛܠܘܢܝ *occidistis me.* ܩܛܠܘܢܝ *occiderunt. L me.*

z) ܩܛܘܠܝܢܝ *occide me!* ܩܛܘܠܝܢ — *nos!*

a) ܐܬܕܟܪܝܢܝ *memor eris mihi.* 1 Sam. 1, 11.

b) ܩܛܠܬܝܗܝ *occidisti eum.* ܩܛܠܝܗܝ *occiderunt f. eum.*

c) ܩܛܘܠܝܗܝ *occide eum.* — Eben so einmal ܫܒܚܘܗܝ *laudate L eum.* Ebr. 15, 11.

d) ܩܛܠܬܘܢܝܗܝ *occidistis eum.*

e) ܢܫܟܚܘܗܝ *invenient ipsum.* Hos. 5, 6. — Vergl. Hiob 3, 4. ܢܒܥܝܘܗܝ *expetant eum.* — u. Ap. Gesch. 23, 10. Dreymal — Auch Jac. 5, 14.

β) ܝܘܗܝ ; bisweilen auch ܝܘܗܝ̇ . nach auf ܝ ausgehenden Personen (2. f. f.) der *Praet.* u. *Imperat.* f.) und in allen nicht auf Nun ausgehenden Personen der *Futur.* g)

γ) ܗܝ, nach denen auf ܘ ausgehenden Personen. h)

4) Statt des (weibl.) ܗ̇ wird angenommen

α) ܝܗ̇ nach der 2 *m. pl.* des Imperativs. i)

β) ܝܗ̇ nach der 2 *fem. sing.* des Imperativs k) und allen nicht auf Nun ausgehenden Personen des Futuri. l)

5) Die Suffixe ܟܘܢ und ܟܝܢ nehmen, nach den auf Nun ausgehenden Personen, vor sich, noch ein Ekofo an. (ܢܟܘܢ . ܢܟܝܢ) m)

Hauptanmerkung
zu vorstehenden fünf Nummern:

Eben so nehmen auch die anomalischen Zeitwörter Suffixe an. Nur merke man

A. Von den *Verbis* ל״א.

a) Der dritte Stammbuchstab fällt vor jedem Suffix weg. n) Nur nicht die Endung ܝ in

---

f) ܐܝܢܩܝܘܗܝ *lacta f. eum.* 2 Mos. 2, 9.

g) ܢܩܛܠܝܘܗܝ *occides f. occidemus eum.* 1 Mos. 37, 20. u. s. w. Gar selten hier ܗܝ z. B. ܢܕܒܪܗܝ *assumet ipsum.* Apost. Gesch. 15, 38. —

h) ܐܡܠܟܘܗܝ ܘܡܫܚܘܗܝ *regem eum fecerunt et unxerunt eum.* 2 Kön. 11, 12. ܣܒܘܗܝ *accipite eum.* Joh. 18, 31.

i) ܦܣܘܩܝܗ̇ *abscinde eam.* Matth. 18, 9.

k) ܩܛܘܠܝܗ̇ *occide eam.*

l) ܢܦܪܘܩܝܗ̇ *redimet eam.* 3 Mos. 27, 13. — Selten mit ܝܗ̇ z. B. ܢܒܛܠܝܗ̇ *abolebis eam.* Hebr. 9, 26. Doch punktiren auch hier Andere ܝܗ̇.

m) ܒܪܟܢܟܘܢ *benedicimus vobis.* Ps. 118, 26. ܢܫܠܡܘܢܟܘܢ *tradent vos.* Matth. 24, 9.

n) ܓܠܝܢܝ von ܓܠܐ. o) ܓܠܝܢܝ *revela me.*

in der 2 *m. sing. Imperat.* *Peal;* o) Und in der weiblichen Person (ـܝ) wird vor den Suffixen noch ein ـ angenommen, welches in (.) ruhet. p)

b) Der dritte ruhende St. B.] oder ـ wird im *Infinitiv Peal* und allen auf ـ ausgehenden Personen der Präteritorum, mit dem Hülfsvokal der Suffixe, lautbar; q) Vor ܘܗ und ـܗ aber ruhet es in Ehwojo (ـ.) r)

c) Sie nehmen vor den Suffixen (im *Prät.* *Peal*, *Imperativ Pael* und *Aphel*, in den am Ende nicht wachsenden Personen; ferner in der 3 *fem. plur. Prät. Peal* und — im *Infinitiv Peal*, vor ܘܗ und ـܗܝ) den Hülfsvokal (ـ) an; für ܗܝ aber wird noch überdies ـܘܗܝ (wie Nr. 3. a) angenommen. S. die Tabellen der *Suffix. verb.*)

— ـ. aber, (seltner ـ. ; für ܗܝ aber noch überdies ـܘܗܝ. — seltner ـܘܗܝ.) in allen, am Ende nicht wachsenden Personen der *Futuror.* — (S. eben daselbst.)

3. Von den *Verbis geminantibus* ܥ; ist blos zu merken, daß, im *Prät. Peal*, die Formen ܐܥ̇ܕ, ܐܥ̇ܕ, vor den Suffixen, in ܐܥ̇ܕ übergehn; s) ausgenommen vor den schweren Suffixen, vor welchen die 3 f. sing. unverändert bleibt. t)

6) Die Veränderung der Vokalzeichen in den Zeitwörtern, wegen der Suffixe, fließt zwar meist schon aus §. 43 — 46. — Zu mehrerer Erleichterung aber merke sich der Anfänger:

A. Die

---

p) ܓܠܝܟ *revela* (f.) *me.* ܓܠܝܟ — — *nos.* ܓܠܝܟܘܢ — *eam,* ܓܠܝܟ̇ ـ. — *eam.*

q) ܚܙܝ̈ܢ *videre* tt. 2 Tim. 1, 4. ܚܙ̈ܝܬܘܢ, ܚܙ̈ܝܬܢ. ܚܙܝܢ *videre nos.* u. s. w. ܢܒ̇ܢ *oftendit nobis.* ܢܒ̈ܝܢ — *mi bi.* vou ܢܒ̇ܢ. —

r) ܢܒ̇ܝܬܢ — *vobis.* —

s) ܐܥܕܬ *adsperst* f. *illum.* ܢܥܕ *gratiosus sit tibi.* Matth. 18, 33.

t) ܐܥܕܬ *adsperst* f. *eos.*

A. Im *Præt. Peal* bleiben a) die Formen (3. m. f.) ܡܛܠ und ܢܒܡܪ vor den ſchweren Suffixen unverändert; u) vor den leichten aber gehen ſie in ܡܛܠ und ܢܒܡܪ über. v)

b) Die 3 pl. m. & f. { ܡܛܠ und ܡܛܠ } geht, vor iedem Suffix, in ܡܛܠ w). { ܢܒܡܪ — ܢܒܡܪ } und ܡܛܠ x) über.

c) Die übrigen Perſonen behalten die Form ܡܛܠ. ܢܒܡܪ. — ܡܛܠ aber behält, vor den ſchweren Suffixen, dieſe Form unverändert.

    Anmerk. Die *Verba gemin.* y haben hier etwas Eignes. S. die vorige Hauptanmerk. — B.

B. In den *Præteritis* der übrigen Conjugationen (Pael, Aphel, Schafel) bleibt der erſte Vokal unverändert, der andere aber fällt weg, wenn er in Peal wegfällt; y) bleibt aber, wenn er in Peal bleiben muß. z)

C. In den ſämmtlichen *Futuris* und zwar in den am Ende nicht wachſenden Perſonen, fällt vor den leichten Suffixen der letzte (reine) Vokal weg a); vor den ſchweren aber bleibt er. b) In den am Ende wachſenden Perſonen aber bleibt alles unverändert. c)

D· In

___

u) ܦܪܩܟܘܢ *liberauit vos.* ܢܒܡܠܟܘܢ *dilexit vos.*

v) ܩܛܠܟ *occidit te.* ܢܒܡܪܟ *dilexit te.*

w) ܫܒܩܘܗܝ *reliquerunt* (m.) *eum.* ܦܪܩܘܗܝ — *vos.*

x) ܢܟܣܢ *conturbarunt* (f.) *me.* Sam. 22, 5. ܢܟܣܢ — *vos.*

y) ܒܪܟܗ *benedixit ei.* — z) ܒܪܟܬܢܝ *benedixisti mihi.*

a) ܢܛܪܢܝ *seruab.s me.* Pſ. 137, 7.

b) ܐܕܒܪܟܘܢ *assumam vos.* Joh. 14, 3.

c) ܢܦܨܘܢܟ *liberabunt te.* Jer. 2, 28.

D. In den Imperativen

a) Peal — bleibt alles unverändert; d) nur der männl. *Plur.* wirft sein ŏ vom zweiten Stammbuchstaben weg (§. 45. II. 2. b.) und giebt dafür dem ersten (§. 46. Reg. I. 3.) — oder kürzer: „versetzt seinen Vokal:„ (§. 44. A. L g.) e) — Und in dieser 2 m. pl. wird, vor den Suffixen, die Form mit ŏ angenommen, wo sie ausserdem nicht eben schicklich wäre. f)

b) Pael und Aphel ꝛc. Hier fällt, vor den Suffixen (ܟܬ ausgenommen) g) der Vokal des zweiten Stammbuchstaben weg. h)

E. Im Infinitiv Peal fällt der letzte Vokal, vor den leichten Suffixen, weg i); vor dem schweren aber bleibt er. k) — Von den übrigen Infinitiven f. Nr. 7.

F. Die Participien nehmen die Suffixe, wie die Nennwörter an. —

R   7) Von

---

d) ܦܨܢܝ *libera me.* Pf. 31, 3.

e) ܦܨܘܗܝ *liberate eum.*

f) ܣܒ *accipe.* Pl. ܣܒܘ Aber — vor dem Suffix dennoch ܣܘܒ. Daher z. B. ܣܘܒܘܗܝ *accipite eum,* Joh. 18, 31. — ܐܡܪܘܗܝ *dicite illud.* Matth. 10, 27. von ܐܡܪ Sonst aber ܐܡܪ — Dies soll nachahmen ܐܬܚܙܩܘܗܝ *cingite eum,* (Imp. Ethpeel R. ܚܙܩ) 2 Kön. 11, 8. — welches aber ohnstreitig ein leicht zu erklärender Schreibfehler ist, für ܐܬܚܙܩܘܗܝ

g) ܒܪܟܝܢܝ *benedic mihi.* 1 Mof. 27, 34.

h) ܫܒܚܘܗܝ *laudate eum.* Pf. 22, 24.

i) ܠܡܩܛܠܟ *ad occidendum te.*   k) ܠܡܩܛܠܟܘܢ

7) Von der Veränderung der Servil-Endung (in den Zeitwörtern) wegen der Suffixe hat man zu merken:

Die Servil-Endungen ‌ und ‌ nehmen, vor den Suffixen, einen homogenen Vokal — (vor ſich) an, ‌ ein (ʼ); 1) ‌ ein ‌ m) — Ausgenommen das ‌ afformat. der 3 f. pl. Præt. und 3 f. ſing. Fut. fällt vor den Suffixen ganz weg. n)

Anmerk. In den *Verbis* ‌ geht 1) die männliche Pluralendung (Præt. *Peal* und der *Imperative*) ‌ vor den Suffixen, in ‌ o) ‌ bisweilen auch ‌ p) über. Die Endung ‌ der übrigen *Præteriss.* aber wird in ‌ q) Bisweilen auch ‌ verwandelt. r)

2) Die weibliche Pluralendung ‌ bleibt vor den Suffixen und das ‌ wird mit dem Hülfsvokal der Suffixe lautbar. s)

8) Die

———————————————————————————————

l) ‌ *decepiſti* (f.) *me*; 1 Sam. 19, 17. aus ‌. — ‌ *laſſa* f. macht ‌ *laſſa* (f.) *cum*. 2 Moſ. 2, 9.

m) ‌ *circumdederunt me.* von ‌ Pſ. 18, 5. ‌ *accipite cum.* Joſ. 11, 31. Vergl. Nr. 6. D. 2.

n) ‌ *conturbarunt* (f.) *me*. 2 Sam. 21, 25. ‌ *jubebit.* (f.) *me.* Von ‌.

o) ‌ *viderunt me.* Hiob 29, 7.

p) ‌ —— Pſ. 22, 8.

q) ‌ *liberarunt cum.* ‌ — *cum.* Von ‌. ‌ *adduxerunt cum.*

r) ‌ Marc. 9, 20. —

s) ‌ *viderunt* (f.) *me.* ‌. — *cum.* Luc. 23, 25. —

8) Die Servilenbung des *Prat.* ⲟⳑ. ⲗⲗ und die des *Fut.* ⲟ bleibt vor den Suffixen unverändert. Einmal findet man im Letterer das Nun weggeworfen (§. 93. Not. y. *) — oder vielmehr.— es ward, vorher schon nicht angenommen, welches im Hebräischen das Gewöhnliche ist. —

9) Die Endigung ⲟ der Infinitive nimmt vor den Suffixen ein ⳑ an. (ⳑⲟ) —

NB. Hiermit vergleiche man nun die Tabellen, welche dem Anfänger mehr Erleichterung schaffen werden, als die Menge dieser Regeln, die nur die Bestimmung haben, mit den Tabellen, bey Privatübung verglichen zu werden.

§. 144.

Suffixa (in fp.) *addita*

III. *Particulis.*

Die Partikeln der Syrer (und zwar die für sich bestehenden) sind ursprüngliche Rennwörter, entweder im Singular, oder im Plural, im *stat. constructo* gesetzt. Daher kommt es, daß einige Partikeln die *Suffixa singularia* und andere die *pluralia* annehmen.

Die *Suffixa singularia* nehmen an, ausser den Präfixen ⲃ (*in*) und ⳑ (*not. Dativi*) ⳑⲟⲁ (*ad.*) ⲙⲛ (*a, ex,*) ⳝⲩⲁⲃⲁ und ⳝⲟⲁ (*post*) �646ⲁⲃⲁ (*contra.*)

Die *Suffixa pluralia* aber nehmen (als ursprüngliche *Nomina plur. num.*) an: ⳑⲩ (*&c.*) ⳑⲛⲃⲁ (*feorfim; folus*) ⳝⳑⲩ (*fint.*) ⲃⲟⳑⳝ f. ⲃⲟⳑ (*circa*) ⲃⳝⲭ (*pro.*) ⳑⲭⲁ (*fuper.*) ⲙⳝ ⳑ ⳝⳝ *verfus.* ⲭⲟⲙⲭ (*ante.*) ⳑⲟⲩⳑ (*fub.*) — Und, mit weiblicher Pluralendung (*stat. constr.*) ⳝ�485ⲁⲭ (ⳝⳑⲟⲭ *propter.*) Und mit bald männlicher, bald weiblicher Pluralendung: ⲭⳝⲃⳑ und ⳑⳝⳝⳑ (*inter.*)

Anmerk

Anmerk. Einige können aber auch nur die Pluralsuffixe anzunehmen scheinen —
weil sie zum dritten Stamm-Buchstaben ursprünglich ‿ haben (+ B
וֹ — wie im Hebräischen אֵל. עַל u. שׁ Hebr. Gram. §. 144.
Nr. 4.) — Doch hierauf kommt am Ende nichts an.

S. übrigens die Tabellen. —

Ende des Etymologischen Theils.

Anderer Theil.

Syntax.

Syrischer Syntax.

Erster Abschnitt.
Von Nenn- und Fürwörtern.

Das erste Kapitel.
Von der Zusammensetzung der Nennwörter.

§. 1.

Die Adjektiva, oder andere Wörter, (Participia und Pronomina) welche an deren Statt gebraucht werden, stehen ihren Substantiven ordentlicher Weise nach. — Z. B. ܠܚܡܐ ܩܕܝܫܐ Luc. 10, 42. ܐܒܐ ܩܕܝܫܐ Marc. 9, 22.

§. 2.

S. unten §. 23. Von ܗܘ ܗܝ — u. s. f.

§. 3.

§. 3.

Die *Nomina numeralia* werden ihren *Substantivis*, ingleichen die Tausende den Zahlwörtern bald vor, bald nachgesetzt. — ܠܠܝܢ ܐܪܒܥܝܢ Matth. 4, 8. — ܐܪܒܥܐ ܠܠܝܢ v. 21. — ܝܪ̈ܚܐ ܬܠܬܐ Luc. 1, 56. ܬܠܬܐ ܝܪ̈ܚܝܢ Ap. Gesch. 20, 3. — ܚܡܫܐ ܐܠܦܝܢ ܓܒܪ̈ܝܢ Marc. 6. 44. — ܚܡܫܐ ܐܠܦܝܢ Matth. 14, 21. — *Plur.* S. 1 Mos. 11, 10. ff.

Anmerk. Die *Nom. num. card.* von 3 an, stehen bey ihren Nennwörtern, gemeiniglich in Apposition. (S. die obigen Beyspiele!) Selten im *stat. constructo.* Z. B. ܥܣܪ ܡܕܝ̈ܢܬܐ Matth. 4, 25.

§. 4.

Die mit Substantiven zu verbindenden Adjektive werden, von den Syrern, auf mancherley Art, umschrieben:

1) Durch ein, im Genitiv, zu denkendes Substantiv, mit dem Präfix ܕ. Z. B. ܪܘܚܐ ܕܩܘܕܫܐ Matth. 4, 1.

2) Durch ein Substantiv mit ܕ und dem gemeiniglich darauf folgenden persönlichen Fürwort; bisweilen auch insbesondere mit dem Suffix. §. 25. Z. E. ܕܦܓܪ ܐܢܐ *carnalis sum.* ܕܪܘܚ ܗܘ *spiritualis est.* Röm. 7, 14. — ܕܠܐܠܗܐ *divinus.* Hebr. 2, 17. für ܕܠܐܠܗܐ ܗܘ (quod Dei est.) — (Kap. 5, 1.)

3) Durch ein Substantiv mit dem Suffix: welches denn, mit Nr. 1. im Grund einerley ist. — Z. B. ܛܘܒܝܟ *beatus es.* Matth. 16, 17. Vergl. Kap. 5, 3. 11. Hebr. אַשְׁרֵי הָאִישׁ Ps. 1, 1. אַשְׁרֶיךָ 5 Mos. 33, 29. —

4) Durch die *participia passiva*, oder *neutra* z. B. ܕܠܐ ܡܬܚܒܠܢܐ ܘܠܐ ܡܬܚܙܝܢܐ ὁ ἄφθαρτος καὶ ἀόρατος 1 Tim. 1, 17. — ܕܠܐ ܕܥܟܐ *inextinguibilis.* (ἄσβεστος) Luc. 3, 17. —

5) Durch verschiedene Art der Umschreibung. Z. B. ܕܐܝܟ ܗܢܐ *talis.* (qui est sicut hic) Matth. 9, 8. — ܕܐܝܟܘܬܗ *qualis* (*secundum quem.*) Marc. 13, 19. — ܡܐ ܕ (*quod*) und ܟܠܗ ܗܢܐ (*omne hoc.*) d. i. tantum, quantum. Offenb. 18, 7.

§. 5.

Wenn ein Subſtantiv in einerley *Numero* wiederhohlt wird: ſo muß es *diſtributio* verſtanden werden. Z. B. ܙ݂ܘܼܙ ܙ݂ܘܼܙ *ſingulos denarios.* Matth. 20, 9.

Anmerk. 1. Eben dies gilt von Wiederhohlung der Zahlwörter. Z. B. ܢܰܡ ܢܰܡ *ſinguli.* ܠ݂ܙܰܡ ܠ݂ܙܰܡ *bini* u. ſ. w.

Anmerk. 2. Bisweilen drückt dieſe Wiederhohlung eine Mehr- und Verſchiedenheit aus. Z. B. Marc. 2, 17. „ die behaftet waren ܓ݂ܡܒ݂ܐ ܓ݂ܡܒ݂ܐ mit mancherley ꝛc. Uebeln. „ — ܙܟ݂ ܟ݂ܢܟ݂ *diverſo tempore.* Joh. 5, 4. —

Bisweilen auch eine Succeſſion. Z. B. ܙ݂ܐܟ݂ ܙ݂ܐܟ݂ (*poſt poſt*) d. i. einer nach dem Andern.

Anmerk. 3. Ein wiederhohltes Subſtantiv zeigt auch öfters einen Affekt des Redenden an. Z. B. ܟ݂ܕܒܡ ܟ݂ܢܕܒ ܩܕ݂ܟ݂ ܩܕ݂ܟ݂ Jer. 4, 19.

Doch dies — wie auch die zweymalige Wiederhohlung eines Subſtantivs (Jer. 22, 29. Jer. 7, 4.) gehört, mehr in die allgemeine Rhetorik, als in den Syntax. —

§. 6.

Wird aber ein Subſtantiv im Plural wiederholt, da es zunächſt vorher im *ſtat. conſtr.* (oder *emphat.* mit folgendem ?) ſtand: ſo iſt dies dann gewöhnlich eine Umſchreibung des Superlativs und muß alsdenn im deutſchen, oder lateiniſchen, durch ein beſonderes, ſchickliches Adjektiv, ausgedrückt werden. Z. B. ܚܡܒ݂ ܟ݂ܚܡܒ *viliſſimus ſervus.* 1 Moſ. 9, 25. ܙ݂ܢܰܠ ܪ݂ܡܐ݂? *ſummus princeps.* 4 Moſ. 3, 32.

§. 7.

Durch Wiederhohlung eines Adjektivs wird ebenfalls der Superlativ umſchrieben. (S. oben Etymolog. Theil §. 133. U. 1.)

§. 8.

Den eignen Namen der Städte und Landſchaften ſetzen die Syrer häufig die Appellative ܟ݂ܢܡܝ݂ܠܐ (*urbs*) und ܐܰܡ (*regio; urbs* —) bey.

§. 9.

Bey dem eignen Namen einer Hauptſtadt ſetzen die Syrer, (ſtatt ܟ݂ܢܡܝ݂ܠܐ) ܠܐ݂ܕ݂ܐ; wie die Hebräer רַבָּה —

S §. 10.

Das zweyte Kapitel.

Vom *Genere*, *Numero*, deren Gebrauch und Mißbrauch bey den Syrern.

§. 10.

Das unbestimmte Geschlecht (*neutrum*) drücken die Syrer, — wie die Hebräer, meist durchs weibliche, seltner auch durchs männliche, aus.

§. 11.

Nennwörter, welche im Plural die Endung eines andern Geschlechts (als zu welchem sie, im Singular, gehören) haben, (oben §. 131. Hauptanmerk. I. II.) werden nach demjes nigen Geschlecht construirt, zu welchem sie, in ihrem Singular, gehören. Z. B. ܐܬܪ *locus*. m. — *plur.* ܐܬܪܘܬܐ — als Masculinum. ܪܫܝܥܐ *rusicus*, (fem.) pl. ܪܫܝܥܐ — als Femininum. Vergl. Luc. 11, 24. — Kap. 1, 83. K. 2, 13. Dan. 7, 9. u. s. w. — 4 Mos. 11, 31. Ap. Gesch. 17, 20. —

§. 12.

So nachläßig die Hebräer und noch weit mehr die Araber, in Ansehung des Geschlechts der Nennwörter ꝛc. sind, so genau sind hierinnen die Syrer, welche sich, nur gar selten, eis ne Nachläßigkeit dieser Art erlauben. —

Wörter, die beyderley Geschlechts sind, (oben §. 130. C.) können natürlicher Weise auch mit beyden Geschlechtern construirt werden; und dieß gehört folglich nicht zum Geschlechtsmißs brauch bey den Syrern.

§. (13. 14.)

---

§. 15.

Die *Nomina collectiva* (*Sing. num.*) werden oft als Plurale betrachtet und daher mit dem Plural construirt; ausgenommen ܐܢܫ (*mis*) *vir*; welches allzeit mit dem Singular cons struirt wird. — Z. B. ܐܬܐ ܢܦܩ *exibant* (homo i. e.) *homines* Joh. 4, 30. — Hinges gen: ܫܡܥ ܐܢܫ ܩܠܗ *Oves* (audit i. e.) *audiunt vocem ejus.* Joh. 10, 3. Vergl. V. 4. 5. 7. 8. 12. 16.

Die bloß als Plurale vorkommenden Nennwörter (*Pluralia tantum*) werden bald mit dem Plural, bald mit dem Singular construirt. (Im letzten Fall ist die Art des *Plural. fract.*

der

der Araber damit zu vergleichen.) Z. B. vom Singular: — ܡܣܡܩ ܫܡܝܐ *rubet cœlum.* Matth. 16, 2. 3. Luc. 3, 21. Hebr. 9, 24. (Sonst aber mit dem Plural. Z. B. Marc. 1, 10, Luc. 4, 25. u. s. w.) — So auch ܚܝܐ *vita.* Mit dem Singular Joh. 1, 4. — und in demselben Vers mit dem Plural. Jngl. K. 3, 15. 16. u. s. w. — Eben so ܐܦܝ ܬܪܥܐ (facies portæ i. e.) *velum;* welches nur mit dem Singular erweislich konstruirt wird. Marc 15, 38. Vergl. J. D. Michaelis *Gramm. Syr.* p. 273. — Eben so das Dual, *Nomen prop.* ܡܨܪܝܢ Aegypten. Hebr. 11, 26. 27. wo das *Suffix.* ܗܘܢ darauf geht.

§. 16.

Vergl. d. hebr. Syntax.

Das dritte Kapitel.

Vom Gebrauch des *Status constr.*

§. 17.

Von der Umschreibung der Adjektive und — des Superlativs — mittelst des *stat. construct.* (sehr auch emphat. mit folgendem ܕ) s. §. 4. Nr. 1. — und §. 6.

§. 18.

Insonderheit pflegen die Syrer mit den Wörtern ܒܪ (pl. ܒܢܝ) : ܒܝܬ : ܒܥܠܐ : ܡܪܐ : ܕܒܝܫ : ܐܚ u. s. w. wenn sie dieselben im stat. constr. setzen, vielerley Umschreibungen zu machen, welche man aber, ihrer Verschiedenheit wegen, eher aus dem Gebrauch, oder aus dem Wörterbuch, als aus Regeln lernet. Z. B.

1) Mit ܒܪ, fem. ܒܪܬ. Z. B. ܒܪ ܐܢܫܐ d. i. Mensch. ܒܢܝ ܦܬܟܪܐ (*filii idolorum*) Götzendiener. — Offenb. 2, 14. 20. ܒܪܬ ܩܠܐ Röm. 10, 16. 18. x. pl. ܒܢܬ ܩܠܐ Ap. Gesch. 15, 22. ܒܪܬ ܚܐܪܐ *manumissa.* 1 Macc. 7, 11. —

2) Mit ܒܝܬ. Z. B. ܒܝܬ ܐܣܝܪܐ *Carcer,* Matth. 5, 25. ܒܝܬ ܡܠܟܘܬܐ *urbs regia.* 1 Macc. 7, 2. — Auch bisweilen, wo an keinen Ort gedacht werden kann. ܒܝܬ ܩܒܪܐ

ܠܚܕܐ *luctus.* 1 Mof. 27, 41. Ezech. 24, 17. ܝܘܡ ܒܝܬ Geburtstag. 1 Mof. 40,
20. ıc. Daher: ܥܕܥܐ ܒܝܬ ܝܘܡ Auch blos ܝܘܡ ܒܝܬ Feſt der Geburt; Chriſti.

Anmerk. Von dieſem ܒܝܬ (*domus* &c.) hat man das ܒܝܢ (*inter*) zu unterſcheiden. 3. B. ܢܗܪܝܢ ܒܝܬ *Mesopotamia.* (*inter* (*duo*) *flumina.*) — ܒܝܬ ܚܢܐ
frons &c.

3) Mit ܒܥܠܐ z. B. ܕܚܡܬܐ ܒܥܠܐ (*dominus furoris*) *inimicus.* ܕܕܝܢܐ ܒܥܠܐ (*dom. judicii*)
adversarius. ܩܝܡܐ ܒܥܠܐ *foederatus,* 1 Mof. 14, 13.

4) Mit ܒܪ. z. B. ܚܐܪܐ ܒܪ *strenuus.* ܕܚܢܐ ܒܪ *pecuarius.*

5) Mit ܪܒ z. B. ܡܠܚܐ ܪܒ *nauclerus.* Jon. 1, 6. ܒܝܬܐ ܪܒ *praefectus domus,*
oeconomus. Luc. 8, 3. (Daher ܪܒܘܬܐ ܒܝܬ *oeconomia.* Luc. 16, 2.

6) Mit ܪܝܫ z. B. ܐܒܗܬܐ ܪܝܫ *patriarcha.* Ap. Geſch. 2, 29. ܟܗܢܐ ܪܝܫ ἀρχιερεύς.

§. 19.

S. den Hebr. Syntax. — Vergl. 1 Mof. 35, 5. ܕܚܠܬܗ ܘܒܪܟܬܗ ıc. ſ. w.

§. 20.

Wenn ein Adjektiv oder Particip. im *ſtat. conſtr.* einem Subſtantiv vorſtehet: ſo läßt ſich
eine ſolche Redensart im deutſchen füglich durch an, oder von ausdrücken. S. oben §. 132. —

Anmerk. Bisweilen drückt ein ſolches im ſtat conſtr. dem Subſtantiv vorſtehendes Adjektiv den Superlativ aus. S. oben §. 133. II. 2.

§. 21.

Sehr häuffig wird, ſtatt des *ſtat. conſtr.* das erſtere Wort im *ſtat. emphat.* und dem Folgenden das ? vorgeſetzt: z. B. ܕܐܘܪܫܠܡ ܒܬܘܠܬܐ die Jungfrauen Jeruſalems. Klagl. 2, 10.
Und dann wird häuffig dem erſtern (im *ſtat. emphat.* ſtehenden) Wort ein aufs nächſtfol-
gende Nomen ſich beziehendes überflüßiges Suffix angehängt. (§. 26.)

§. 22.

§. 22.

Die Endigung und Form des *stat. constr.* scheint bey den Syrern, wie bey den Hebräern, nur eine andere Form des *stat. absoluti* zu seyn, die aber, weil sie gemeiniglich die kürzere ist, und im *stat. construito*, vermöge seiner Natur so viel möglich abgekürzt werden muß, für diesen vorzüglich bestimt wurde. — Daher geschieht es im Syrischen, wie öfters auch im Hebräischen, daß die Form des *stat. constructi*, sonderlich vor Partikeln, statt der sonst hier gewöhnlichen Form des *stat. absoluti* gebraucht wird. Z. B. ܚܣܝܢ ܠܡܚܙܐ schön (*pulcra*) von Ansehen. 1 Mos. 12, 11. — ܢܣܒܝ ܒܐܦܐ (*acceptores facierum*) Heuchler. Matth. 16, 3. —

ܐܙܠ ܡܢ ܐܪܥܐ *emti ex terra.* Offenb. Joh. 14, 4. — Wie z. B. in den Psalmen so oft כָּל־חוֹסֵי ם u. s. w.

Anhang

zum Syntax der

Nennwörter

Die Syrer haben viele zusammengesetzte Nennwörter, die theils — durch Zusammenfügung der Hülfsnennwörter (§. 18.) mit andern und theils durch noch andere Zusammensetzung entstehen. Z. B. ܒܪ ܩܠܐ (בַּת קוֹל) pl. ܒܢܬ ܩܠܐ *oracula.* Ap. Gesch. 12, 22. ܒܪ ܐܢܫ *homo.* ܐܟܠ ܩܪܨܐ (*comedens frustum*) Ankläger, Verläumder. ܒܥܠ ܕܒܒܐ Feind. — u. s. w.

Ob nun gleich die Syrer viele zusammengesetzte Nennwörter haben: so reichen sie doch bey weitem nicht hin, die mancherley Arten der Zusammensetzung in gebildetern Sprachen, z. B. im Griechischen (und Lateinischen) auszubrücken. Hier suchen sie sich also auf mancherley Art dafür schadlos zu halten. Z. B.

1) Sie setzen dafür simple Wörter, die z. B. den zusammengesetzten der Griechen dem Sinne nach entsprechen. Z. B. ܟܣܝ Röm. 1, 20. (*tecta, abscondita*) für τὰ ἀόρατα. —

2) Sie umschreiben — auf mancherley Art. Z. B.

a) Verneinende, oder beraubende Composita — umschreiben sie, durch ihre verneinende Partikeln ܠܐ (*von*) ܕܠܐ (*sine*), ܕܠܐ (*von est.*) Wörter mit verneinender Bedeutung. Z. B. Adjektive: ἄγαμοι: ܐܝܠܝܢ ܕܠܐ ܗܘܐ ܗܘܘ 1 Cor. 7, 8. —

ܕܠܐ ܡܘܡ ἀμώμους Eph. 1, 4. — 1 Cor. 1, 28. τὰ ἀγενῆ: ܕܓܢܣܗܘܢ — ܐܝܠܝܢ ܡܣܟܢܘܬܗܘܢ.

So auch mit Substantiven: z. B. 1 Cor. 15, 53. 54. ἀφθαρσία und ἀθανασία ܠܐ ܡܬܚܒܠܢܘܬܐ (non corruptibilitas) — ܠܐ ܡܝܘܬܘܬܐ (non mortalitas) —

b) Eine Gemeinschaft anzeigende Composita (Griech. mit συν) drücken die Syrer bald durch ܥܡ (cum), bald durch ܚܒܪܐ (socius) oder ܫܘܬܦ (consors.) aus. z. B. ὁ συνεργός μου Röm. 16, 3. 9. 21. ܦܠܚܐ ܕܥܡܝ. — οἱ συμμαθηταί Joh. 11, 16. ܬܠܡ̈ܝܕܐ ܚܒܪܘܗܝ. discipuli, socii ejus (sui) — σύσσωμα Eph. 3, 6. ܫܘܬܦ̈ܐ ܕܦܓܪܐ (consortes corporis.)

c) Eine Priorität anzeigende Composita (Griech. mit προ) werden durch ܡܩܕܡܘܬܐ (anticipatio) oder auch durch dessen Stammwort ܩܕܡ umschrieben. z. B. προγινώσκει Ap. Gesch. 2, 23. 1 Petr. 1, 2. ܡܩܕܡܘܬ ܝܕ̈ܥܬܗ (anticipatione scientiæ suæ.) — χωρὶς προκρίματος 1 Tim. 5, 21. ܘܠܐ ܬܩܕܘܡ ܬܪܥܝܬܟ (nec praeveniatur mens tua. —

d) Eine Vielheit, oder Menge anzeigende Composita (Griech. mit πολὺ ꝛc.) werden auf verschiedene Art umschrieben. z. B. πολυλογία Matth. 6, 7. ܡܡܠܠܐ ܣܓܝܐܐ. — πολυμερῶς καὶ πολυτρόπως Hebr. 1, 1. ܒܟܠ ܡܢܘܢ ܘܒܟܠ ܐܕܫܝܢ (nach allen Theilen und Formen.)

e) Eine Allheit anzeigende Composita (Griech. mit πᾶς ꝛc.) drücken sie, wie natürlich, durch ܟܠ aus. παντοκράτωρ 2 Cor. 6, 18. ܕܟܠ ܐܚܝܕ (qui omnia tenet.) oder ܐܚܝܕ ܟܠ — ἐνεργής Hebr. 4, 12. ܟܠ ܡܥܒܕܢܐ omnia operans.

f) Eine Wiederhohlung anzeigende Composita (Griech. πάλιν ꝛc.) — durch ܡܢ ܪܝܫ (a capite.) z. B. Tit. 3, 5. παλιγγενεσία: ܡܘܠܕܐ ܕܡܢ ܪܝܫ. —

g) Eine Unächtheit anzeigende Composita. (Griech. ψευδο —) — durch ܕܓܠܐ (mendax); seltner durch ܟܕܒ und ܟܕܒܘܬܐ. z. B. ψευδοπροφῆται ܢܒܝ̈ܐ ܕܓܠܐ 2 Petr. 2, 1. — Matth. 24, 24. (Philoxen. ܢܒܝ̈ܐ ܟܕܒ̈ܐ) — ܢܒܝ̈ܐ ܕܟܕܒܘܬܐ

h) Eine

h) Eine Eitel- oder Leerheit (*vanitatem*) anzeigende Composita (Griech. κενο — oder ματαιο —) — durch ܣܪܝܩ. — Gal. 5, 26. κενόδοξοι — ܣܪܝܩܐ ܠܫܘܒܚܐ — Phil. 2, 3. ܣܪܝܩ ܫܘܒܚܐ κενοδοξία. — Tit. 1, 6. ματαιο-λογιαι ܡܠܐ ܣܪܝܩܬܐ. —

Auf ähnliche Art drücken nun die Syrer auch andere Composita aus. Diese und noch viele andere Beyspiele (auch von Zusammensetzung anderer Art) findet man in Hrn. R. J. D. Michaelis *Gram. Syr.* p. 249 ſ 253. deſſen Ordnung im Aufzählen der Ausdrucksarten dieſer Zuſammenſetzungen ich mit Wolbedacht beybehalten habe. —

Das vierte Kapitel.

Vom Gebrauch der Fürwörter.

§. 23.

Die perſönlichen Fürwörter (§. 136.) werden häuffig, ſtatt des *Verbi ſubſt.* — *praeſ. temp.* gebraucht. — Und dies weit beſtimter, als im Hebräiſchen oder Arabiſchen, wo man doch immer noch ans bloſe Auslaſſen des in Gedanken zu ergänzenden *Verbi ſubſt.* denken könnte. — Denn — wenn im Syriſchen das perſönliche Fürwort als ſolches ſchon geſetzt wird: ſo wird es noch einmal, zum beſtimten Ausdruck des *Verbi ſubſt.* am Ende hinzu geſetzt. Z. B. ܐܢܐ ܡܥܡܕ ܐܢܐ *ego baptizans ſum.* Matth. 3, 11. (Vergl. §. 51. 2.) — ܐܢܬ ܡܢ ܐܢܬ *tu quis es?* Joh. 1, 19. — ܗܘ ܗܘ *ille eſt.* (für ܗܘ ܗܘ (Etymol. §. 48. 1.) Matth. 11, 14. — ܗܘ ܗܘ (ſ. a. a D.) 1 Moſ. 23, 19. — u. ſ. w.

Seltſamer iſt es, daß das perſönliche Fürwort der dritten Perſon auch von der erſten und zweyten Perſon als *Verbum ſubſtantivum* gebraucht wird. Z. B. ܗܘ ܐܢܐ (ſ. 48. C. 1.) Matth. 26, 25. — ܗܘ ܐܢܬ *tu es.* Matth. 11, 18. — ܐܢܘܢ ܐܢܬܘܢ *vos eſtis.* Matth. 5, 13. 14. —

Anmerk. 1. Das perſönliche Fürwort ܗܘ wird oft ganz überflüſig geſetzt. (Etymol. §. 48. C. 1. Z. E. Matth. 11, 4. Luc. 7, 15. ܗܝ ܠܕܡܟܐ ܗܘ ܚܝܬܐ ܗܝ.

Anmerk.

Anmerk. 2. Bisweilen wird ooi, (Etymol. §. 136. Anmerk. 3.) zu mehrerer Bestimmung als Artikel gebraucht, weil der stat. emphat. oft seine zeigende, oder bestimmende Kraft verlohren hat. Z. E. Joh. 5, 7. الآية ‪ooi ὁ ἀνθρωῖ. Vergl.
v. 9. 15. Matth. 11, 3. Hebr. 7, 7.

Anmerk. 3. Die Fürwörter *ipse* und *idem* drücken die Syrer auf verschiedene Art aus:
a) durch Wiederhohlung der persönlichen Fürwörter, mit Dazwischensetzung der Partikel

ܗ . Z. E. ܚܒܝܠ ܗܢܘܢ ܗ ܗܢܘܢ αἱ αὐταὶ θυσίαι. Hebr. 10, 1. 11. —

ܚܝܢ ܗ ܗܢܘܢ τὰ αὐτὰ (*eadem.*)

b) Durch Verbindung des bestimmenden Fürworts ܗܘܼܝ (L. ܗܘ̣ܝ) mit dem Persönlichen

ܘܗܝ (L. ܠܗܝ) S. oben Etymol. §. 137. Anmerk. II.

c) Durch ein aufs nächste Nennwort sich beziehendes Suffix. (Vergl. §. 26.) — Z. B.
ܒܟܣܐ ܗܘܼ *eadem hora.* —

§. 24.

Das dem Hebräischen beziehenden Fürwort אֲשֶׁר entsprechende Präfix (?), welches
am gemeinsten 1) als beziehendes Fürwort (*qui, quæ, quod*) 2) als *Nota genitivi* 3) als
Partikel *ut*, oder *quod* gebraucht wird, hat, bey den Syrern, ausserdem noch sehr mannigfalti-
gen Gebrauch. — Ausserdem daß es a) auch für sich selbst, ohne vorhergehendes regierendes
Nennwort, den Genitiv regieret (z. E. ܕܝܠܢ ܐܢܚ̣ܢܢ ? *Domini nostri sumus.* Röm. 14, 8. — hilft
es b) Adiektive umschreiben. (§. 4. Nr. 1. 2.) — c) macht aus den Nom. numeral. card.
ordinalia. (§. 134. Nr. 6.) — d) macht aus den fragenden Fürwörtern Beziehende. (§.
138. Anmerk. 1.) e) Wird, wie das Griech. ὅτι, von anzuführenden Wörtern eines Andern
überflüßig gesetzt. Matth. 1, 23. f) Der Partikel ܠ (von) vorgesetzt, (ܠ?) heißt *ohne.* (*sine*)
Nur Hebr. 11, 11. behält es, nebst dem ܠ, seine natürliche Bedeutung. —

§. 25.

Wenn das relative (?) (§. 138.) oder ein anderes relativ gebrauchtes Fürwort (§. 138.
Anmerk. 1.) in einem vom Nominativ verschiedenen *Casu* gebraucht werden soll: so bekommt
entweder das Nomen (wenn eins da ist) oder die Partikel ein überflüßiges Suffix. Z. E.
ܘܗܝ?ܕܐܝ *cujus dæmones sunt* (i. e. dæmoniacus.) Marc. 5, 13. 16. ܟܘܣ ܐܝܕܐ?ܐ ܠܐ̣ܝ?
(*loca,*

loca, in quibus aqua nulla sint. Matth. 12, 43. Luc. 11, 24. ܐܘܪܚܐ ܕܢܗܠܟܘܢ ܒܗ *via, in qua ambulent.* 2 Mos. 18, 20. — ܐܝܟ ܕܐܝܟܘܬܗ *secundum quem* (i. e. qualis.) Marc. 13, 19. —

§. 26.

Die Suffixe der dritten Person werden sehr häufig ganz überflüßig gesetzt; (wenn nämlich das Nennwort, darauf sich das Suffix beziehet, noch ausdrücklich dabeysteht.) — Dies geschieht sonderlich, wenn, statt des *stat. constr.* der *stat. emphat.* mit darauf folgendem ܕ gesetzt wird; wo dann dem in *stat. emph.* stehen sollenden Wort das aufs Nächstfolgende sich beziehende Suffix angehängt wird. (§. 21.) Z. B. ܡܠܐܟܗ ܕܡܪܝܐ *angelus* (ejus) *domini* Matth. 1, 20. (Ohngefähr wie wir im gemeinen Leben: „Gottes sein Sohn„ — für: „Gottes Sohn. —) ܡܢ ܒܝܬܗ ܘܡܢ ܫܪܒܬܗ ܕܕܘܝܕ *e domo* (ejus) *& familia* (ejus - scil.) *Davidis.* — u. s. w.

Anmerk. Häufig wird auch einer Präposition ein überflüßiges Suffix angehängt, da dieselbe Präposition nebst dem Nennwort, oder Fürwort, darauf sich das Suffix beziehet, noch ausdrücklich folgt. Z. B. ܡܢܗ ܡܢ ܐܠܦܐ *e navigio.* Ap. Gesch. 27, 30. ܥܡܗ ܥܡ ܡܫܝܚܐ *cum* Christo. Röm. 6, 9. — — — — ܡܢܗܘܢ ܡܢ ܐܢܝܢ *ab his.* 1 Tim. 1, 6.

§. 27.

Die Syrer brauchen häufig die Partickel ܠ mit einem Suffix überflüßig — in Redensarten, wo man weder dieses noch auch jene erwartet. Z. B. Marc. 9, 26. ܡܝܬ ܠܗ *mortuus est* (sibi). — Matth. 3, 2. ܩܪܒܬ ܠܗ ܡܠܟܘܬܐ ܕܫܡܝܐ *appropinquat* (sibi) *regnum coelorum.* Matth. 10, 6. ܙܠܘ ܠܟܘܢ abite (*vobis*). — u. s. w.

Zweyter Abschnitt.

Von Zeitwörtern.

Vorläufige Bemerkungen:

1) Die *Verba neutra* brauchen die Syrer sehr häufig statt der *Passive*. Z. B.
ܝܩܕ *arsit:* für *combustus est.* 2 Mos. 3, 2. So auch ܛܥܐ *erravit;* — für: *deceptus est.*
ܢܦܠ *cecidit* — für *conjectus, dejectus est.* ܢܦܩ *egressus est,* für *ejectus est.* ܣܠܩ *ascendit,*
für *extractus, evulsus est.* ܥܠ *intravit,* für *illatus est.* ܩܘܡ *stare,* für *constitui.*

2) Die *Verba passiva* stehen bisweilen als *activa,* folglich gleichsam als *Deponentia;* sonderlich
die *Verba adfectuum & sensuum.* — Z. E. ܐܬܕܟܪ *recordatus est.* ܐܬܚܫܒ *cogitavit.* —
So auch ܐܣܬܡܟ *recubuit.* (Eigentlich freylich: *suffultus est.* —) ܗܘܘ ܪܡܝܢ *jacebant.*
Joh. 5, 3. 6. Eigentlich: *projecti erant.* —

3) Die *Passive* brauchen die Syrer, wie andere Morgenländer, häufig *reciproc.* Z. B.
ܐܬܗܦܟ *conversit se.* Eigentlich: *Conversus est.* Ausserdem umschreiben sie ihre *Reciproca*
durch ein *Verbum activ.* mit dem Rennwort ܢܦܫܐ; wie in andern morgenländischen Dialekten. — (Etymol. §. 140.)

4) Zusammengesetzte Zeitwörter, dergleichen Griechen und Lateiner haben, kennen die Syrer nicht; sie halten sich dadurch aber dafür schadloß, daß sie ihre simplen Zeitwörter
entweder blos und allein dafür brauchen (z. B. ܣܠܩ für πρωγράφειν, Eph. 3, 3. —
ܝܕܥ für *præscire.* Ap. Gesch. 26, 5. u. s. w.) oder durch besondere Hülfswörter ihre simplen Zeitwörter näher bestimmen. Z. B.

     a) Zeitwörter, die mit *vor, vorher, voraus* rc. zusammengesetzt sind, drücken sie durch
ܩܕܡ (*prævenit*), oder durch die Particeln ܩܕܡ. ܡܢܩܕܡ aus. Z. B. ܩܕܡ ܚܙܐ
prævidit. Ap. Gesch. 2, 31. ܩܕܡ ܪܗܛ ܬܡܢ *precurrit.* — ܐܙܠ ܗܘܐ ܩܕܡܝܗܘܢ
præcedebat. Matth. 2, 9. — ܡܢ ܩܕܡ ܩܕܡ ܡܣܒܪܢܘܬܐ πρωευαγγελιζεσθαι. Col. 1, 5.

                                             b) die

b) die mit *wider* (contra) zusammengesetzten Zeitwörter drücken die Syrer durch ܠܩܘܒܠܐ (*adversus*) und ܠܘܩ (*contra*) aus. Z. B. ܠܘܩ ܩܐܡ, stare contra &c. i. e.) *resistere*. Eben so mit ܠܘܩ (contra). — S. Matth. 5, 39. — K. 26, 62. ıc. — Röm. 11, 18. Jac. 4, 11.

c) die mit der Präpos. *mit* zusammengesetzten Zeitwörter, werden mit ܥܡ (*cum*) umschrieben. Z. B. 2 Tim. 1, 8. ܩܘܡ ܥܡܝ ܒܚܫܐ ܕܐܘܢܓܠܝܘܢ συγκακοπάθησον τῷ ἐυαγγελίῳ.

d) die eine Wiederholung ausdrückenden zusammengesetzten Zeitwörter werden durch ܥܡ ܕܬܘܒ (*denuo*) umschrieben. Z. E. ܥܡ ܕܬܘܒ ܙܩܦܝܢ ανασταυροῦντας Hebr. 6, 6. —

e) die mit Nennwörtern zusammengesetzten Zeitwörter werden, durch besondere Nennwörter, ausgedruckt. Z. E: ܥܒܕ ܦܐܪܐ καρποφοροῦσιν. Marc. 4, 20. — ܠܡܥܒܕ ܛܒ ܐܘ ܠܡܒܐܫ αγαθοποιῆσαι ἤ κακοποιῆσαι Marc. 3, 4. Vergl. Hrn. R. Michaelis Gr. Syr. p. 226 - 228.

Das fünfte Kapitel.

Von Zeitwörtern beym Nominativ.

§. 28. 29.

---

§. 30.

Vom Zeitwort ܐܝܬ, als Hülfszeitwort, s. unten §. 48. 49. 50. 52. Anh. —

(§. 31. — 34.)

Das sechste Kapitel.

Von Zeitwörtern beym Dativ.

§. 35.

Die Zeitwörter der Syrer regieren, auf die Frage: Wem? den Dativ, zu deſſen Bezeichnung ordentlicher Weiſe die Partikel ܠ gebraucht wird.

Anmerk. 1. Mit ܐܝܬ und dem darauf folgenden ܠ umſchreiben die Syrer das haben. „Z. E. ܐܒܐ ܐܝܬ ܠܢ ܠܐܒܪܗܡ wir haben Abraham zum Vater.„ Matth. 3, 9. — Seltner mit ܗܘܐ. Z. E. ܗܘܐ ܓܠܘܣܩܡܐ ܠܘܬܗ, Joh. 12, 6. „Er hatte den Kaſten„ (γλωσσόκομον εἶχε.)

Anmerk. 2. Die Syrer brauchen bisweilen ein Paſſiv mit dem Dativ, (anſtatt mit ܡܢ). Z. E. „Nichts, was des Todes werth wäre ܥܒܝܕ ܠܗ (factum eſt ei.) „iſt von ihm gethan, begangen worden.„ Wie auch im Hebräiſchen. Z. E. Joſ. 2, 6. הָעֲרֻכוֹת לָהּ „die ausgebreitet waren von ihr.„ —

§. (36. 37.)

Viele ſyriſche Zeitwörter regieren die Nennwörter im Dativ, wo ſich die Lateiner oder Deutſchen dieſelben im Accuſativ denken; ſonderlich die *Verba arcendi, expellendi, interrogandi, ſubſannandi & contemnendi, oſculandi, ſanandi, dimittendi & remittendi, vocandi, ſervandi & liberandi &c.* Doch dies gehört mehr ins Lexicon.

§. 38.

Bisweilen werden Zeitwörter, die ſonſt mit dem Accuſativ vorkommen, auch mit dem Dativ conſtruiet. — S. Lexic.

Das siebente Kapitel.

Von Zeitwörtern beym Accusativ.

§. 39.

Die activen- und active Bedeutung habenden Zeitwörter bestimmen die Nennwörter im Accusativ, bald ohne- bald mittelst einer Particel. (S. oben Etymol. §. 132. Hauptanmerk. III.

§. 40.

Viele syrische Zeitwörter werden öfters mit dem Accusativ construirt, welche im Deutschen, oder Lateinischen einen andern Casus erfordern. Z. E. die *Verba memoria* u. *oblivionis*, *nunciandi*, *male- & benedicendi*, *serviendi*, *eveniendi*, *respondendi*, *praecipiendi*, *credendi & fidendi* &c. Doch nicht allezeit. (Andere werden wieder mit besondern Partikeln construirt. (s. §. 36. §. 43.) wo wir im Deutschen den blosen Accusativ setzen. —) S. Lex. —

§. 41.

Die Zeitwörter, welche „lehren„ bedeuten, erfordern einen doppelten Accusativ, in so fern man nämlich das Lomad dann für *Nos. accusativi* ansieht. — Z. B. Pred. 12, 11. ܠܡܰܠܳܦܽܘ ܠܥܰܡܳܐ ܝܺܕܰܥܬܳܐ *ita, ut doceret populum scientiam.* —

§. 42.

Oft wird einem Zeitwort ein von jenem abgeleitetes Nennwort im Accusativ beygesetzt, welches aber eben nicht zur Bezeichnung eines Nachdrucks, sondern gleichsam zur Zierlichkeit beygesetzt wird: Z. E. ܡܰܟܣܳܬܳܐ ܟܣܰܣ *mactia mactationem* 1 Mos. 43, 16. Vergl. K. 27, 3. Jach. 1, 16. —

Das

Das achte Kapitel.

Von Zeitwörtern beym Ablativ.

§. 43.

Die Syrer setzen in den allermeisten Fällen auch den Ablativ, wo ihn die Abendländer setzen, zu dessen Bezeichnung sie meist die Partikeln ܒ oder ܡܢ; in einigen Fällen auch, z. E. bey den *Verbis gaudendi*, ܒ setzen. —

> Anmerk. Einige Zeitwörter werden mit dem Ablativ construirt, mittelst der Partikeln ܡܢ oder ܒ, wo wir uns einen ganz andern Casus, oder auch mit anderer Partikel denken. Z. E. ܥܠ ingredi; mit ܡܢ (in der Bedeutung *per*. Z. E. Joh. 10, 1. 2. „Wer nicht eingeht ܒ ܡܢ *per ostium*; sondern einsteigt ܐ ܡܢ *per locum alium*.
>
> Die *Verba confidendi* und *abnegandi*, nebst mehrern andern, werden mit ܒ construirt. Z. E. ܐܘܕܝ *confessus est*. ܟܦܪ *abnegavit*. S. Matth. 10, 32. 33. Eben so: ܡܠܐ (*implevit*.) Ap. Gesch. 5, 3. ܐܦܩ *extulit, protulit*. 4 Mos. 23, 7. Kap. 24, 3. 20. ܨܒܐ *voluit*. Röm. 7, 18. u. d. gl. mehr.

§. 44.

Die Zeitwörter, die eine Ursache, ein Instrument, oder eine Art und Weise anzeigen, oder voraussetzen, regieren den Ablativ mit der Präposition ܒ

§. 45.

Der Ablativ, welcher auf die Frage: wenn? oder: zu welcher Zeit? stehen muß, wird auf vielerley Art ausgedrückt, entweder durch den blosen *stat. emphat.* oder durch die Partikeln ܒ, oder ܕ. Z. E. ܒܐܝܡܡܐ ܘܒܠܠܝܐ *interdiu & noctu*. Ps. 1, 2. — ܒܐܝܡܡܐ *interdiu*. — ܒܪܡܫܐ ܒܢܫܦܐ ܒܚܫܟܐ ܘܒܥܡܛܢܐ — „des Abends beym Sonnenuntergang: bey nächtlichem Dunkel und Finsterniß.„ Spr. Sal. 7, 9. — ܒܥܕܢ ܪܡܫܐ zur Abendzeit. 1 Mos. 8, 11.

§. 46.

§. 46.

Die Dauer der Zeit wird, durch das Nennwort, welches wir uns im Ablativ oder auch im Accusativ denken, gemeiniglich ohne Partikel ausgedrückt. Z. E. 1 Mos. 29, 14. „Er blieb „bey ihm ‏ܝܪܚܐ ܚܕ‎ einen völligen Mond.„ — 2 Mos. 2, 2. „Sie verbarg ihn ‏ܝܪܚܐ‎ ‏ܬܠܬܐ‎ „drey Monden.„ —

§. 47.

Wenn, durch Zeitwörter, der Comparativ ausgedruckt werden soll: so muß dasjenige Nennwort, mit welchem man etwas vergleicht, die Partikel ‏ܡܢ‎ bekommen, steht also bey seinem Zeitwort im Ablativ. Z. E. ‏ܬܠܓܐ ܡܢ ܕܟܝܢ ܗܘܘ‎ „sie sind reiner, als Schnee. — ‏ܚܠܒܐ‎ ‏ܡܢ‎ und sind weiser, als Milch.„ u. s. w. Klagl. 4, 7.

Das neunte Kapitel.

Von dem Gebrauch und der Bedeutung der Syrischen Temporum und der Art, neue zu umschreiben.

§. 48.

Das Präteritum der Syrer ist nicht so leicht ein Aoristus, als bey den Hebräern und Arabern, sondern drückt bestimmter das Präteritum aus.

Durchs Präteritum, mit beygefügtem Hülfszeitwort ‏ܗܘܐ‎ (*fuit*) drücken die Syrer das Plusquamperfektum aus. Z. B. ‏ܩܛܠܐ ܗܘܐ‎ (§. 51. 4. b.) *interfecerat*. — ‏ܦܩܕܘ ܗܘܘ‎ *praeceperant*. Joh. 11, 57.

§. 49.

Das Futurum der Syrer ist ebenfalls nicht so leicht ein Aoristus, als bey den Hebräern und Arabern, sondern drückt bestimmter die zukünftige Zeit aus.

Wie aber die Syrer unter andern auch durchs Futurum den Conjunctiv, oder Subjunctiv ausdrücken, s. unten im Anhang; zu Ende dieses Kap. 9. §. 53. c. — und den Imperativ beym Verbieten, s. §. 50.

§. 50.

§. 50.

Die Syrer haben nicht nur in allen actiuen, sondern auch passiuen Conjugationen einen Imperatiu, der aber doch nur der zweyten Person, (sing. & plur.) befehlet; wird aber nur beym befehlen, nicht beym verbieten, gebraucht, als wofür sie das Futurum mit der Verneinungspartikel gebrauchen. S. 2 Mos. 20. u. s. w.

Anmerk. Die Syrer bedienen sich aber auch noch eines Imperatiuo, den sie, durch Umschreibung, bilden. Sie setzen nemlich ein Particip. oder Adjectiv, und die zwote Person des *Præteriti* vom Hülfszeitwort ܗܘܐ dazu; und zwar dieß beym Verbieten sowol, als beym Gebieten. Z. E. ܗܘܐ ܥܒܕ (*esto faciens*) *fac.* Luc. 10, 37. ܗܘܝܬܘܢ ܥܒܕܝܢ (*fueritis facientes*) facite / facitote. 2 Mos. 12, 14. ܗܘܝ ܫܠܡ *esto sanus.* Marc. 5, 34. — Selbst den Imperatiu der ersten Person scheinen die Syrer zu umschreiben. Z. E. 1 Cor. 4, 1. ܗܘܐ ܢܬܚܫܒ *reputemur.*

§. 51.

Der Infinitiu wird, wie in allen, sonderlich orientalischen Sprachen, häufig als Nennwort gebraucht.

§. 52.

Oefters wird einem Zeitwort, das im *temp. finito* steht, von eben demselben Zeitwort der Infinitiu beygesetzt, wodurch gemeiniglich die Gewißheit einer Sache, oder ein Nachdruck angezeigt wird. Z. E. ܢܦܠ ܢܦܠܐ ܠܐ *non cadendo cecidit.* Röm. 9, 6. ܢܫܩܠ ܡܫܩܠ ܐܢܐ *tollendo tollam.* Hos. 1. 6.

§. 52. b.

Participium.

Durchs Participium umschreiben die Syrer

1) das Præsens, gemeiniglich indem sie das persönliche Fürwort der jedesmal erforderlichen Person beyfügen, wo aber bey einigen der persönlichen Fürwörter die verbergende Linie nöthig wird. (S. oben §. 51. a. u. 4. a.) — Z. B.

   (weibl.)   (männl.)

Singular:

ܐܢܐ ܩܛܠܐ   ܐܢܐ ܩܛܠ Ich tödte.

ܐܢܬܝ ܩܛܠܐ   ܐܢܬ ܩܛܠ Du tödtest.

                ܗܘܐ ܩܛܠܐ Er tödet.

                ܗܘܐ ܩܛܠ

                              Plural.

Plural.

ܩܛܠܢ ܚܢܢ   ܩܛܠܝܢ ܚܢܢ Wir tödten.

ܩܛܠܢ ܐܢܬܝܢ   ܩܛܠܝܢ ܐܢܬܘܢ Ihr tödtet.

Zur dritten Person brauchen sie das blose Particip. —

In einigen Personen fließt das Particip. mit dem persönlichen Fürwort in Eins zusammen. z. B.

Singular.

Weibl.	Männl.	
ܩܛܠܬܝ	ܩܛܠܬ	Du tödtest.

Plural.

	ܩܛܠܝܢܢ — —	Wir tödten.
ܩܛܠܬܝܢ	ܩܛܠܝܬܘܢ	Ihr tödtet.

a) Das Imperfectum, durch Beyfügung des Hülfszeitworts ܗܘܐ. z. E. ܗܘܐ ܩܛܠ *occidebat.* ܗܘܐ ܡܗܠܟ *ambulabat.* Joh. 10, 23. —

Anmerk. Das Particip. Peil wird wie im Arabischen gemeiniglich und im Hebräischen oft, auch *activ* gebraucht — doch gemeiniglich nur bey den ursprünglich-passiven Zeitwörtern, oder den ihnen gleich geachteten *verbis affectuum.* z. E. ܐܚܝܕܝܢ *tenentes.* Matth. 5, 4. (Wie im Hebr. אחזי חרב tenentes gladium. Hohel. 3, 8.) — ܐܒܝܠܐ *lugentes.* Matth. 14, 3. u. s. w.

§. 53. a.

Einige im *temp. finito* stehende Zeitwörter werden, wenn ein Infinitiv mit der Partikel ܠ darauf folgt, zur Umschreibung der Adverbien gebraucht. z. E. ܐܘܣܦܬ ܠܡܐܠܕ „sie gebahr ferner. 1 Mos. 4, 2. ܠܐ ܐܘܣܦ ܬܘܒ ܠܡܠܛܝܘܗ̇ ܠܐܪܥܐ „Ich will fernerhin nicht „mehr die Erde verfluchen. 1 Mos. 8, 21. ܗܦܟ ܠܡܩܛܠܗ tödete abermals.

154

Syr. Syntax.

Anmerk. Statt eines solchen Infinitivs, wird häufig auch ein *Verbum finitum*, bald mit dem verbindenden o, bald ohne dasselbe gebraucht. Z. E. ܘܬܘܒ ܐܦܩ „er ließ sie abermal aus. 1 Mos. 8, 10. ܘܐܚܝܬܢܝ ܬܘܒ du belebtest mich wieder. Psalm 71, 20. und eben daselbst ohne o: ܬܣܩܢܝ ܬܘܒ „wirst mich wieder heraufziehen. u. f. w.

Anhang

§. 53. b.

Das Zeitwort ܗܘܐ wird oft überflüßig gesetzt:

1) Nach der Verneinungspartikel ܠܐ: Z. E. ܠܐ ܗܘܐ ܗܟܝܠ ܐܢܬܘܢ ܡܡܠܠܝܢ denn ihr redet nicht ꝛc. — Matth. 10, 20.

2) Nach dem fragenden ܠܐ (sonne? הֲלֹא) ܠܐ ܗܘܐ ܗܢܐ ܒܪܗ ܕܢܓܪܐ Ist dieser nicht der Zimmermanns-Sohn? Matth. 13, 55.

3) Nach sich selbst, oder nach einem andern Zeitwort, ohne daß dadurch das Präteritum zum Plusquamperfectum gemacht würde. (§. 48.) Z. B. ܗܘܐ ܗܘܐ ܕܝܢ „es ist aber geschehen. Luc. 1, 8. Vergl. Joh. 3, 25. — Doch s. auch §. 53. c. Nr. 3.

Ausgelassen hingegen wird öfters jedes Zeitwort, wo es, dem Sinn nach, zweymal hätte gesetzt werden müssen. Z. B. ܐܦ ܗܠܝܢ ܕܟܬܝܒܢ ܕܬܗܝܡܢܘܢ „Auch dies, was (hier) geschrieben ist (suppl. ist geschrieben dazu) daß ihr glaubet. Joh. 20, 31. — Eben so Röm. 5, 20. Hebr. 7, 18. ꝛc. 8, 3.

§. 53. c.
Modus subiunctivus.

Den *Modum subiunctivum* drücken die Syrer auf mancherley Art aus:

1) Bey Ermahn- oder Ermunterung in der ersten und zwoten Person — entweder durchs bloße Futurum (z. B. ܬܐܙܠ *eamus.* Joh. 14, 31. 42.) oder durchs Futurum mit vorhergehendem ܬܐ (*veni.* plur. ܬܘ *venite.* Z. B. ܬܘ ܢܐܙܠ kommet, wir wollen gehn, Joh. 11, 7.) oder durch den Imperativ (z. E. ܗܦܟܘ (*ite*) *eamus.* — Joh. 11, 15. —)

2) So

2) So wird auch ܗܘܐ bey Ermahn- und Ermunterung, oft der Subjunctiv gesetzt. 1 Cor. 4, 1. ܐܚܝܢ ܗܘܐ ܣܥܝܟܢ ܚܬܢ sic simul s. fuerimus æstimati vobis. — 1 Thes. 5, 12.

13. „Wir ermahnen euch ܡܚܝܢ ܕܠܘܗܝ (ut sueritis agnoscentes) daß ihr erkennen möget. — 1 Tim. 2, 11. *Mulier in silentio* ܬܠܡܕ ܗܘܐ (si discens) μανθανέτω.

Bisweilen selbst ein bloses Participium, ohne ܗܘܐ. Z. E. Marc. 2, 22. ܕܠܐ ܢܒܙܥ ܥܠܘܗܝ ܚܡܪܐ ne *rumpat* vinum utres. —

3) Dem Futuro setzen die Syrer auch öfters zum Ausdruck des *Mod. conjunctivi* das Hülfszeitwort ܗܘܐ bey. Z. B. ܐܚܝܕ ܠܗ ܝܒܨܢ ܗܘܐ ita, ut non *possint.* Marc. 3, 20. —

4) Die Syrer brauchen insbesondere auch ihr, durch ܗܘܐ zu umschreibendes Imperfectum (§. 52. b. Nr. 2.) und Plusquamperfectum (§. 48.) subjunktivisch und hypotetisch; wie immer der Context und Sinn leicht von selbst lehrt. S. Matth. 25, 27. Joh. 5, 46. u. s. w.

§. 53. d.
Personenwechsel.

Die Syrer lassen bisweilen auf die zwote Person, statt der erforderlichen zwoten, die dritte folgen. Z. E. Gal. 4, 21. „Saget (ihr mir) ܠܡܘܢ ܢܨܒܝܢ ܐܢܬܘܢ ܗܘܝܢ (qui *volunt esse* i. c.) Die ihr wollet — unterm Gesetz seyn. Vergl. Luc. 13, 34. Röm. 2, 1. Kap. 6, 2.

§. 54. e.

Von dem besondern und eignen Gebrauch verschiedener Zeitwörter, zu besondern Redensarten, hier zu handeln, kann nicht leicht erwartet werden, da dies mehr ins Lexicon gehört. Wer indessen die vorzüglichsten Bemerkungen darüber beysammen haben möchte, kann sie in Hrn. R. Michaelis Syr. Syntax p. 240 — 248. finden.

Des

Das zehnte Kapitel.

Vom Gebrauch und der Bedeutung der Syrischen Conjugationen

§. 54. bis 60.

Die Bedeutungen der Syrischen Conjugationen haben nicht die mindeste Schwierigkeit, so bald man nur weiß, wie sie den Conjugationen der Hebräer entsprechen. Dies aber — wie überhaupt das Nöthigste hiervon — ist bereits oben im Etymol. §. 72. ff. bemerkt.

Das eilfte Kapitel.

Vom Gebrauch der syrischen Partikeln.

§. 61.

Das Präfix ܘ wird oft überflüßig gesetzt – und oft auch, wo man es erwartete, ausgelaßen. Von letztern sonderlich s. z. B. in den vorläufigen Bemerkungen über die Zeitwörter, zu Anfang des Abschn. II. Nr. 4. 2. — Eben dies letztere ist besonders auch gewöhnlich, wo die Syrer das bey einem Zeitwort stehende Participium der Griechen ausdrücken. Z. B. ܩܥܐ ܘܐܙܠ iie (&) exquirite. Matth. 2, 8. ܘܗܐ ܐܬܐ ܘܣܓܕ ܠܗ ἐλθὼν προσεκύνησεν αὐτῷ. Eben das. — Vergl. V. 9. 11. 13. 14.

Anmerk. Das Präfix ܘ, hinter den *Verbis præcipiendi* ist durch „daß (ut),, zu übersetzen.

§. 62.

Wenn das Präfix ܒ, bisweilen auch ܠ, einem Substantiv vorgesetzt wird, so werden Adverbia, oder andere Partikeln, daraus. — So ist z. B. auch ܟܚܕܐ. ܠܥܠ. ܒܬܪ u. s. w. entstanden.

Anmer

Anmerk. Sehr häufig machen auch die Syrer aus Nennwörtern Adverbia mit der Partikel ܡܶܢ u. ܠܘܳܬ݂, z. E. ܡܶܢ ܫܶܠܝ *illico, confestim.* — ܡܶܢ ܡܢܳܬ݂ܳܐ *partim.* Röm. 11, 25. ܡܶܚܕܳܐ *statim.* Für ܡܶܢ ܚܕܳܐ ܫܳܥܬ݂ܳܐ. Bisweilen werden blose Adjective als Adverbien gebraucht. z. E. ܫܰܦܺܝܪ *bene.* *καλῶς.* Sehr viel andere Adverbien der Syrer aber sind Nennwörter weiblichen Geschlechts, aus andern Nennwörtern und Participien gemacht und auf ܐܺܝܬ݂. ܐܳܝܬ݂ und ܘܳܬ݂ (*form. constr. fem.*) ausgehend. —

§. 64.

Die Partikeln ܒ ܠ, und ܡܶܢ, wenn sie dem Infinitiv vorgesetzt werden, drücken, wie im Hebräischen, die *Gerundia* aus. —

Vom überflüßigen Gebrauch des Präfixes (ܠ) mit einem Suffix. S. §. 27.

Hinter den Partikeln, welche „zwischen„ (*inter*) bedeuten (ܒܶܝܢܳܬ݂ und ܒܶܝܬ݂; auch ܒܶܝܢܳܬ݂ s. Philox. Matth. 18, 15.) wird es, statt der, dem Sinn nach, nöthigen Wiederhohlung jener Partikeln gebraucht. z. E. ܒܶܝܢܰܝܟ ܘܰܠܗ *inter te & (inter) ipsum.* Matth. 18, 15. — ܒܶܝܬ݂ ܐܺܝܡܳܡܳܐ ܠܠܺܠܝܳܐ inter diem & (inter) *noctem.* 1 Mos. 1, 14. — ܒܶܝܢܰܝܟ ܠܰܐܢ݈ܬ݁ܬ݂ܳܐ zwischen dir und dem Weibe. 1 Mos. 3, 15. Also — wie im Hebräischen, 1 Mos. 1, 7. בֵּין מַיִם לָמָיִם wo auch der Syrer ܒܶܝܬ݂ ܡܰܝܳܐ ܠܡܰܝܳܐ und der Chaldäer בֵּין מַיָּא לְמַיָּא

§. 65.

Die Partikel ܗܳܐ (*ecce*) steht oft überflüßig; sonderlich

1) hinter ܠܳܐ (*non*), wo es fraget. z. E. ܠܳܐ ܗܳܐ *nonne?* (οὐχὶ;) Matth. 5, 46.

2) vor

a) vor einem *Termino temporis durantis*, (ursprünglich in der Bedeutung *jam*. (ἀφ᾽ Matth. 3, 10. R. 15, 32.) 3. B. ܐܠܨܝܢ ܡܢ ܗܘ *ex quo intravit*. Luc. 7, 45. — ܐܠܠ ܗܘ ܐܕܝܢ *ecce* (jam) *tertium*

§. 66.

Durch die Partikel ܒ̣ܠ mit dem darauf folgenden ܚܪ̈ܢܐ drücken die Syrer das „so wol„ — „als auch„ — oder das wiederhohlte *et* der Lateiner aus. S. z. E. 1 Mos. 6, 7. ꝛc.

E R D E.

This page is a Syriac grammatical paradigm table written in Syriac script with Latin headers. The table structure has Latin labels that I can read.

Tab. I.

Præter | Participia.

	3.		2.		1.							
	m.	f.	m.	f.	c.	f.	m.	f.	m.	f.	m.	f.

Verb. perfect.

Sing.

Plur.

Plur. (Passivum.)

Sing.

Plur.

N°D

Sing.

Plur.

Plur. (Passivum.)

Sing.

Plur.

N°L

Sing.

Plur.

r.

(...sivum.) Sing.

Plur.

Paradigmen

der

Syrischen Conjugationen

und

Suffixen,

wie diese

I. den Nennwörtern,

II. ‥ Zeitwörtern,

III. ‥ Partikeln

angehängt werden.

Zunächst,

als Beplage zu seiner

Syrischen Grammatik,

entworfen

von

Wilhelm Friedrich Hezel, Ph. D.

Hofr. und Prof. zu Gießen.

ל״א	צ״א	Verb. perfect.		
Sing.	Sing.	Sing.		
אֵזֶלִךּ (*	אֵזֶדְחֵלִ m. אֵזֶלִּתִּ	אֵקֶטְלֵא	m.	3.
אֵזֶלָהּ	אֵזֶלָתִ f. אֵזֶלְתֵּ	אֵקֶטְלַהּ	f.	
אֵזֶלֵהּ	אֵזֶלֵהּ	אֵקֶטְלֵהּ	m.	2.
אֵזֶלֵהּ	אֵזֶלֵהּ	אֵקֶטְלֵהּ	f.	
אֵזֶלֵךּ	אֵזֶלֵךּ	אֵקֶטְלֵךּ	c.	1.
Plur.	Plur.	Plur.		
אֵזֶלֵם			m.	
			f.	
Paſſivum.	Paſſivum.	Paſſivum.	m.	
Sing.	Sing.	Sing.	f.	
קֵטֵלֵא	קֵטֵלֵא | קֵטֵלְתֵּם	קֵטֵקְטֵלֵא	m.	
קֵטֵלֵא	קֵטֵלֵא | קֵטֵלְתֵּ	קֵטֵלֵא	f.	
Plur.	Plur.	Plur.	m.	
קֵטֵלֵם			f.	
קֵטֵלֵם				

Præter participia

*) It. אֵזֶלֵךּ Z. e. g. אֵזֵצֵי ***) It. קֵטֵלְחֵו Luc. 11, 53.

Tab. III.

ל״א	ע״נ	Verb. perfect.		
Sing.	Sing.	Sing.		
ܦ̈ܬܚ	ܐ̇ܬ̈ܠܐ	ܩܛܠܐ	m.	3.
ܦ̈ܬܚܗ	ܐܬܠܗ	ܩܛܠܗ	f.	
ܦ̈ܬܚܗ	ܐܬܠܗ	ܩܛܠܗ	m.	2.
ܦ̈ܬܚܗܝ	ܐܬܠܗܝ	ܩܛܠܗܝ	f.	
ܦ̈ܬܚܐ	ܐ̇ܬܠܐ	ܩܛܠܐ	c.	1.
Plur.	Plur.	Plur.		
ܦ̈ܬܚܗ	ܐܬܠܗ	ܩܛܠܗ	m.	3.
			f.	
Plur.	Plur.	Plur.		
ܦ̈ܬܚܠܝ	ܩܐܬܠܝ	ܡܩܛܠܝ	m.	
ܦ̈ܬܚܠܝ	ܩܐܬܠܝ	ܡܩܛܠܝ	f.	
Paſſivum.	Paſſivum.	Paſſivum.		
Sing.	Sing.	Sing.		
ܡ̈ܦܬܚ	ܡܐܬܠܐ ſ. ܡܩܛܠܐ	ܡܩܛܠܐ	m.	
ܡ̈ܦܬܚܐ	ܡܐܬܠܐ	ܡܩܛܠܐ	f.	
Plur.	Plur.	Plur.		
ܡ̈ܦܬܚܠܝ	ܡܐܬܠܝ	ܡܩܛܠܝ	m.	
ܡ̈ܦܬܚܠܝ	ܡܐܬܠܝ	ܡܩܛܠܝ	f.	

Præterit

Participia

ܠ

ל"א	פ"א	Verb. perfect.			
Sing.	Sing.	Sing.			
ܐܬܓܠܝ	ܐܬܐܟܠ ܘ ܐܬܬܟܠ	ܐܬܦܩܕ	m.	3.	[Praeter…]
ܐܬܓܠܝܬ	ܐܬܐܟܠܬ ܘ ܐܬܬܟܠܬ	ܐܬܦܩܕܬ	f.		
ܐܬܓܠܝܬ	ܐܬܐܟܠܬ	ܐܬܦܩܕܬ	m.	2.	
ܐܬܓܠܝܬܝ	ܐܬܐܟܠܬܝ	ܐܬܦܩܕܬܝ	f.		
ܐܬܓܠܝܬ	ܐܬܐܟܠܬ	ܐܬܦܩܕܬ	c.	1.	
Plur.	Plur.	Plur.			
ܐܬܓܠܝܘ	[illegible]	[illegible]			
			f.		
Passivum.	Passivum.	Passivum.			Participia.
Sing.	Sing.	Sing.			
ܡܬܓܠܐ	ܡܬܐܟܠ | ܡܬܬܟܠ	ܡܬܦܩܕ	m.		
ܡܬܓܠܝܐ	ܡܬܐܟܠܐ | ܡܬܬܟܠܐ	ܡܬܦܩܕܐ	f.		
Plur.	Plur.	Plur.			
ܡܬܓܠܝܢ	ܝܢ | ܝܢ	ܡܬܦܩܕܝܢ	m.		
ܡܬܓܠܝܢ	ܢ | ܢ	ܡܬܦܩܕܢ	f.		

Tab. V.

ל

			Verb. perfect.	פ"א	ל"א
			Sing.	Sing.	Sing.
Præter	3.	m.	ܐܩܛܠ	ܐܘܟܠ	ܐܓܠܝ
		f.	ܐܩܛܠܬ	ܐܘܟܠܬ	ܐܓܠܝܬ
	2.	m.	ܐܩܛܠܬ	ܐܘܟܠܬ	ܐܓܠܝܬ
		f.	ܐܩܛܠܬܝ	ܐܘܟܠܬܝ	ܐܓܠܝܬܝ
	1.	c.	ܐܩܛܠܬ	ܐܘܟܠܬ	ܐܓܠܝܬ
			Plur.	Plur.	Plur.
	3.	m.	—	. . .	ܐܓܠܝܘ
Participia			Plur.	Plur.	Plur.
		m.	ܡܩܛܠܝܢ	ܡܘܟܠܝܢ	ܡܓܠܝܢ
		f.	ܡܩܛܠܢ	ܡܘܟܠܢ	ܡܓܠܝܢ
			Passivum.	Passivum.	Passivum.
			Sing.	Sing.	Sing.
		m.	ܡܩܛܠ	ܡܘܟܠ	ܡܓܠܐ
		f.	ܡܩܛܠܐ	ܡܘܟܠܐ	ܡܓܠܝܐ
			Plur.	Plur.	Plur.
		m.	ܡܩܛܠܝܢ	ܡܘܟܠܝܢ	ܡܓܠܝܢ
		f.	ܡܩܛܠܢ	ܡܘܟܠܢ	ܡܓܠܝܢ

Tab. VI.

ל"א	פ"א	Verb. perfect.		
Sing.	Sing.	Sing.		Præteriti
ܐܬܬܓܠܝ	ܐܬܬܘܟܠ	ܐܬܬܩܛܠ	m. 3.	
ܐܬܬܓܠܝܬ	ܐܬܬܘܟܠܬ	ܐܬܬܩܛܠܬ	f. 3.	
ܐܬܬܓܠܝܬ	ܐܬܬܘܟܠܬ	ܐܬܬܩܛܠܬ	m. 2.	
ܐܬܬܓܠܝܬܝ	ܐܬܬܘܟܠܬܝ	ܐܬܬܩܛܠܬܝ	f. 2.	
ܐܬܬܓܠܝܬ	ܐܬܬܘܟܠܬ	ܐܬܬܩܛܠܬ	c. 1.	
Plur.	Plur.	Plur.		
ܐܬܬܓܠܝܘ	ܐܬܬܘܟܠܘ	ܐܬܬܩܛܠܘ	m. 3.	
Plur.	Plur.	Plur.		Participia
			m.	
			f.	
Passivum.	Passivum.	Passivum.		
Sing.	Sing.	Sing.		
ܡܬܬܓܠܐ	ܡܬܬܘܟܠ	ܡܬܬܩܛܠ	m.	
ܡܬܬܓܠܝܐ	ܡܬܬܘܟܠܐ	ܡܬܬܩܛܠܐ	f.	
Plur.	Plur.	Plur.		
ܡܬܬܓܠܝܢ	ܡܬܬܘܟܠܝܢ	ܡܬܬܩܛܠܝܢ	m.	
ܡܬܬܓܠܝܢ	ܡܬܬܘܟܠܢ	ܡܬܬܩܛܠܢ	f.	

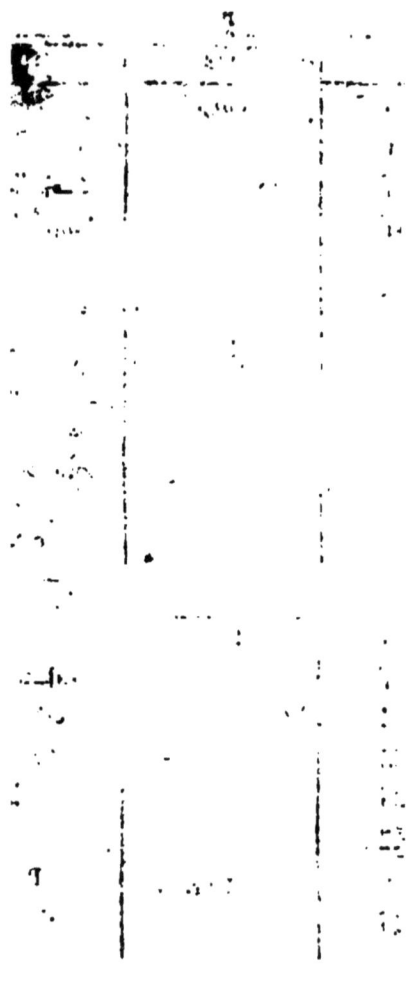

Tab. VII.

ל

ל'א	צ'א	Verb. perfect.		
Sing.	Sing.	Sing.	m. ⎫ 3.	
			f. ⎭	
			m. ⎫ 2.	
			f. ⎭	
			c. 1.	Praeterí
Plur.	Plur.	Plur.	f. ⎦	
Plur.	Plur.	Plur.	m. ⎫	
			f. ⎭	Participia
Passivum.	Passivum.	Passivum.		
Sing.	Sing.	Sing.	m. ⎫	
			f. ⎭	
Plur.	Plur.	Plur.	m. ⎫	
			f.	

Tab. VIII.

ל א	ב א	Verb. perfect.		
Sing.	Sing.	Sing.	m.	3.
اهلحأ	اهلةمأ	اهلطمأ	f.	
			m.	2.
			f.	
			c.	1.
Plur.	Plur.	Plur.	m.	

Præter.

Plur.	Plur.	Plur.	f.	
			m.	
			f.	
Paſſivum.	Paſſivum.	Paſſivum.	m.	
Sing.	Sing.	Sing.	f.	
ةمهحأ	اهلةمة	اهلةمة	m.	
Plur.	Plur.	Plur.	f.	
			m.	
			f.	

Participia.

Paradigmen

der

Suffixen

SUFFIXA

I. Nominum.

A. Mascul.

2) Masc. Plur. num.		1) Masc. Sing. num. (et fem. sing. et plur.)	
ܡܠܟܬܐ		ܡܠܟܐ	
Sing.		**Sing.**	
ܡܠܟܬܝ meine ℟℟. c.	ܝ	ܡܠܟܝ mein ℟. c.	ܝ
ܡܠܟܬܟ deine ℟℟. m.	ܟ	ܡܠܟܟ dein ℟. m.	ܟ
ܡܠܟܬܟܝ deine ℟℟. f.	ܟܝ	ܡܠܟܟܝ dein ℟. f.	ܟܝ
ܡܠܟܬܗ feine ℟℟. m.	ܗ	ܡܠܟܗ fein ℟. m.	ܗ
ܡܠܟܬܗ ihre ℟℟. f.	ܗ	ܡܠܟܗ ihr ℟. f.	ܗ
Plur.		**Plur.**	
ܡܠܟܬܢ unfre ℟℟. c.	ܢ	ܡܠܟܢ unfer ℟. c.	ܢ
ܡܠܟܬܟܘܢ eure ℟℟. m.	ܟܘܢ	ܡܠܟܟܘܢ euer ℟. m.	ܟܘܢ
ܡܠܟܬܟܝܢ eure ℟℟. f.	ܟܝܢ	ܡܠܟܟܝܢ euer ℟. f.	ܟܝܢ
ܡܠܟܬܗܘܢ ihre ℟℟. m.	ܗܘܢ	ܡܠܟܗܘܢ ihr ℟. m.	ܗܘܢ
ܡܠܟܬܗܝܢ ihre ℟℟. f.	ܗܝܢ	ܡܠܟܗܝܢ ihr ℟. f.	ܗܝܢ

NB. Das hiervon Abweichende in einigen Wörtern, z. B. ܐܒ E. ܐܒܗ̈
ܐܒܗܬܐ E. ܐܒܗܬܐ und ܐܒܗ̈ܝ; ingleichen ܐܢܬ. ܐܢ̈ܫ.
ܢܫܐ und ܐܢܬܬܐ f. Gramm. §. 142.

SUFFIXA

I. NOMINUM.

B. Feminin.

(NB. In beiden Numeris werden die Suffixa wie den Masculinis Sing. num. angehängt.)

2) Fem. Plur. num.			1) Femin. Sing. num.		
ܫܪܒܢ E. ܫܪ̈ܒܬܐ			ܫܪܒܐ E. ܫܪܒܬܐ		
Sing.			Sing.		
ܫܪ̈ܒܬܝ	meine G.	c.	ܫܪܒܬܝ	mein Geschlecht.	
ܫܪ̈ܒܬܟ	deine G.	m.	ܫܪܒܬܟ	dein G.	m.
ܫܪ̈ܒܬܟܝ	deine G.	f.	ܫܪܒܬܟܝ	dein G.	f.
ܫܪ̈ܒܬܗ	seine G.	m.	ܫܪܒܬܗ	sein G.	m.
ܫܪ̈ܒܬܗ̇	ihre G.	f.	ܫܪܒܬܗ̇	ihr G.	f.
Plur.			Plur.		
ܫܪ̈ܒܬܢ	unsre G.	c.	ܫܪܒܬܢ	unser G.	c.
ܫܪ̈ܒܬܟܘܢ	eure G.	m.	ܫܪܒܬܟܘܢ	eure G.	m.
ܫܪ̈ܒܬܟܝܢ	eure G.	f.	ܫܪܒܬܟܝܢ	euer G.	f.
ܫܪ̈ܒܬܗܘܢ	ihre G.	m.	ܫܪܒܬܗܘܢ	ihr G.	m.
ܫܪ̈ܒܬܗܝܢ	ihre G.	f.	ܫܪܒܬܗܝܢ	ihr G.	f.

NB. Das hiervon Abweichende in ܒܬܘܠܐ E. ܒܬܘܠܬܐ und in ܒܪܬܐ s. Gramm. §. 142.

SUFFIXA

II. VERBORUM.

A. Praeteritorum.

ל‍יא   a) 3. m. Sing.

Aph. et Pael	Peal.	Peal.	
ܐܰܟ݂ܬ݁ (ܐܰܟ݂ܬ݁)	ܐܰܠܝ	ܩܛܠܐ	
(*) ܐܟ݂ܠܟ݂	ܐܟ݂ܠܟ݂	ܩܛܠܟ݂	me.
ܐܟ݂ܠܟ݂	ܐܟ݂ܠܟ݂	ܩܛܠܟ݂	te.
ܐܟ݂ܠܟ݂	ܐܟ݂ܠܟ݂	ܩܛܠܟ݂	te. f.
ܐܟ݂ܗܘ	ܐܟ݂ܗܝ	ܩܛܠܗ	cum.
ܐܟ݂ܗ	ܐܟ݂ܠܗ	ܩܛܠܗ	eam.
Plur.	Plur.	Plur.	
ܐܟ݂ܠܢ	ܐܟ݂ܠܢ	ܩܛܠܢ	nos.
(***) ܐܟ݂ܟ݂ܘܢ	ܐܟ݂ܟ݂ܘܢ	(*) ܩܛܠܟ݂ܘܢ	vos.
ܐܟ݂ܟ݂ܝܢ	ܐܟ݂ܟ݂ܝܢ	ܩܛܠܟ݂ܝܢ	vos. f.
ܐܟ݂ܠ ܐܢܘܢ	ܐܠܝ ܐܢܘܢ	ܩܛܠܐ ܐܢܘܢ	illos.
ܐܟ݂ܠ ܐܢܝܢ	ܐܠܝ ܐܢܝܢ	ܩܛܠܐ ܐܢܝܢ	illas.

*) Aber von ܩܛܠܐ — wird auch hier, mit Beibehaltung des (‘) gesagt ‍. B. ܢܣܛܠܟ݂ܘܢ ܢܣܛܠܟ݂ܝܢ.

**) ܦܨܝ liberauit me. Pf. 18, 18. Aphel: ܐܓܒܝ, Eligere fecit, nos.

***) ܐܢܣܒܟ݂ܘܢ Seruauit vos. Col. 2, 13.

SUFFIXA

II. VERBORUM.

A. Præteritorum.

b) 3. Sing. fem.

ל״א

Aph. Pael	Peal.	Peal.
ܐܓܠܝܬ ܓܠܝܬ	ܓܠܬ	ܩܛܠܬ
Sing.	Sing.	Sing.
**) ܓܠܝܬܢܝ	ܓܠܬܢܝ	ܩܛܠܬܢܝ
ܓܠܝܬܟ	ܓܠܬܟ	ܩܛܠܬܟ
ܓܠܝܬܟܝ	ܓܠܬܟܝ	ܩܛܠܬܟܝ
ܓܠܝܬܗ	ܓܠܬܗ	ܩܛܠܬܗ
ܓܠܝܬܗ	ܓܠܬܗ	ܩܛܠܬܗ
Plur.	Plur.	Plur.
ܓܠܝܬܢ	ܓܠܬܢ	ܩܛܠܬܢ
ܓܠܝܬܟܘܢ	ܓܠܬܟܘܢ	*) ܩܛܠܬܟܘܢ
ܓܠܝܬܟܝܢ	ܓܠܬܟܝܢ	ܩܛܠܬܟܝܢ
ܓܠܝܬ ܐܢܘܢ	ܓܠܬ ܐܢܘܢ	ܩܛܠܬ ܐܢܘܢ
ܓܠܝܬ ܐܢܝܢ	ܓܠܬ ܐܢܝܢ	ܩܛܠܬ ܐܢܝܢ

B

*) E. g. ܦܪܩܬܟܘܢ liberauit f. vos.

**) ܟܣܬܢܝ texit me. Ps. 44, 16. — Aph. ܐܟܣܝܬܢܝ

SUFFIXA
II. Verborum.
A. Præteritorum.

d) i. Sing. c.		c) 2. Sing.	
		fem.	masc.
ܣܟܠܬܢܝ	ܩܛܠܬܗ	ܩܛܠܬܝܗܝ	ܩܛܠܗ
Sing.	Sing.	Sing.	Sing.
ܣܟܠܬܢܝ (***)	ܩܛܠܬܢܝ (***)	ܩܛܠܬܝܢܝ	ܩܛܠܬܝܢܝ (*)
ܣܟܠܬܗ	ܩܛܠܬܗ	(ܩܛܠܬܝܗ)	ܩܛܠܬܗ
ܣܟܠܬܗ	ܩܛܠܬܗ	ܩܛܠܬܝܗ	(ܩܛܠܬܗ)
ܣܟܠܬܗ	ܩܛܠܬܗ	ܩܛܠܬܝܗܘܢ	ܩܛܠܬܝܗܘܢ (**)
ܣܟܠܬܗ	ܩܛܠܬܗ	ܩܛܠܬܝܢ	ܩܛܠܬܗ
Plur.	Plur.	Plur.	Plur.
ܣܟܠܬܢ	(ܩܛܠܬܢ)	ܩܛܠܬܝܢ	ܩܛܠܬܢ
ܣܟܠܬܟܘܢ	ܩܛܠܬܟܘܢ	ܩܛܠܬܝܟܘܢ	ܩܛܠܬܟܘܢ
ܣܟܠܬܟܝܢ	ܩܛܠܬܟܝܢ	ܩܛܠܬܝܟܝܢ	ܩܛܠܬܟܝܢ
ܣܟܠܬ ܐܢܘܢ	ܩܛܠܬ ܐܢܘܢ	ܩܛܠܬܝ ܐܢܘܢ	ܩܛܠܬ ܐܢܘܢ
ܣܟܠܬ ܐܢܝܢ	ܩܛܠܬ ܐܢܝܢ	ܩܛܠܬܝ ܐܢܝܢ	ܩܛܠܬ ܐܢܝܢ

*) In Pael und Aphel aber mit dem gewöhnlichen (˙). z. B. ܒܰܪܟܬܳܢܝ benedixisti mihi.

**) Jos. 1, 10. ܦܩܕܬܐܢܘܢ cet.

***) In Pael und Aphel aber mit dem gewöhnlichen (˙) z. B. ܒܰܪܟܬܝܗܝ benedixi ei. 1. Mos. 17, 20. u. s. w.

SUFFIXA

II. VERBORUM.

A. Praeteritorum.

e) 3. Pl. masc.

(paragog.)

ܢܩܬܠ	ܩܬܠܝ	ܩܬܠܘܢ	ܩܬܠܘ
Sing.	Sing.	Sing.	Sing.
ܢܩܬܠܢܝ	**) ܩܬܠܘܢܝ	ܩܬܠܘܢܝ	ܩܬܠܘܢܝ
ܢܩܬܠܟ	ܩܬܠܘܟ	ܩܬܠܘܟ	ܩܬܠܘܟ
ܢܩܬܠܟܝ	ܩܬܠܘܟܝ	ܩܬܠܘܟܝ	ܩܬܠܘܟܝ
ܢܩܬܠܝܘܗܝ	***) ܩܬܠܘܗܝ	ܩܬܠܘܗܝ	*) ܩܬܠܘܗܝ
ܢܩܬܠܗ	ܩܬܠܘܗ	ܩܬܠܘܗ	ܩܬܠܘܗ
Plur.	Plur.	Plur.	Plur.
ܢܩܬܠܢ	****) ܩܬܠܢ	ܩܬܠܘܢ	ܩܬܠܘܢ
ܢܩܬܠܟܘܢ	ܩܬܠܘܟܘܢ	ܩܬܠܘܟܘܢ	ܩܬܠܘܟܘܢ
ܢܩܬܠܟܝܢ	ܩܬܠܘܟܝܢ	ܩܬܠܘܟܝܢ	ܩܬܠܘܟܝܢ
ܢܩܬܠ ܐܢܘܢ	ܩܬܠܝ ܐܢܘܢ	ܩܬܠܘ ܐܢܘܢ	ܩܬܠܘ ܐܢܘܢ
ܢܩܬܠ ܐܢܝܢ	ܩܬܠܝ ܐܢܝܢ	ܩܬܠܘ ܐܢܝܢ	ܩܬܠܘ ܐܢܝܢ

*) ܩܛܠܘܗܝ percufferunt eum. Luc. 20, 12. Apb. ܐܦܩܘܗܝ
ejecerunt eum, Luc. 20, 12.

**) Ober ܩܬܠܘܢܝ

***) Ober ܩܬܠܘܗܝ e. g. ܩܬܠܘܗܝ Devteronom. 34, 8.

****) Ober ܩܬܠܢ

SUFFIXA

II. VERBORUM.

A. Præteritorum.

f) 3. pl. fem.

parag.	simpl.	f. ܡܛܠ
ܡܛܠ	ܡܛܠ	(ܘ fällt weg.)
Sing.	Sing.	Sing.
ܡܛܠܢܝ	ܡܛܠܢܝ	ܡܛܠܢ *)
ܡܛܠܟܘ	ܡܛܠܟܘ	ܡܛܠܟ
ܡܛܠܬܝ	ܡܛܠܬܝ	ܡܛܠܬܝ
ܡܛܠܝܘܗܝ	ܡܛܠܝܘܗܝ	ܡܛܠܝܘܗܝ
ܡܛܠܗ	ܡܛܠܗ	ܡܛܠܗ
Plur.	Plur.	Plur.
ܡܛܠܢ	ܡܛܠܢ	ܡܛܠ **)
ܡܛܠܟܘܢ	ܡܛܠܟܘܢ	
ܡܛܠܬܝܢ	ܡܛܠܬܝܢ	cet.

*) ܟܬܒܢܝ Pf. 119. 7 Hingegen in den Verbis ל״א bleibt das ܘ. ܪܕܘܢܝ castigarunt me. Pf. 16, 8.

**) Aph. ܐܬܕܡܪܘܢ obstupefecerunt nos. Luc. 24, 22.

SUFFIXA

II. VERBORUM.

A. Praeteritorum.

h) 1. pl. comm.	g) 2. pl. masc.
ܡܩܛܠ	ܡܩܛܠܟܘܢ
Sing.	Sing.
ܡܩܛܠܢܝ	ܡܩܛܠܬܘܢܝ
ܡܩܛܠܘܟܝ	ܡܩܛܠܬܘܢ
ܡܩܛܠܢܝܗܝ	ܡܩܛܠܬܘܢܝܗܝ
ܡܩܛܠܢܝܗܘܢ (**)	ܡܩܛܠܬܘܢܗ
ܡܩܛܠܢܝܗ	ܡܩܛܠܬܘܢܗ
Plur.	Plur.
ܡܩܛܠܢ	ܡܩܛܠܬܘܢ
ܡܩܛܠܢܚܢ	cet.
ܡܩܛܠܢܬܢ	Eben so die weibliche Person.
ܡܩܛܠܝ ܐܢܘܢ	(ܡܩܛܠܝܢ)
ܡ— ܐܢܝܢ	z. B.
	ܡܩܛܠܬܝܢܢ (*)
	cet.

C

*) Oder ohne ܝ nach dem L. 3. B. 2. Mof. 2, 20. ܡܩܛܠܬܘܢܝ
reliquiftis eum.

**) ܐܢܚܢܝܗܝ prehendiffemus eum. Ap. Gefch. 24, 6.

S. U. F. F I X A.

II. VERBORUM.

B. Infinitivorum.

Pael und alle übrige Conj.	Peal.	Peal.
ܡܦܩܕܘ		
(NB. o̅ m Lo̅)	ܩܛܠܝ	ܩܛܠܐ
Sing.	Sing.	Sing.
ܡܦܩܕܠܟ	ܩܛܠܝܟ	ܩܛܠܟ
ܡܦܩܕܠܟܝ	ܩܛܠܝܟܝ	ܩܛܠܟܝ
ܡܦܩܕܠܗ	ܩܛܠܝܗ	ܩܛܠܗ
ܡܦܩܕܠܗ	ܩܛܠܝܗ	ܩܛܠܗ
ܡܦܩܕܠܗ	ܩܛܠܝܗ	ܩܛܠܗ
Plur.	Plur.	Plur.
ܡܦܩܕܠܢ	ܩܛܠܝܢ	ܩܛܠܢ
ܡܦܩܕܠܟܘܢ	ܩܛܠܝܟܘܢ	ܩܛܠܟܘܢ
ܡܦܩܕܠܟܝܢ	ܩܛܠܝܟܝܢ	ܩܛܠܟܝܢ
ܡܦܩܕܠܗ ܐܢܘܢ	ܩܛܠܝ ܐܢܘܢ	ܩܛܠܐ ܐܢܘܢ
—— ܐܢܝܢ	—— ܐܢܝܢ	—— ܐܢܝܢ

SUFFIXA

II. Verborum.

C. Futurorum.

2. et 3. m. Pl.	1. S. et Pl. 2. m. S. et 3. m. et f. S.	
ܠܩܛܠܟ ܢܩܛܠܟ	ܐܝܠܝ	ܐܩܛܠܢ
Sing.	**Sing.**	**Sing.**
ܠܩܛܠܘܢܝ	ܐܝܠܟܝ	ܐܩܛܠܟ *)
ܠܩܛܠܟܪ	ܐܝܠܟܪ	ܐܩܛܠܟ
ܠܩܛܠܘܢܟ	ܐܝܠܟܬ	ܐܩܛܠܟ
ܠܩܛܠܘܢܝܗܝ	ܐܝܠܟܝܘܗܝ	ܐܩܛܠܝܘܗܝ **)
ܠܩܛܠܘܢܗ	ܐܝܠܟܗ	ܐܩܛܠܗ
Plur.	**Plur.**	**Plur.**
ܠܩܛܠܘܢܝ	ܐܝܠܟܝ	ܐܩܛܠܝ ***)
ܠܩܛܠܘܢܟܘܢ	ܐܝܠܟܟܘܢ	ܐܩܛܠܟܘܢ
ܠܩܛܠܘܢܟܝܢ	ܐܝܠܟܟܝܢ	ܐܩܛܠܟܝܢ
ܠܩܛܠܘܢ ܐܢܘܢ	ܐܝܠܟ ܐܢܘܢ	ܐܩܛܠ ܐܢܘܢ
ܐܢܝܢ	ܐܢܝܢ	ܐܢܝܢ

*) Eine Seltenheit ists, wenn ــ eingerufen wird, wie Pf. 18, 36. ـــــــــــ für ــــــــــ. **) Seltner ـــــــ Matth. 14, 29. K. 26, 16. oder ܘܗܝ wie Matth. 18, 13. ***) Sehr selten ــ Luc. 11. 4. NB. 1. Die dritte weibliche Person (ܬܩܛܠ) ver- liehrt vor den Suffixen das ܠ aform. Z. B. Pael ܬܥܕܪܢܝ macht ܬܥܕܪܝܢܝ iuuabit me. Pf. 119, 173. NB. 2. Von der 2. f. Sing. ܬܩܛܠܝ kommen keine Beispiele mit Suffixen vor. NB. 3. Von der 2. u. 3. fem. pl. führt Hr. R. Michaelis an: ܢܫܪܪܘܢ stabilient

SUFFIXA

II. VERBORUM.

D. Imperativorum.

a) 2. masc. Sing.

Aph.	Pael.	Peal.	Peal.
ܐ	ܐ	ܐ	ܐ
Sing.		Sing.	Sing.
ܐ		ܐ	ܐ
—		—	—
ܐ		ܐ	ܐ
ܐ		ܐ	ܐ
Plur.		Plur.	Plur.
ܐ		ܐ	ܐ
—		—	—
ܐ ܐ		ܐ ܐ	ܐ ܐ
ܐ		ܐ	ܐ

*) Auch ܐ ܐ ptae eam. 2. Mof. 30, 18.

SUFFIXA

II. VERBORUM.

D. Imperativorum.

b) 2. fem. Sing.

Verb. ל״א	Verb. perf.
ܓܠܝ	ܩܛܘܠܝ
Sing.	Sing.
ܓܠܝܢܝ ,ܓܠܝܝܢܝ parag.	ܩܛܘܠܝܢܝ
———	———
———	———
ܓܠܝܗܝ	ܩܛܘܠܝܗܝ *)
ܓܠܝܗ	ܩܛܘܠܝܗ
Plur.	Plur.
ܓܠܝܢ ,ܓܠܝܝܢ	ܩܛܘܠܝܢ
———	———
———	———
ܓܠܝ ܐܢܘܢ	ܩܛܘܠ ܐܢܘܢ
— ܐܢܝܢ	— ܐܢܝܢ

D

*) ܫܡܥܝܗܝ audi (f.) eum.

SUFFIXA
VERBORUM.
D. Imperativorum.

3. fem. Plur.		c.) 2. masc. Plural.	
Pael.	Peal.	Verb. ܠܐ	Verb. perf.
ܩܛܠܟ	ܩܛܠܟܝ	ܩܛܠܘ	ܩܛܠܘ
Sing.	Sing.	Sing.	Sing.
{ ܩܛܠܢ / ܩܛܠܢܢܝ	ܩܛܠܢܝ	ܩܛܠܘܢܝ	ܩܛܠܘܢܝ
{ (** ܩܛܠܝܗܝ / ܩܛܠܢܝܗܝ	—	—	—
{ ܩܛܠܗ / ܩܛܠܢܗ	ܩܛܠܝܗܘܢ *)	ܩܛܠܘܗܝ	ܩܛܠܘܗܝ
Plur.	Plur.	ܩܛܠܘܗ	ܩܛܠܘܗ
{ ܩܛܠܟ / ܩܛܠܟܢ	—	Plur.	Plur.
—	—	ܩܛܠܘܢ	ܩܛܠܘܢ
—	ܩܛܠܟܝ ܐܢܘܢ / —	ܩܛܠܘ ܐܢܘܢ / —	ܩܛܠܐ ܐܢܘܢ / —
—	ܐܢܝܢ	ܐܢܝܢ	ܐܢܝܢ

*) ܩܛܠܝܗܝ von dem Verbo ܠܐ ܩܒܝ 2. Mof. 2, 20. **) ܩܛܢܝܗܝ laudate eum (ff) Pf. 11, 7. NB. In ܠܐ wo nur die forma parag. vor, kommt, werden die Suffixe, wie im Præterit. (ܩܛܠܟܘܢ) angenommen. 3. B. Pael ܩܛܠܝܢ tegite nos. Luc. 23, 30.

E. Particip. wie (Nomina)

3. B. ܪܚܡܢܝ diligens me. Jef. 41, 8. ܪܚܡܟ diligens te. 2. Chr. 20, 7. ܝܕܥܘܗܝ noscentes eum. Und von ܠܐ 4. B. ܣܢܝܢܝ odio habentes me.

S U F. F I X A

III. PARTICULARUM.

ܠܘܩܒܠ	ܠܘܬ	ܒܬܪ *)	ܒ
contra.	ad.	poſt.	in.
Sing.	Sing.	Sing.	Sing.
ܠܘܩܒܠܝ	ܠܘܬܝ	ܒܬܪܝ	ܒܝ
ܠܘܩܒܠܟ	ܠܘܬܟ	ܒܬܪܟ	ܒܟ
ܠܘܩܒܠܟܝ	ܠܘܬܟܝ	ܒܬܪܟܝ	ܒܟܝ
ܠܘܩܒܠܗ	ܠܘܬܗ	ܒܬܪܗ	ܒܗ
ܠܘܩܒܠܗ	ܠܘܬܗ	ܒܬܪܗ	ܒܗ
Plur.	Plur.	Plur.	Plur.
ܠܘܩܒܠܢ	ܠܘܬܢ	ܒܬܪܢ	ܒܢ
ܠܘܩܒܠܟܘܢ	ܠܘܬܟܘܢ	ܒܬܪܟܘܢ	ܒܟܘܢ
ܠܘܩܒܠܟܝܢ	ܠܘܬܟܝܢ	ܒܬܪܟܝܢ	ܒܟܝܢ
ܠܘܩܒܠܗܘܢ	ܠܘܬܗܘܢ	ܒܬܪܗܘܢ	ܒܗܘܢ
ܠܘܩܒܠܗܝܢ	ܠܘܬܗܝܢ	ܒܬܪܗܝܢ	ܒܗܝܢ

*) Eben so ܒܬܪܝ poſt J. B, ܒܬܪܝ poſt k. cet,

S U F F I X A

III. PARTICULARUM.

Pl. fem.	Pl. masc.	Pluralia fem.	Pluralia masculina		
		ܐܝܟ inter	propter.	est.	ante.	super.
		Sing.	Sing.	Sing.	Sing.
		Plur.	Plur.	Plur.	Plur.

*) Eben so ܟܠ non est.

Ende.

Plural	
Emphat.	Conſtru

SUFFIXA

II. VERBORUM.

A. Præteritorum.

f) 3. pl. fem.

parag.	simpl.	
ܡܠܬ݂ܝ	ܡܠܬ݂	ܡܛܠܬ݂ ܂ f. ܢܝ
		(ܢܝ fällt weg.)
Sing.	Sing.	Sing.
ܡܠܬܝܢܝ	ܡܠܬܝܢܝ	ܡܛܠܬܝܢܝ [*)
ܡܠܬܝܟ	ܡܠܬܝܟ	ܡܛܠܬܝܟ
ܡܠܬܝܟܝ	ܡܠܬܝܟܝ	ܡܛܠܬܝܟܝ
ܡܠܬܝܗܘ	ܡܠܬܝܗܘ	ܡܛܠܬܝܗܘ
ܡܠܬܝܗ	ܡܠܬܝܗ	ܡܛܠܬܝܗ
Plur.	Plur.	Plur.
ܡܠܬܝܢ	ܡܠܬܝܢ	ܡܛܠܬܝܢ **)
ܡܠܬܝܟܘܢ	ܡܠܬܝܟܘܢ	
ܡܠܬܝܟܝܢ	ܡܠܬܝܟܝܢ	cet.

*) ܙܪܒܘܢܝ ܂ ܚܨܦ݂ܢܝ Pf. 119. 7 Hingegen in den Verbis N²ⁿ bleibt das ܢ . castigarunt me. Pf. 16, 8.

**) Aph. ܐܬܡܗܢ obstupefecerunt nos. Luc. 24, 22.

SUFFIXA

II. VERBORUM.

A. Praeteritorum.

h) 1. pl. comm.	g) 2. pl. masc.
ܡܛܠܝ	ܡܛܠܟܘܢ
Sing.	Sing.
ܡܛܠܢܝ	ܡܛܠܬܘܢܝ
ܡܛܠܢܟ	ܡܛܠܬܘܢܟ
ܡܛܠܢܟܝ	ܡܛܠܬܘܢܟܝ
(**) ܡܛܠܢܝܗܝ	ܡܛܠܬܘܢܝܗܝ
ܡܛܠܢܗ	ܡܛܠܬܘܢܗ
Plur.	Plur.
ܡܛܠܢ	ܡܛܠܬܘܢ
ܡܛܠܢܟܘܢ	cet.
ܡܛܠܢܟܝܢ	Eben so die weibliche Person.
ܡܛܠܝ ܐܢܘܢ	(ܡܛܠܝܢ)
ܐܢܝܢ	z. B.
	(*) ܡܛܠܟܝܢ
	cet.

C

*) Oder ohne ـ nach dem L. 3. B. 2. Mof. 2, 20. ܡܛܠܬܘܢܝ reliquiſtis eum.

**) ܐܢܡܢܟܘܢ prehendiſſemus eum. Ap. Geſch. 24, 6.

S U F F I X A.

II. V E R B O R U M.

B. Infinitivorum.

Pael und alle übrige Conj, ܡܩܛܠܗ (NB. ○ in ܠܘ)	Peal. ܩܛܠܐ	Peal. ܩܛܠܐ
Sing.	Sing.	Sing.
ܡܩܛܠܟ	ܩܛܠܟ	ܩܛܠܟ
ܡܩܛܠܟܝ	ܩܛܠܟܝ	ܩܛܠܟܝ
ܡܩܛܠܬܗ	ܩܛܠܗ	ܩܛܠܗ
ܡܩܛܠܗ	ܩܛܠܗ	ܩܛܠܗ
ܡܩܛܠܗ	ܩܛܠܗ	ܩܛܠܗ
Plur.	Plur.	Plur.
ܡܩܛܠܟ	ܩܛܠܢ	ܩܛܠܢ
ܡܩܛܠܟܘܢ	ܩܛܠܟܘܢ	ܩܛܠܟܘܢ
ܡܩܛܠܟܝܢ	ܩܛܠܟܝܢ	ܩܛܠܟܝܢ
ܡܩܛܠܗ ܐܢܘܢ	ܩܛܠܐ ܐܢܘܢ	ܩܛܠܐ ܐܢܘܢ
ܐܢܝܢ	ܐܢܝܢ	ܐܢܝܢ

SUFFIXA

II. VERBORUM.

C. Futurorum.

2. et 3. m. Pl.	1. S. et Pl. 2. m. S. et 3. m. et f. S.	
ܠܩܛܠܟܘܢ ܢܩܛܠܟ	ܐܝܠ	ܐܩܛܠܗ
Sing.	Sing.	Sing.
ܠܩܛܠܢܝ	ܐܝܠܛܢܝ	ܐܩܛܠܟ *)
ܠܩܛܠܟܘ	ܐܝܠܛܢܘ	ܐܩܛܠܟܘ
ܠܩܛܠܢܗܝ	ܐܝܠܛܢܗܝ	ܐܩܛܠܗ
ܠܩܛܠܗܝܘܢ	ܐܝܠܛܢܝܘܢ	ܐܩܛܠܝܘܗܝ **)
ܠܩܛܠܗ	ܐܝܠܛܢܗ	ܐܩܛܠܗ
Plur.	Plur.	Plur.
ܠܩܛܠܢ	ܐܝܠܛܢ	ܐܩܛܠܝ ***)
ܠܩܛܠܟܘܢ	ܐܝܠܛܢܟܘܢ	ܐܩܛܠܟܘܢ
ܠܩܛܠܟܝܢ	ܐܝܠܛܢܟܝܢ	ܐܩܛܠܟܝܢ
ܠܩܛܠ ܐܢܝ	ܐܝܠܛܢ ܐܢܝ	ܐܩܛܠܝ ܐܢܝ
ܐܢܝ	ܐܢܝ	ܐܢܝ

*) Eine Seltenheit ist's, wenn ܝ eingerukt wird, wie Pf. 18, 36. ܢܩܛܠܘ܉ܝ für ܢܩܛܠܘ. **) Seltner ܝܗܘܝ Matth.

10, 29. K. 26, 16. oder ܘܗܝ wie Matth. 18, 13. ***) Sehr selten ܢܝ Luc. 11. 4. NB. 1. Die dritte weibliche Person (ܠܩܛܠܬ) verliehrt vor den Suffixen das ܝ aform. Z. B. Pael ܬܟܠܝܢ macht ܬܟܠܝܢܝ iuuabit me. Pf. 119, 173. NB. 2. Von der 2. f. Sing. ܠܩܛܠܟܝ kommen keine Beispiele mit Suffixen vor. NB. 3. Von der 2. u. 3. fem. pl. führt Hr. R. Michaelis an: ܢܣܡܟܝܗܝ stabilient

SUFFIXA

II. Verborum.

D. Imperativorum.

a) 2. masc. Sing.

Aph. Pael.	Peal.	Peal.
ܐܰܓܠܳܐ . ܓܰܠܳܐ	ܓܠܝ	ܩܛܘܠ
Sing.	Sing.	Sing.
ܓܰܠܝܢܝ	ܓܠܝܢܝ	ܩܛܘܠܝܢܝ
—	—	—
—	—	—
ܓܰܠܝܗܝ	ܓܠܝܘܗܝ	ܩܛܘܠܝܗܝ
ܓܰܠܝܗ	ܓܠܝܗ	*) ܩܛܘܠܝܗ
Plur.	Plur.	Plur.
ܓܰܠܢ	ܓܠܝܢ	ܩܛܘܠܢ
—	—	—
—	—	—
ܓܰܠܳܐ ܐܢܘܢ	ܓܠܝ ܐܢܘܢ	ܩܛܘܠ ܐܢܘܢ
— ܐܢܝܢ	— ܐܢܝܢ	— ܐܢܝܢ

*) Auch ohne ܝ ܩܛܘܠܗ pone eam, 2. Mos. 30, 18.

SUFFIXA
II. VERBORUM.
D. Imperativorum.

b) 2. fem. Sing.

Verb. ܠܝܐ	Verb. perf.
ܟܬܒܝ	ܡܩܬܠܝ
Sing.	Sing.
parag. ܟܬܒܝܢ, ܟܬܒܬܝ	ܡܩܬܠܝܢ
ܟܬܒܝܗܘܢ	ܡܩܬܠܝܗܘܢ *)
ܟܬܒܝܗ	ܡܩܬܠܝܗ
Plur.	Plur.
ܟܬܒܝܢܢ, ܟܬܒܝܢ	ܡܩܬܠܝܢ
ܟܬܒܝ ܐܢܘܢ	ܡܩܛܠܐ ܐܢܘܢ
ܐܢܝܢ	ܐܢܝܢ

D

*) ܡܩܬܠܝܗܘ audi (£) eum.

S U F F I X A
Verborum.
D. Imperativorum.

3. fem. Plur.		c.) 2. maſc. Plural.	
Pael.	Peal.	Verb. ܠܐ	Verb. perf.
ܩܛܠ	ܩܛܘܠ	ܠܘܢ	ܩܛܠܘ
Sing.	Sing.	Sing.	Sing.
(ܩܛܠܢ / ܩܛܠܢܢ	ܩܛܠܢܢ	ܢܘܠ	ܩܛܠܢ
(ܩܛܠܝܘܢ / ܩܛܠܝܢܘܢ	—	—	—
(ܩܛܠܗ / ܩܛܠܢܗ	ܩܛܠܘܗܝ *)	ܝܘܠ	ܩܛܠܘܗܝ
		ܗܘܠ	ܩܛܠܗ
Plur.	Plur.	Plur.	Plur.
(ܐܩܛܠ / ܩܛܠܢ	—	ܘܠ	ܩܛܠܘ
—	—	—	—
—	ܩܛܠܢ ܐܢܘܢ	ܠܘ ܐܢܘܢ	ܩܛܠܐ ܐܢܘܢ
—	ܐܢܝܢ —	ܐܢܝܢ —	ܐܢܝܢ —

*) ܩܛܠܘܗܝ von dem Verbo ܠܐ ܩܡ 2. Moſ. 2, 20. **) ܩܛܠܘܗܝ
laudate eum (ff) Pſ. 11, 7. NB. In ܠܐ wo nur die forma parag. vor,
kommt, werden die Suffixe, wie im Præterit. (ܩܛܠܘܢܝ) angenommen.
3. B. Pael ܩܛܠܢ tegite nos. Luc. 23, 30.

E. Particip. wie (Nomina)

3. B. ܪܚܡܢܝ diligens me. Jeſ. 41, 8. ܪܚܡܟ diligens te. 2. Chr. 20, 7.
ܝܕܥܘܗܝ noſcentes eum. Und von ܠܐ i. B. ܣܢܐܝܢܝ odio habentes me.

S U F F I X A

III. Particularum.

ܠܩܘܒܠܐ	ܠܘܬ	*) ܒܬܪ	ܒ
contra.	ad.	poſt.	in.
Sing.	Sing.	Sing.	Sing.
ܠܩܘܒܠܝ	ܠܘܬܝ	ܒܬܪܝ	ܒܝ
ܠܩܘܒܠܟ	ܠܘܬܟ	ܒܬܪܟ	ܒܟ
ܠܩܘܒܠܟܝ	ܠܘܬܟܝ	ܒܬܪܟܝ	ܒܟܝ
ܠܩܘܒܠܗ	ܠܘܬܗ	ܒܬܪܗ	ܒܗ
ܠܩܘܒܠܗ	ܠܘܬܗ	ܒܬܪܗ	ܒܗ
Plur.	Plur.	Plur.	Plur.
ܠܩܘܒܠܢ	ܠܘܬܢ	ܒܬܪܢ	ܒܢ
ܠܩܘܒܠܟܘܢ	ܠܘܬܟܘܢ	ܒܬܪܟܘܢ	ܒܟܘܢ
ܠܩܘܒܠܟܝܢ	ܠܘܬܟܝܢ	ܒܬܪܟܝܢ	ܒܟܝܢ
ܠܩܘܒܠܗܘܢ	ܠܘܬܗܘܢ	ܒܬܪܗܘܢ	ܒܗܘܢ
ܠܩܘܒܠܗܝܢ	ܠܘܬܗܝܢ	ܒܬܪܗܝܢ	ܒܗܝܢ

*) Eben ſo ܒܬܪ poſt p. B. ܒܬܪ poſt te, cet,

SUFFIXA

III. Particularum.

	inter	Pluralia fem.		Pluralia masculina.	
Pl. fem.	Pl. masc.	propter.	est.	ante.	super.
		Sing.	Sing.	Sing.	Sing.
		Plur.	Plur.	Plur.	Plur.

(German marginal notes, vertical:) Geht wie ... oder wie die Nomina femin. plur. — Geht wie أَبَا.

*) Eben so ܐܦ non est.

Ende.

	Plurali	
Emphat.		Conſtru

(Syriac text in columns — not legibly transcribable)

MASCULINA.

Singularia.

Emphat. ultima.	Absol. et Constr. (Monosyllab.) A.	

a) Ist für ܚܣܡܐ (§ 48 A.) wie
ܚܣܡ für ܚܣܡܐ welches nach eben diesem Paradigma geht. b) S. Gr. §.
51. Nr. 1.
Anmerk. Aber ܣܩ saccus bekommt
den mittelsten Stammbuchstaben im Plural. nicht wieder: ܣܩܐ Luc. 10, 13.

c) Statt ܐ‍ Gr. §. 39. II. 1.

d) Eben so ܐܕܢ . ܚܝܠ . ܚܣܪ (impe-
ritus) ܚܣܢ (fames) und die blos emphatisch vorkommenden Wörter: ܐܓܪܐ
(merces); ܐܢܟܐ (stannum) ܐܪܙܐ
(cedrus)

e) Für ܟܬܠܐ Gr. §. 13. Reg. III. Anmerk. 2. A. Eben so im Plural. Eben so
ܢܠܙ (vom obsoleten Stat. absolut. ܠܙܐ
Pl. ܠܙܝܢ und mit versetzten ܐ‍ܙܝܠܙ
1 Mos. 1, 11. Jes. 27, 1c. Hebr. ܢܨܠ

f) Eben so ܒܣܪ caro. ܓܡܠ latus. ܡܠܟ
consilium und die blos emphatisch vorkommenden Wörter: ܐܒܠܐ luctus.
ܐܓܡܐ stagnum. ܒܝܪ area. ܐܠܦܐ nauis. ܐܡܪܐ agnus. ܐܫܟܐ testiculus.

d) ܓ̣ܢ Eben ſo ܓ̣ܢ̣ܐ
hortulanus.
ܓ̣ܢ̣ܐ mendax.
ܕ̣ܝ̣ܢ judex. ܗ̇ܕ̣ܡ̣ܐ
membrum. ܚ̣ܝ̣ܒ̣
debitor. ܚ̣ܡ̣ܪ
ſtabilis. ܱ Jngl.
ܬ̇ܘܬ̣ܒ̣ܐ inquili-
nus. ܬ̇ܘܬ̣ܒ̣ܐ abun-
dantia. ܡܪܚܡ̣ܢ
miſerator.
ܡܫܠܡܢ̣ܐ prodi-
tor. ܩ̣ܕ̣ܡ̣ܐ pri-
mus.

e) ܐܣ̣ܪ cingulum.
ܢ̣ܩ̣ܕ̣ albus. ܚ̣ܟ̣
lingua. ܫ̣ܪ̣ܫ̣ ra-
dix. ܡ̣ܠ̣ܐ ver-
bum. ܓ̣ܠ̣ܝ̣ܢ̣ܐ
reuelatio. ܡ̣ܟ̣ܣ̣ accuſati

y) ܟܢ̣ܢ̣ܐ
ܘ̣ܐܣ̣ܬ̣ܐ
ܡ̣ܟ̣ܬ̣ܪ̣ܐ

ܬ̣ܗ̣ܦ̣ܬ̣ܐ

ܟ̣ܗ̣ܢ̣ܬ̣ܐ

ܚ̣ܘ̣ܪ̣ܢ̣ܐ

Eben ſo ܨ̣ܝ̣ܨ̣ܐ cymbalum. (ܨ̣ܢ̣ܡ̣ܐ)
pl. E. ܨ̣ܡ̣ thuribulum.
Eben ſo ܦ̣ܠ̣ܚ̣ operarius, miles.
ſcriba, cet.

für ܚ̣ܨ̣ (Form ܚ̣ܨ̣ܐ) Eben ſo
feſtuca. ܨ̣ܡ̣ fors.
ܚ̣ܒ̣ܢ̣ܐ fletus. ܐܠ̣ܠ̣ܐ ejula-
ܐ̣ܢ̣ܐ cogitatio. (von
u. f. w.)
Eben ſo ܚ̣ܢ̣ܐ dominus. ܪ̣ܒ̣
ago. Aber ܩ̣ܨ̣ nur in Singul.
Plur. iſts weiblich. S. unten.

MASCULINA.

Singularia.

Emphat.	Absol. et Const.
ܢܟ݂ܪܐ	q) ܢܟ݂
ܦ݁ܨܐ	r) ܡ݁ܨܐ
———	(ܡ݁ܨܐ)
ܬܝܡܢܐ	s) ܬܝܡܢܐ
	a. E.
ܪܚܝܩܐ	t) ܪܚܝܩ
	o. E.
ܣܬܝܪܐ	ܣܬܝܪ
ܪܥܝܐ	pascens ܪܥܐ
ܪܥܝܐ	pastor. ܪܥܐ
	u. E.
ܣܗܕܘܬܐ	ܣܗܕܘ
(Monosyll.)	I.
ܙܡܪܐ	w) ܙܡܪ

q) Für ܢܟ݂ܣ. Eben so: ܬܪܦ olus.
ܝܬܡܐ orphanus. ܝܪܚܐ (ܝܪܚ)
accruus. ܝܪܚܐ (ܝܪܚܐ) mensis.
(') wegen des Gutt. oder ܗ.

r) Eben so: ܓܒܝܐ electus. ܣܡܐ
cæcus, wie überhaupt die Participi-
en Peil und Ethpeel in den Verbis
ܠܗ. Nur ܓܠܐ manifestus macht
E. ܓܠܝܐ, ܟܣܐ tectus E. ܟܣܝܐ,
ܥܘܠ infans E. pl. ܥܘܠܬܐ gleichsam von ܥܘܠܕ.

s) Eben so ܣܓܝ genus.

t) Eben so ܓܠܝܬܐ retectio, wie überhaupt die Participien der Verbor.
ܠܗ in Pael, Apbel und deren Passiven. Hieher gehören auch die emphat. Wörter ܡܥܡܪܐ habitacu-
lum. ܡܫܬܝܐ potus. (Von ܐܫܬܝ
ܐܫܬܝ)

p) So auch ﺣﻨﻮ familiaris, ﺣﻨﺼﻪ opifex, ﺣﻨﻮﻩ iniquus, ﺣﻨﻮﻝ, ﺣﻨﺼﻰ ﺣﻨﻮﻝ: Eben so ﺣﻨﺺﻝ libellus, ﺣﻨﺼﻰ divitiae. .

) Ursprünglich ﺣﻨﺺ (עׁ) Also der Form ﺣﻨﺺ Gr. §. 131. Hauptanm. 7.

§. 132. Hauptanm. 1. Eben so: ﺣﻨﺼﻝ robur, ﺣﻨﺺ lignum ﺣﻨﺺ gla-dius.

) Wenn aber die Bedeutung fons ist, wird die Form (Pl. E.) ﺣﻨﺼﻝﻝ gebraucht.

' Eben so ﺣﻨﺺﻩ claudus, ﺣﻨﺼﻩ inanis; aber ﺣﻨﺺﻝ steht im plur. das Iud und Olaph in ein Iud zusammen, ﺣﻨﺼﻝ.

┌─── Nimmt am Ende ein] an, wenn das Wort wächst.

Eben so ﺣﺺ culex, ﺣﺼﻝ, ﺣﺺ. ﺣﺼﻝ q. ﺣﺺ dominus, ﺣﺼﻝ testu-

r) ﺣﺼﻝ. ﺣﺼﻝ. Statt des Pl. emph. aber kommt vor, ﺣﺼﻝ, als ein singularis collectivus.

Eben so: ﺣﺺﻝ brachium, ﺣﺼﻝ risus, ﺣﺺﻝ nubes, ﺣﺼﻝ foedus, ﺣﺼﻝ lucerna.

r) Gr. §. 48. A. Eben so ﺣﻨﻝ proven-tus. (Pl. E. ﺣﻨﺼﻝﻝ Sprchw. Gal. 8. 19.

ASCULINA.

Singularia.

Emphat.	Absol. et Const.
	o.O.
݊ܘ݊ܢ	f) ܢ݊ܘ݊
	. u.C
ܢ݊ܘ݊ܡ	g) ܢ݊ܘ݊
(Monosyll.)	U
ܐ݊ܩ݊	h) ܩ݊
ܐ݊ܩ݊	i) ܩ݊
ܐ݊ܩ݊ܐ	k) ܩ݊
ܐ݊ܩ݊ܐ	l) ܩ݊
ܣ݊ܩ݊ܡ݊	m) ܣ݊ܩ݊

f) ܐ݊ܡ݊ܐ Aramæus. Syrus. ܐ݊ܡ݊ܐ
ethnicus. ܐ݊ܢ݊ܟ݊ terreftris.
ܡ݊ܢ݊ܡ݊ unigena.

g) ܡ݊ܩ݊ܠ݊ diuifio. ܩ݊ܩ݊ܠ݊ (E.
ܩ݊ܩ݊) confolatio. Unb mit bem
format. ܐ݊ܘ݊ܠ݊ܐ adflictio.
ܩ݊ܩ݊ܠ݊ retributio. ܩ݊ܩ݊ܠ݊ obla-
tio. ܡ݊ܩ݊ܠ݊ܘ݊ dominium.
ܩ݊ܘ݊ܠ݊ iudæus. ____ 4 litt.
ܩ݊ܩ݊ܠ݊ volutatio. ܩ݊ܩ݊ܠ݊ܐ glo-
riatio. ܘ݊ܩ݊ܘ݊ܠ݊ notificatio.
ܩ݊ܘ݊ܠ݊ promiffio.

h) ܩ݊ܘ݊ amor. (R. ܩ݊ܩ݊)
ܩ݊ܘ݊ beatitudo. ܩ݊ piscis.

) C. Gr. §. 131. Hauptanmerf. VII.
§. 132. Hauptanmerf. J. Eben fo:
ܩ݊ܘ݊ ܣ fi..s. u, bie Emphatica.
ܐ݊ܘ݊ܠ݊ motus. ܩ݊ܩ݊ܠ݊ debitum.
ܩ݊ܘ݊ܠ݊ columba. ܩ݊ܩ݊ܘ݊ܠ݊ locus
excelfius.

k) ܩ݊ܘ݊ܠ݊ magus. ܩ݊ܘ݊ܠ݊ infernus. ܐ݊ܘ݊ܠ݊ terminus.

d) Auch ohne ܝ mi
der Mitte.

e) Nennwörter von
Verb. ܐ"ܠ. ܐܢܕ
collega. (Pl. E
ܚܒܪ̈ܐ (ܚܢܦܘܬܐ)
pollex. ܟܘܟܐ
holocauſtum.
ܟܠܐ increpa-
tio. E. ܟܐܠܐ
ܚܟܐ diſputa-
tio. Tit. 3, 9.
(Vollngl.) ܐܟܢܐ,
beſſer aber ܐܟܝܐ

En

l) Eben ſo: ܐܙܪܥ ſemen ܚܩܠ
pagus, ܠܙܘܢܐ faſcia, ܠܦܬܐ
ܝ fruſtum.

 l) Eben ſo : ܢܣܝܘܢ tentatio, ܣܕܘܢ
ſindon.

q) Gr. §. 44. B. Eben ſo: ܐܣܝܘܬܐ
ſocia. . ܚܫܚܘ uſus. ܛܡܐܐ im-
pura. ܛܡܐܬܐ (für ܛܡܐܬܐ) impu-
ra. ܣܒܪܬܐ evangelium. ܥܩܪܐ
ſterilis. ܬܒܥܬܐ vindicta. ܐܪܣܐ
(E. ܐܪܣܐ pl. ܐܪ̈ܣܝ) boch ܥܒܕܐ
macht auch häufig E. ܥܒܕܘܬܐ unb
ܐܒܕ̈ ܢ E. ܐܒܕܘܬܐ (§. 46. Reg. II. a.)
unb ܚܟܝܡܐ E. ܚܟܝܡܘܬܐ (S. I.
c.) Eben ſo ܝܕܥܬܐ cognitio.
(vom alten ܢܕܥ)

M I N I N A.

| | Singularia. | |
Emphat.	Conſtruct.	Abſolut.
ܐܙܢܠܐܐ	ܐܙܢܠܐ	s) ܐܙܢܠܐ
ܡܬܡܠܐ	ܡܬܡܠܐ	ܐܡܬܡܠܐ
ܢܐܘܬܐ	ܢܐܘܬ	ܢܐܘܬ
t.) ܡܟܬܠܐ	ܡܟܬܠܐ	u) ܡܟܬܠܐ
sf.) ܡܟܬܠܐ		
ben Part.		
: Pael u.		e.O.
ohel. f.u.)		
ܡܠܟܠܐ	ܡܠܟܠܐ	v) ܡܠܟܠ
ܢܕܘܬܐ	ܢܕܘܬ	ܢܕܘܬ
ܢܣܡܐ		ܢܣܡܐ
		ܢܣܡܐ

s) ܡܘܕܡܘܐ donum. ܡܣܡܟܐ cogitatio. (ܡܕܘܢܐ) für ܡܕܘܢܐ cuſtodia. ܡܬܢܨ honorata. ܡܣܡܢܟܐ fidelis. ܡܨܕܡ ornata. (E. ܡܨܕܟܠܐ) ܡܬܡܠܐ accepta.

t) ܢܣܡܐ gaudium. (E. ܢܣܡ ܡܘܐ für ܢܣܡ ܡܘܐ Gramm. §. 46. Reg. II. δ.

u) So in ben Verbis N⁻ʰ alle Particip. f. Peil und Ethpeel; und bie Particip. Päel u. Aphel, act. e.g. ܡܣܘܡܪ reiiciens. f. E. ܡܣܘܠܟܐ Aber NB. bie Participia Paſſiua nehmen (') ſtatt (') an. ܡܣܘܠܟܐ reiecta.

r) ſo auch: ‎ܙܡܘ̈.
ſimilitudo.

bfolut.

i. O.

O.

)

z) ſo auch: ‎ܚܪܨܐ
corrigia. E. ‎ܚܪܨܐ

a) ſo auch: ‎ܬܡܝܗܐ
miraculum. Emph.
‎ܬܡܝܗܬܐ

b) ſo: ‎ܒܥܬܐ ouum
‎ܬܪܝܨ rectum, ‎ܬܐܪܬܐ
conſcientia. Aber
‎ܟܘܬܝܢܐ tunica
macht im Plural.
‎ܟܘܬܝܢ̈ܝܬܐ ‎ܟܘܬܝ̈ܢܐ
‎ܟܘܬܝ̈ܢܝܬܐ.

c) ‎ܬܡܝܗ E. ‎ܬܡܝܗܬܐ.
Aber ‎ܐܝܣܘܬܐ macht
E. ‎ܐܝܣܬܐ alia.
Und ‎ܬܐܢܬܐ ficus macht
E. ‎ܬܐܢܬܐ oder ‎ܬܬܐ
Gr. §. 13. Reg. 6. u.
§. 48. B.

	Singularia		
Emphat.	Construct.	Absolut.	

f) ܫܥܬܐ hora.

o. O.

g) ܐܟܘܠ comedens, fem.

h) Aber ܟܣܝܐ E. ܟܣܝܬܐ (' ftatt ') auis. Ueberhaupt f. Gr. §. 46. Reg. II. und dann befonders u. β.

ܓܒܐ	ܓܕܐ	f) ܟܣܐ
ܟܠܝܠܐ	ܟܠܝܠ	g) ܟܠܝܠ
i) ܩܕܡܝܐ	ܩܕܡܐ	ܩܕܡ

u. O.

i) für ܩܕܡܝܐ. Gr. §. 46. Reg. II. γ) Eben fo ܙܢܝܐ fcortum. ܫܦܝܪ decens. ܨܕܝܐ defolata.

ܪܚܡܬܐ	ܪܚܡܬ	ܪܚܡ
ܒܬܘܠܬܐ	ܒܬܘܠܬ	k) ܒܬܘܠ
ܩܛܘܠܬܐ	ܩܛܘܠܬ	l) ܩܛܘܠ

bfolut.

I.

a.I.

Z oʒ

e.I.

o.I.

u.I.

Ū.

*) Wie von ‏ܠ‏

n) ‏ܡܠܟܕ‏ plenitu-
do. ‏ܡܚܕ‏ capti-
vitas.

o) So auch: ‏ܐܙܩܠܕ‏,
fundatio. ‏ܩܠܢܚܕ‏
grex.

p) ‏ܝܣܡܕ‏ behält auch
im ſtatu abſolu-
to ſein ‏ܠ‏.

q) So auch: ‏ܐܢܬ‏
angulus, ‏ܩܢܬ‏ iun-
ctura, ‏ܝܩܨܕ‏ cœ-
na, ‏ܩܢܝ‏ mar-
garita, ‏ܢܠܟܢܬ‏
umbra.

	Singularia.		
Emphat.	**Conſtruct.**	**Abſolut.**	
		a.U.	s) ‎ܡܚܠܐ delictum, ‎ܢܣܒܐ utilitas.
‎ܡܚܠܢܐ	‎ܡܚܠܢܐ	s) ‎ܡܚܠܢܐ	t) ‎ܢܐܪܐ libertas.
		e.U.	Aber ‎ܢܨܦܐ macht ‎ܢܨܦܢܐ
‎ܐܢܨܐ	‎ܐܢܨܐ	‎ܢܨܐ	u) ‎ܚܠܣܐ mili- tia.
		i.U.	
‎ܚܢܝܢܐ	‎ܚܢܝܢܐ	‎ܚܢܝܢܐ	v) Aber ‎ܣܗܪܘ macht
		o.U.	Pl. E. ‎ܣܗܪܬܐ
‎ܚܠܝܢܐ	‎ܚܠܝܢܐ	u ‎ܚܠܝܢܐ	w) ‎ܐܪܘ victoria,
‎ܚܣܬܐ	‎ܚܣܬܐ	v) ‎ܚܣܐ	‎ܢܣܐ taberna.
‎ܡܕܢܬܐ	‎ܡܕܢܐ	x) ‎ܡܕܢܐ	

bſolut.

ܐܟ

ܟܬ
ܟܬ

ܩܛܪ (°)

(ܟܠ)

ܙܩܝ

ܐܡܪ

(ܟܠ)

(ܢܫܐ)

ܐܟܠ

ܐܟܠܐ

ܐܘܟܠ

ܡܟܠ

°) über ܣܘܪ ſanguis, im Plural. pretium macht plural. Emphat. ܕܡܟܐ

°) Gram. §. 51. Nr. 8.

°°) Gramm. §. 51.

ܕܡܘܪ

Syriac	
ܠܟܬ݁ܝܢ	30
ܐܪܒܥܝܢ	40
ܚܡܫܝܢ	50
ܫܬܝܢ	60
ܫܒܥܝܢ	70
ܬܡܢܝܢ	80
ܬܫܥܝܢ	90
ܡܐܐ	100
ܡܐܬܝܢ	200
ܬܠܬܡܐܐ	300
ܐܪܒܥܡܐܐ	400
ܚܡܫܡܐܐ	500
ܫܬܡܐܐ	600
ܫܒܥܡܐܐ	700
ܬܡܢܝܡܐܐ	800
ܬܫܥܡܐܐ	900
ܐܠܦ	1000
ܬܪܝܢ ܐܠܦܝܢ	2000

u. f. w.

Und bei mehrfach zusammengesetzten Zahlen, (nach §. 134. Nr. 3.)
z. B. 595 muß heissen:
Engl. die
Zahl 1254:
40,500:
337,500.

Nomina Mensium.

	Month
ܩܕܝܡ	October.
ܐܚܪܝ	November.
simpl	December.
ܩܕܝܡ	
ܐܚܪܝ	Ianuarius.
	Februarius
	Martius
	Aprilis
	Majus
	Iunius.
	Iulius.
	Augustus.
	September.

Nomina Dierum hebdom.

		Day
D. ☉		Imus hebd.
D. ☽		IIdus hebd.
D. ♂		III. hebd.
D. ☿		IV. hebd.
D. ♃		V. hebd.
D. ♀		VI. vespera. (ante Sab- bathum.)
D. ♄		VII. Sabbath.

EXCERPTA

PENTATEUCHI SYRIACI

Gen. I. 1. 2. 3.

ܒܪܫܝܬ ܒܪܐ ܐܠܗܐ ܝܬ ܫܡܝܐ. ܘܝܬ ܐܪܥܐ. ܘܐܪܥܐ ܗܘܬ ܬܘܗ ܘܒܗ
ܘܚܫܘܟܐ ܥܠ ܐܦܝ ܬܗܘܡܐ. ܘܪܘܚܐ ܕܐܠܗܐ ܡܪܚܦܐ ܥܠ ܐܦܝ ܡܝܐ. ܘܐܡܪ
ܐܠܗܐ ܢܗܘܐ ܢܘܗܪܐ. ܘܗܘܐ ܢܘܗܪܐ.

v. 26. 27.

ܘܐܡܪ ܐܠܗܐ ܢܥܒܕ ܐܢܫܐ ܒܨܠܡܢ ܐܝܟ ܕܡܘܬܢ. ܘܢܫܠܛܘܢ ܒܢܘܢܝ
ܘܒܦܪܚܬܐ ܘܒܒܥܝܪܐ ܘܒܚܝܘܬܐ ܘܒܟܠܗ ܐܪܥܐ ܘܒܟܠܗ ܪܚܫܐ ܕܪܚܫ ܥܠ
ܐܪܥܐ. ܘܒܪܐ ܐܠܗܐ ܠܐܕܡ ܒܨܠܡܗ. ܒܨܠܡ ܐܠܗܐ ܒܪܝܗܝ ܕܟܪ ܘܢܩܒܐ
ܒܪܐ ܐܢܘܢ.

Gen. II. 1. 2. 3.

ܘܐܫܬܟܠܠܘ ܫܡܝܐ ܘܐܪܥܐ ܘܟܠܗ ܚܝܠܗܘܢ. ܘܫܠܡ ܐܠܗܐ ܒܝܘܡܐ
ܫܒܝܥܝܐ ܥܒܕܗ. ܘܐܬܬܢܝܚ ܒܝܘܡܐ ܫܒܝܥܝܐ ܡܢ ܟܠܗ ܥܒܕܗ ܕܥܒܕ.
ܘܒܪܟ ܐܠܗܐ ܠܝܘܡܐ ܫܒܝܥܝܐ. ܘܩܕܫܗ ܡܛܠ ܕܒܗ ܐܬܬܢܝܚ ܡܢ ܟܠܗ ܥܒܕܗ
ܕܒܪܐ ܐܠܗܐ ܠܡܥܒܕ.

v. 16. 17.

ܘܦܩܕ ܡܪܝܐ ܐܠܗܐ ܠܐܕܡ ܘܐܡܪ ܠܗ. ܡܢ ܟܠܗܘܢ ܐܝܠܢܐ ܕܦܪܕܝܣܐ
ܡܐܟܠ ܬܐܟܘܠ. ܘܡܢ ܐܝܠܢܐ ܕܝܕܥܬܐ ܕܛܒܬܐ ܘܒܝܫܬܐ ܠܐ ܬܐܟܘܠ ܡܢܗ.
ܡܛܠ ܕܒܝܘܡܐ ܕܬܐܟܘܠ ܡܢܗ ܡܘܬܐ ܬܡܘܬ.

v. 18.

ܘܐܡܪ ܡܪܝܐ ܐܠܗܐ ܠܐ ܫܦܝܪ ܕܢܗܘܐ ܐܕܡ ܒܠܚܘܕܘܗܝ. ܐܥܒܕ ܠܗ ܡܥܕܪܢܐ ܐܟܘܬܗ.

A

v. 24.

v. 24.

*ܡܛܠ ܗܢܐ ܢܫܒܘܩ ܓܒܪܐ ܠܐܒܘܗܝ ܘܠܐܡܗ. ܘܢܩܦ ܠܐܢܬܬܗ. ܘܢܗܘܘܢ
ܬܪܝܗܘܢ ܚܕ ܒܣܪ.

Gen III. 15.

*ܘܒܥܠܕܒܒܘܬܐ ܐܣܝܡ ܒܝܢܝܟ ܠܐܢܬܬܐ. ܘܒܝܬ ܙܪܥܟ ܠܙܪܥܗ. ܗܘ ܢܬܘܫ ܪܫܟ.
ܘܐܢܬ ܬܬܘܫܝܘܗܝ ܒܥܩܒܗ.

Gen. IV. 1.

*ܘܐܕܡ ܝܕܥ ܠܚܘܐ ܐܢܬܬܗ. ܘܒܛܢܬ ܘܝܠܕܬ ܠܩܐܝܢ. ܘܐܡܪܬ. ܩܢܝܬ ܓܒܪܐ
ܠܡܪܝܐ.

v. 3 — 8.

*ܘܗܘܐ ܡܢ ܒܬܪ ܝܘܡܬܐ. ܘܐܝܬܝ ܩܐܝܢ ܡܢ ܦܐܪܐ ܕܐܪܥܐ: ܩܘܪܒܢܐ
ܠܡܪܝܐ. *ܘܗܒܝܠ ܐܝܬܝ ܐܦ ܗܘ: ܡܢ ܒܘܟܪܐ ܕܥܢܗ: ܘܡܢ ܫܡܝܢܬܗܘܢ.
ܘܐܬܪܥܝ ܡܪܝܐ ܒܗܒܝܠ ܘܒܩܘܪܒܢܗ. *ܘܒܩܐܝܢ ܘܒܩܘܪܒܢܗ ܠܐ ܐܬܪܥܝ. ܘܐܬܟܪܝ
ܠܩܐܝܢ ܛܒ. ܘܐܬܟܡܪܘ ܐܦܘܗܝ. *ܘܐܡܪ ܡܪܝܐ ܠܩܐܝܢ. ܠܡܢܐ ܐܬܟܪܝ
ܠܟ ܘܠܡܢܐ ܐܬܟܡܪܘ ܐܦܝܟ. *ܗܐ ܐܢ ܐܛܐܒܬ: ܩܒܠܬ. ܘܐܢ ܠܐ ܐܛܐܒܬ: ܥܠ
ܬܪܥܐ ܚܛܗܐ ܪܒܝܥ. ܐܢܬ ܬܬܦܢܐ ܠܘܬܗ: ܘܗܘ ܢܫܬܠܛ ܒܟ. *ܘܐܡܪ ܩܐܝܢ
ܠܗܒܝܠ ܐܚܘܗܝ. ܢܪܕܐ ܠܦܩܥܬܐ. ܘܗܘܐ ܕܟܕ ܗܘܘ ܒܦܩܥܬܐ. ܩܡ ܩܐܝܢ ܥܠ
ܗܒܝܠ ܐܚܘܗܝ ܘܩܛܠܗ.

Gen. V. 1. 2. 3.

ܗܢܘ ܣܦܪ ܬܘܠܕܬܗ ܕܐܕܡ. ܒܝܘܡܐ ܕܒܪܐ ܐܠܗܐ ܠܐܕܡ. ܒܕܡܘܬܗ ܕܐܠܗܐ
ܒܪܝܗܝ. *ܕܟܪܐ ܘܢܩܒܬܐ ܒܪܐ ܐܢܘܢ ܘܒܪܟ ܐܢܘܢ ܐܠܗܐ. ܘܩܪܐ ܫܡܗܘܢ ܐܕܡ:
ܒܝܘܡܐ

ܒܝܘܡܐ ܕܒܪܐ ܐܢܘܢ. ܘܚܝܐ ܐܕܡ ܡܐܬܐ ܘܬܠܬܝܢ ܫܢܝܢ. ܘܐܘܠܕ ܒܕܡܘܬܗ ܐܝܟ
ܨܠܡܗ. ܘܩܪܐ ܫܡܗ ܫܝܬ.

v. 24.

ܘܗܠܟ ܚܢܘܟ ܠܐܠܗܐ ܘܠܝܬܘܗܝ. ܡܛܠ ܕܢܣܒܗ ܐܠܗܐ.

Gen. VI. 1. 2. 3.

ܘܗܘܐ ܕܟܕ ܫܪܝܘ ܒܢܝܢܫܐ ܠܡܣܓܐ ܥܠ ܐܦܝ ܐܪܥܐ: ܘܒܢܬܐ ܐܬܝܠܕ ܠܗܘܢ:
ܚܙܘ ܒܢܝ ܐܠܗܐ ܠܒܢܬܗ ܕܒܢܝܢܫܐ ܕܫܦܝܪܢ ܐܢܝܢ: ܘܢܣܒܘ ܐܢܝܢ ܠܗܘܢ ܢܫܐ ܡܢ
ܟܠ ܕܓܒܘ. ܘܐܡܪ ܡܪܝܐ. ܠܐ ܬܕܘܢ ܪܘܚܝ ܒܒܢܝܢܫܐ ܠܥܠܡ. ܡܛܠ
ܕܒܣܪܐ ܗܘ.

v. 5.

ܘܚܙܐ ܡܪܝܐ ܕܣܓܝܐܬ ܒܝܫܘܬܐ ܕܒܢܝܢܫܐ ܒܐܪܥܐ: ܘܟܠ ܝܨܪܐ ܕܡܚܫܒܬܐ ܕܠܒܗ ܒܝܫ
ܒܟܠܝܘܡ.

Gen. VIII. 21.

ܘܐܪܝܚ ܡܪܝܐ ܪܝܚܐ ܕܢܝܚܘܬܐ: ܘܐܡܪ ܡܪܝܐ ܒܠܒܗ. ܠܐ ܐܘܣܦ
ܬܘܒ ܠܡܠܛܘܗ ܠܐܪܥܐ ܡܛܠ ܒܢܝܢܫܐ. ܡܛܠ ܕܝܨܪܐ ܕܠܒܗ ܕܒܪܢܫܐ ܒܝܫ ܡܢ
ܛܠܝܘܬܗ. ܘܠܐ ܐܘܣܦ ܬܘܒ ܠܡܡܚܐ ܠܟܠ ܚܝ ܐܝܟ ܕܥܒܕܬ.

Gen. IX. 5. 6.

ܘܕܡܟܘܢ ܕܢܦܫܟܘܢ. ܕܢܦܫܬܟܘܢ ܐܬܒܥܐ. ܡܢ ܝܕ ܟܠ ܚܝܘܬܐ ܐܬܒܥܝܘܗܝ. ܡܢ ܐܝܕܐ
ܕܐܢܫܐ. ܘܡܢ ܐܝܕܐ ܕܓܒܪܐ ܘܐܚܘܗܝ ܐܬܒܥܐ ܢܦܫܐ ܕܐܢܫܐ. ܡܢ ܕܢܐܫܘܕ ܕܡܐ ܕܐܢܫܐ
ܒܐܢܫܐ ܕܡܗ ܢܬܐܫܕ. ܡܛܠ ܕܒܨܠܡܐ ܕܐܠܗܐ ܥܒܕ ܐܕܡ.

v. 8 — 14

ܘܐܡܪ ܐܠܗܐ ܠܢܘܚ ܣܘܦܣ ܕܟܠ ܒܣܪ ܥܠܬ ܩܕܡܝ ...

v. 27.

ܢܦܬܐ ܐܠܗܐ ܠܝܦܬ ...

Gen. XII. 1. 2. 3.

ܘܐܡܪ ܡܪܝܐ ܠܐܒܪܡ ...

Gen. XIV. 18.

ܘܡܠܟܝܙܕܩ ܡܠܟܐ ܕܫܠܝܡ ...

Gen. XV. 5. 6.

ܘܐܦܩܗ ܠܒܪ ...

ܠܡܚܣܢܐ ܐܢܬ. ܘܐܩܝܡ ܠܟ ܗ. ܘܐܬܠ ܢܬܗܘܐ ܐܢܬ. ܘܐܬܦܠܚ ܐܗܪܡ ܬܠܐܗܐ.
ܘܐܣܓܝܘܗܝ ܠܗ ܕܪܢܒܗ.

Gen. XVII. 1 — 7.

ܡܩܒܠܢܐ ܙܐܒܪܗܡ

ܘܗܘܐ ܐܒܪܡ ܒܪ ܬܫܥܝܢ ܘܬܫܥ ܫܢܝܢ ܘܐܬܓܠܝ ܠܟܕ ܥܠܝܐ ܠܐܒܪܡ ܘܐܡܪ
ܠܗ. ܐܢܐ ܐܢܐ ܐܠܗܐ ܣܓܝ ܐܠܬܐ. ܦܠܘܚ ܩܕܡܝ ܘܗܘܝ ܕܠܐ ܥܕܠܝ. ܘܐܬܠ ܩܝܡܝ
ܒܝܢܝ ܘܠܟ. ܘܐܣܓܝܟ ܣܓܝ ܣܓܝ. ܘܢܦܠ ܐܒܪܡ ܥܠ ܐܦܘܗܝ. ܘܡܠܠ ܥܡܗ ܐܠܗܐ
ܘܐܡܪ ܠܗ. ܐܢܐ ܗܐ ܩܝܡܝ ܥܡܟ ܘܬܗܘܐ ܐܒܐ ܠܣܘܓܐܐ ܕܥܡܡܐ. ܘܠܐ ܢܬܩܪܐ
ܬܘܒ ܫܡܟ ܐܒܪܡ. ܐܠܐ ܢܗܘܐ ܫܡܟ ܐܒܪܗܡ. ܡܛܠ ܕܐܒܐ ܠܣܘܓܐܐ
ܕܥܡܡܐ ܝܗܒܬܟ. ܘܐܣܓܝܟ. ܘܐܬܠܟ ܠܥܡܡܐ. ܘܡܠܟܐ ܡܢܟ ܢܦܩܘܢ. ܘܐܩܝܡ
ܩܝܡܝ ܒܝܢܝ ܘܠܟ. ܘܒܝܬ ܙܪܥܟ ܒܬܪܟ ܠܕܪܝܗܘܢ ܩܝܡܐ ܕܠܥܠܡ. ܕܐܗܘܐ ܠܟ ܐܠܗܐ
ܘܠܙܪܥܟ ܒܬܪܟ.

v. 10. 11. 12.

ܘܗܢܐ ܩܝܡܝ ܕܬܛܪܘܢ ܒܝܢܝ ܘܠܟܘܢ ܘܒܝܬ ܙܪܥܟ ܒܬܪܟ. ܢܬܓܙܪ ܠܟܘܢ ܟܠ
ܕܟܪܐ. ܘܬܓܙܪܘܢ ܒܣܪܐ ܕܥܘܪܠܘܬܟܘܢ. ܘܢܗܘܐ ܐܬܐ ܕܩܝܡܐ ܒܝܢܝ ܘܠܟܘܢ.
ܘܒܪ ܬܡܢܝܐ ܝܘܡܝܢ ܢܬܓܙܪ ܠܟܘܢ ܟܠ ܕܟܪܐ ܠܕܪܝܟܘܢ. ܝܠܝܕ ܒܝܬܐ ܘܙܒܝܢ
ܟܣܦܐ. ܡܢ ܟܠ ܒܪ ܢܘܟܪܝܐ ܐܝܢܐ ܕܠܐ ܗܘܐ ܡܢ ܙܪܥܟ.

Gen. XIX. 24.

ܘܡܪܝܐ ܐܣܝ ܥܠ ܣܕܘܡ ܘܥܠ ܥܡܘܪܐ ܟܒܪܝܬܐ ܘܢܘܪܐ ܡܢ ܩܕܡ ܡܪܝܐ ܡܢ ܫܡܝܐ.

ܫܠܡ ܡܩܒܠܢܐ.

Gen.

Gen. XXII. 1. 2.

ܢܣܝܘܢܗ ܕܐܒܪܗܡ

ܘܗܘܐ ܡܢ ܒܬܪ ܦܬܓܡܐ ܗܠܝܢ ܘܐܠܗܐ ܢܣܝ ܠܐܒܪܗܡ ܘܐܡܪ ܠܗ܂
ܐܒܪܗܡ܂ ܘܐܡܪ܂ ܗܐ ܐܢܐ܂ ܘܐܡܪ ܠܗ܂ ܕܒܪ ܠܒܪܟ ܠܝܚܝܕܝܟ ܕܪܚܡ ܐܢܬ ܠܐܝܣܚܩ܂
ܘܙܠ ܠܟ ܠܐܪܥܐ ܕܐܡܘܪܝܐ܂ ܘܐܣܩܝܗܝ ܠܥܠܬܐ ܥܠ ܚܕ ܡܢ ܛܘܪܐ
ܕܐܡܪ ܠܟ܂

v. 9 — 12.

ܘܡܛܘ ܠܐܬܪܐ ܕܐܡܪ ܠܗ ܐܠܗܐ܂ ܘܒܢܐ ܬܡܢ ܐܒܪܗܡ ܡܕܒܚܐ܂ ܘܣܡ ܩܝܣܐ
ܘܦܟܬ ܠܐܝܣܚܩ ܒܪܗ܂ ܘܣܡܗ ܥܠ ܡܕܒܚܐ ܠܥܠ ܡܢ ܩܝܣܐ܂ ܘܐܘܫܛ
ܐܝܕܗ ܐܒܪܗܡ ܘܢܣܒ ܣܟܝܢܐ ܠܡܟܣܬܗ ܠܒܪܗ܂ ܘܩܪܐ ܠܗ ܡܠܐܟܗ
ܕܐܠܗܐ ܡܢ ܫܡܝܐ܂ ܘܐܡܪ܂ ܐܒܪܗܡ܂ ܐܒܪܗܡ܂ ܘܐܡܪ܂ ܗܐ ܐܢܐ܂ ܘܐܡܪ ܠܗ܂ ܠܐ
ܬܘܫܛ ܐܝܕܟ ܥܠ ܛܠܝܐ܂ ܘܠܐ ܬܥܒܕ ܠܗ ܡܕܡ܂ ܡܛܠ ܕܗܫܐ ܝܕܥܬ ܕܕܚܠ
ܐܢܬ ܡܢ ܐܠܗܐ܂ ܘܠܐ ܚܣܟܬ ܠܒܪܟ ܠܝܚܝܕܝܟ ܡܢܝ܂

Gen. XXVIII. 10 — 14

ܘܢܦܩ ܝܥܩܘܒ ܡܢ ܒܪ ܫܒܥ ܘܐܙܠ ܠܚܪܢ܂ ܘܦܓܥ ܒܐܬܪܐ ܘܒܬ ܬܡܢ܂
ܡܛܠ ܕܥܪܒܬ ܫܡܫܐ܂ ܘܢܣܒ ܡܢ ܟܐܦܐ ܕܐܬܪܐ ܘܣܡ ܐܣܕܘܗܝ܂ ܘܕܡܟ
ܒܗܘ ܐܬܪܐ܂ ܘܚܙܐ ܒܚܠܡܐ܂ ܘܗܐ ܣܒܠܬܐ ܩܝܡܐ ܒܐܪܥܐ܂ ܘܪܫܗ ܡܛܐ
ܠܫܡܝܐ܂ ܘܗܐ ܡܠܐܟܘܗܝ ܕܐܠܗܐ ܣܠܩܝܢ ܘܢܚܬܝܢ ܒܗ܂ ܘܗܐ ܡܪܝܐ ܩܐܡ ܠܥܠ
ܡܢܗ ܘܐܡܪ܂ ܐܢܐ ܐܢܐ ܡܪܝܐ ܐܠܗܗ ܕܐܒܪܗܡ ܐܒܘܟ܂ ܘܐܠܗܗ ܕܐܝܣܚܩ܂ ܐܪܥܐ
ܕܕܡܟ ܐܢܬ ܥܠܝܗ܂ ܠܟ ܐܬܠܝܗ ܘܠܙܪܥܟ܂ ܘܢܗܘܐ ܙܪܥܟ ܐܝܟ ܚܠܐ ܕܐܪܥܐ
ܘܬܥܫܢ

ܘܬܬܦܪܣ ܠܡܥܪܒܐ ܘܠܡܕܢܚܐ. ܠܓܪܒܝܐ ܘܠܬܝܡܢܐ. ܘܢܬܒܪܟܘܢ ܒܟ ܟܠܗܘܢ
ܫܪܒܬܐ ܕܐܪܥܐ ܘܒܙܪܥܟ.

v. 16. 17.

*ܘܐܬܬܥܝܪ ܝܥܩܘܒ ܡܢ ܫܢܬܗ ܘܐܡܪ. ܫܪܝܪܐܝܬ ܐܝܬ ܡܪܝܐ ܒܐܬܪܐ ܗܢܐ. ܘܐܢܐ
ܠܐ ܝܕܥܬ. *ܘܕܚܠ ܝܥܩܘܒ ܕܚܠܬܐ ܪܒܬܐ ܘܐܡܪ. ܡܐ ܕܚܝܠ ܗܘ ܐܬܪܐ ܗܢܐ
ܢܘܦܩܢܐ. ܠܝܬܘܗܝ ܗܢܐ ܐܠܐ ܐܢ ܒܝܬܗ ܕܐܠܗܐ. ܘܗܢܘ ܬܪܥܗ ܕܫܡܝܐ.

Gen. XXXI. 46. 47.

*ܘܐܡܪ ܝܥܩܘܒ ܠܐܚܘܗܝ. ܠܩܘܛܘ ܟܐܦܐ. ܘܢܣܒܘ ܟܐܦܐ ܘܥܒܕܘ ܝܓܪܐ.
ܘܐܟܠܘ ܬܡܢ ܥܠ ܝܓܪܐ. *ܘܩܪܝܗ ܠܒܢ ܝܓܪܐ ܕܣܗܕܘܬܐ. ܘܝܥܩܘܒ ܩܪܝܗ
ܓܠܥܕ.

Gen. XXXII. 1. 2. 3.

*ܘܐܙܠ ܝܥܩܘܒ ܐܙܠ ܠܐܘܪܚܗ. ܘܦܓܥܘ ܒܗ ܡܠܐܟܘܗܝ ܕܐܠܗܐ.
*ܘܐܡܪ ܝܥܩܘܒ ܟܕ ܚܙܐ ܐܢܘܢ: ܡܫܪܝܬܐ ܗܝ ܕܐܠܗܐ ܗܕܐ. ܘܩܪܐ ܫܡܗ ܕܐܬܪܐ ܗܘ
ܡܚܢܝܡ. *ܘܫܕܪ ܝܥܩܘܒ ܐܝܙܓܕܐ ܩܕܡܘܗܝ ܠܘܬ ܥܣܘ ܐܚܘܗܝ ܠܐܪܥܐ ܕܣܥܝܪ
ܠܚܩܠܐ ܕܐܕܘܡ.

v. 24 — 30.

*ܘܦܫ ܝܥܩܘܒ ܒܠܚܘܕܘܗܝ: ܘܐܬܟܬܫ ܓܒܪܐ ܥܡܗ. ܥܕܡܐ ܕܣܠܩ ܨܦܪܐ.
*ܘܚܙܐ ܕܠܐ ܡܫܟܚ ܠܗ: ܘܩܪܒ ܠܚܘܩܗ. ܘܙܥ ܚܘܩܗ ܕܝܥܩܘܒ ܟܕ
ܡܬܟܬܫ ܥܡܗ. *ܘܐܡܪ ܠܗ. ܫܪܝܢܝ ܕܣܠܩ ܨܦܪܐ. ܘܐܡܪ. ܠܐ ܐܫܪܝܟ
ܐܠܐ ܐܢ ܒܪܟܬܢܝ. *ܘܐܡܪ ܠܗ. ܡܢܐ ܫܡܟ. ܘܐܡܪ. ܝܥܩܘܒ. *ܐܡܪ ܠܗ.
ܠܐ ܢܬܩܪܐ ܬܘܒ ܫܡܟ ܝܥܩܘܒ. ܐܠܐ ܐܝܣܪܐܝܠ. ܡܛܠ ܕܐܫܬܪܪܬ ܥܡ ܡܠܐܟܐ ܘܥܡ
ܓܒܪܐ.

Gen. XXXVII. 35.

Gen. XXXXI. 43.

Gen. XXXXV. 1 — 5.

Gen.

Gen. XXXXVII. 7. 8. 9.

ܘܐܥܠ ܝܘܣܦ ܠܝܥܩܘܒ ܐܒܘܗܝ܂ ܘܐܩܝܡܗ ܩܕܡ ܦܪܥܘܢ܂ ܘܒܪܟ ܠܦܪܥܘܢ܂ ܘܐܡܪ ܦܪܥܘܢ ܠܝܥܩܘܒ܂ ܟܡܐ ܐܢܘܢ ܝܘܡܬܐ ܕܫܢܝ ܚܝܝܟ܂ ܘܐܡܪ ܝܥܩܘܒ ܠܦܪܥܘܢ܂ ܝܘܡܬܐ ܕܫܢܝ ܬܘܬܒܘܬܝ܂ ܡܐܐ ܘܬܠܬܝܢ ܫܢܝܢ܂ ܩܠܝܠ ܘܒܝܫܝܢ ܗܘܘ ܝܘܡܬܐ ܕܫܢܝ ܚܝܝ܂ ܘܠܐ ܡܛܘ ܠܝܘܡܬܐ ܕܫܢܝ ܚܝܐ ܕܐܒܗܝ܂ ܒܝܘܡܬܐ ܕܬܘܬܒܘܬܗܘܢ܂

Gen. XXXXVIII. 15. 16.

ܘܒܪܟ ܠܝܘܣܦ ܘܐܡܪ܂ ܐܠܗܐ ܕܐܬܗܠܟܘ ܐܒܗܝ ܩܕܡܘܗܝ ܐܒܪܗܡ ܘܐܝܣܚܩ܂ ܐܠܗܐ ܕܙܢ ܠܝ ܡܢ ܛܠܝܘܬܝ ܥܕܡܐ ܠܝܘܡܢܐ܂ ܡܠܐܟܐ ܕܦܪܩܢܝ ܡܢ ܟܠ ܒܝܫܐ܂ ܢܒܪܟ ܠܛܠܝܐ܂ ܘܢܬܩܪܐ ܥܠܝܗܘܢ ܫܡܝ܂ ܘܫܡܐ ܕܐܒܗܝ ܐܒܪܗܡ ܘܐܝܣܚܩ܂ ܘܢܣܓܘܢ ܣܓܝܐܝܬ ܒܓܘܗ ܕܐܪܥܐ܂

Gen. XXXXIX. 1. 2.

ܘܩܪܐ ܝܥܩܘܒ ܠܒܢܘܗܝ܂ ܘܐܡܪ ܠܗܘܢ ܐܬܟܢܫܘ ܕܐܚܘܐ ܠܟܘܢ܂

ܡܕܡ ܕܦܓܥ ܠܟܘܢ ܒܐܚܪܝܬ ܝܘܡܬܐ܂ ܐܬܟܢܫܘ ܘܫܡܥܘ ܒܢܝ ܝܥܩܘܒ܂ ܘܫܡܥܘ ܠܝܣܪܝܠ ܐܒܘܟܘܢ܂ ܪܘܒܝܠ ܒܘܟܪܝ ܐܢܬ܂ ܚܝܠܝ ܘܪܝܫ ܬܘܩܦܝ܂ ܝܬܝܪ ܠܡܩܡ ܘܝܬܝܪ ܠܬܘܩܦܐ܂

V. 10. 11. 12.

ܠܐ ܢܥܕܐ ܫܘܠܛܢܐ ܡܢ ܝܗܘܕܐ܂ ܘܡܚܘܩܩܐ ܡܢ ܒܝܬ ܪܓܠܘܗܝ܂ ܥܕܡܐ ܕܢܐܬܐ ܡܢ ܕܕܝܠܗ ܗܝ܂ ܘܠܗ ܢܣܟܘܢ ܥܡܡܐ܂ ܢܐܣܘܪ ܠܓܦܬܐ ܥܝܠܗ܂ ܘܠܫܒܩܐ ܒܪ ܐܬܢܗ܂ ܢܚܘܪ ܒܚܡܪܐ ܠܒܘܫܗ܂ ܘܒܕܡܐ ܕܥܢܒܐ ܬܟܣܝܬܗ܂ ܢܚܘܪܢ ܥܝܢܘܗܝ ܡܢ ܚܡܪܐ܂ ܘܢܣܬܩ ܩܢܘܗܝ ܡܢ ܝܕܟܐ܂

C

v. 10.

v. 18.

ܠܩܘܒܠܟܘܢ ܬܩܘܡܘܢ ܩܕܡܝ ،،

Gen. L. 25. 26.

ܘܐܦܩܕ ܝܘܣܦ ܠܒܢܝ ܐܝܣܪܐܝܠ. ܘܐܡܪ. ܡܕܐܕܟܪܘ ܡܕܒܪ ܠܟܘܢ ܐܠܗܐ. ܐܣܩܘ ܓܪܡܝ ܡܟܐ ܥܡܟܘܢ. ܘܡܝܬ ܝܘܣܦ ܟܕ ܒܪ ܡܐܐ ܘܥܣܪ ܫܢܝܢ: ܘܚܢܛܘܗܝ ܘܣܡܘܗܝ ܒܓܘܪܢܐ ܒܡܨܪܝܢ.

Exod. III. 1 — 7.

ܘܡܘܫܐ ܪܥܐ ܗܘܐ ܥܢܐ ܕܝܬܪܘܢ ܚܡܘܗܝ ܘܕܒܪ ܥܢܐ ܠܡܕܒܪܐ. ܘܐܬܐ ܠܛܘܪܐ ܕܐܠܗܐ ܠܚܘܪܝܒ. ܘܐܬܚܙܝ ܠܗ ܡܠܐܟܐ ܕܡܪܝܐ ܒܫܠܗܒܝܬܐ ܕܢܘܪܐ ܡܢ ܓܘ ܣܢܝܐ. ܘܚܙܐ ܕܗܐ ܣܢܝܐ ܝܩܕ ܒܢܘܪܐ ܘܣܢܝܐ ܠܐ ܝܩܕ. ܘܐܡܪ ܡܘܫܐ. ܐܗܦܘܟ ܐܢܐ ܢܚܙܐ ܗܢܐ ܕܚܙܘܐ ܪܒܐ ܗܢܐ ܠܐ ܝܩܕ ܣܢܝܐ. ܘܚܙܐ ܡܪܝܐ ܕܗܦܟ ܠܡܚܙܐ ܘܩܪܝܗܝ ܐܠܗܐ ܡܢ ܓܘ ܣܢܝܐ ܘܐܡܪ ܡܘܫܐ ܡܘܫܐ. ܘܐܡܪ ܗܐ ܐܢܐ. ܘܐܡܪ ܠܐ ܬܬܩܪܒ ܠܟܐ ܫܪܝ ܡܣܢܝܟ ܡܢ ܪܓܠܝܟ ܐܬܪܐ ܓܝܪ ܕܩܐܡ ܐܢܬ ܥܠܘܗܝ ܐܪܥܐ ܩܕܝܫܬܐ ܗܘ. ܘܐܡܪ ܐܢܐ ܐܢܐ ܐܠܗܐ ܕܐܒܘܟ ܐܠܗܗ ܕܐܒܪܗܡ ܘܐܠܗܗ ܕܐܝܣܚܩ ܘܐܠܗܗ ܕܝܥܩܘܒ ܘܟܒܫ ܡܘܫܐ ܐܦܘܗܝ ܕܚܠ ܗܘܐ ܓܝܪ ܠܡܚܪ ܒܐܠܗܐ. ܘܐܡܪ ܡܪܝܐ ܡܚܙܐ ܚܙܝܬ ܫܘܥܒܕܐ ܕܥܡܝ ܕܒܡܨܪܝܢ ܘܓܥܬܗܘܢ ܫܡܥܬ ܡܢ ܩܕܡ ܡܫܥܒܕܢܝܗܘܢ ܕܝܕܥܬ ܟܐܒܗܘܢ.

v. 13. 14.

ܘܐܡܪ ܡܘܫܐ ܠܐܠܗܐ. ܡܐ ܐܢܐ ܐܙܠ ܐܢܐ ܠܘܬ ܒܢܝ ܐܝܣܪܐܝܠ. ܘܐܡܪ ܐܗܝܗ ܐܫܪ ܐܗܝܗ

ܡܪܝܐ ܐܠܗܐ ܕܐܒܗܝܟܘܢ ܫܕܪܢܝ ܠܘܬܟܘܢ. ܘܢܐܡܪܘܢ ܠܝ ܡܢܘ ܫܡܗ: ܡܢܐ ܐܡܪ
ܠܗܘܢ. *ܘܐܡܪ ܐܠܗܐ ܠܡܘܫܐ. ܐܗܝܐ ܐܫܪ ܐܗܝܐ. ܘܐܡܪ. ܗܟܢܐ ܬܐܡܪ ܠܒܢܝ̈
ܐܝܣܪܝܠ. ܐܗܝܐ ܫܕܪܢܝ ܠܘܬܟܘܢ.

Exod. IV. 24 — 26.

*ܘܗܘܐ ܡܩܦܐ ܒܐܘܪܚܐ ܒܒܝܬ ܒܝܬܘܬܐ. ܘܦܓܥ ܒܗ ܡܪܝܐ: ܘܒܥܐ ܠܡܡܝܬܘܬܗ
ܠܡܘܫܐ. *ܘܢܣܒܬ ܨܦܘܪܐ ܛܪܢܐ: ܘܓܙܪܬ ܥܘܪܠܘܬܐ ܕܒܪܗ. ܘܐܚܕܬ ܒܪ̈ܓܠܘܗܝ
ܘܐܡܪܬ. ܚܬܢܐ ܕܕܡܐ ܐܢܬ ܠܝ. *ܘܐܙܠ ܡܢܗ. ܗܝܕܝܢ ܐܡܪܬ. ܚܬܢܐ ܕܕܡܐ
ܠܓܙܘܪܬܐ.

Exod. XII. 1 — 14.

ܘܐܡܪ ܡܪܝܐ ܠܡܘܫܐ ܘܠܐܗܪܘܢ ܒܐܪܥܐ ܕܡܨܪܝܢ. *ܝܪܚܐ ܗܢܐ ܢܗܘܐ ܠܟܘܢ ܪܫ ܝܪ̈ܚܐ. ܩܕܡܝ
ܢܗܘܐ ܠܟܘܢ. ܠܝܪ̈ܚܝ ܫܢܬܐ. *ܐܡܪܘ ܠܟܠܗ ܟܢܘܫܬܐ ܕܒܢܝ̈ ܐܝܣܪܝܠ. ܒܥܣܪܐ
ܒܝܪܚܐ ܗܢܐ: ܢܗܘܘܢ ܢܣܒܝܢ ܠܗܘܢ ܓܒܪ ܐܡܪܐ ܠܒܝܬܐ: ܘܐܡܪܐ ܠܒܝܬ ܐܒܗܘܗܝ.
*ܘܐܢ ܙܥܘܪ ܗܘ ܒܝܬܐ: ܕܢܣܒ ܒܗ ܐܡܪܐ: ܢܣܒ ܗܘ ܘܫܒܒܗ ܕܩܪܝܒ ܠܒܝܬܗ.
ܒܡܢܝܢܐ ܕܢܦܫܬܐ. ܐܢܫ. ܐܝܟ ܡܐܟܘܠܬܗ ܬܡܢܘܢ ܥܠ ܐܡܪܐ. *ܐܡܪܐ ܕܠܝܬ ܒܗ ܡܘܡܐ
ܕܟܪܐ ܒܪ ܫܢܬܐ ܢܗܘܐ ܠܟܘܢ. ܡܢ ܐܡܪ̈ܐ ܘܡܢ ܓܕܝ̈ܐ ܬܣܒܘܢ. *ܘܢܗܘܐ ܢܛܝܪ
ܠܟܘܢ. ܥܕܡܐ ܠܐܪܒܥܣܪܐ ܒܝܪܚܐ ܗܢܐ. ܘܢܟܣܘܢܗ ܟܠܗ ܟܢܫܐ ܕܟܢܘܫܬܐ. ܕܒܢܝ̈
ܐܝܣܪܝܠ. ܒܝܬ ܪ̈ܡܫܐ. *ܘܢܣܒܘܢ ܡܢ ܕܡܗ ܘܢܪܫܡܘܢ ܥܠ ܬܪ̈ܬܝܢ ܣܩܘܦܬܐ.
ܘܥܠ ܐܣܩܘܦܬܐ. ܘܥܠ ܒܬ̈ܐ ܕܢܐܟܠܘܢܗ ܒܗܘܢ. *ܘܢܐܟܠܘܢܗ ܠܒܣܪܐ ܒܠܠܝܐ
ܗܢܐ. ܟܕ ܡܛܘܐ ܒܢܘܪܐ. ܘܦܛܝܪܐ. ܥܡ ܡܪ̈ܪܐ ܬܐܟܠܘܢܗ. *ܠܐ ܬܐܟܠܘܢ ܡܢܗ
ܟܕ ܢܐ: ܐܦܠܐ ܟܕ ܡܒܫܠ ܡܒܫܠܐ ܒܡܝ̈ܐ. ܐܠܐ ܟܕ ܡܛܘܐ ܒܢܘܪܐ. ܪܫܗ ܘܟܪ̈ܥܘܗܝ
ܘܓܘܗ. *ܠܐ ܬܫܒܩܘܢ ܡܢܗ ܠܨܦܪܐ. ܘܡܕܡ ܕܡܫܬܚܪ ܡܢܗ ܠܨܦܪܐ: ܒܢܘܪܐ
ܬܘܩܕܘܢܗ.

ܬܘܩܕܘܢܝܗܝ. ܗܟܢܐ ܬܐܟܠܘܢ ܒܗ ܒܥܓܠܐ. ܘܗܟܢܐ ܬܐܟܠܘܢܝܗܝ. ܟܕ ܚܨ̈ܝܟܘܢ ܐܣܝܪܝܢ
ܘܡܣܐܢ̈ܝܟܘܢ ܒܪ̈ܓܠܝܟܘܢ. ܘܚܘܛܪ̈ܝܟܘܢ ܒܐܝ̈ܕܝܟܘܢ. ܘܬܐܟܠܘܢܝܗܝ ܒܣܘܪܗܒܐ. ܡܛܠ
ܕܦܨܚܐ ܗܘ ܠܡܪܝܐ. ܘܐܥܒܪ ܒܐܪܥܐ ܕܡܨܪܝܢ ܒܠܠܝܐ ܗܢܐ: ܘܐܩܛܘܠ ܟܠܗܘܢ ܒܘܟܪ̈ܐ ܕܐܪܥܐ
ܕܡܨܪܝܢ. ܡܢ ܒܢܝ̈ܢܫܐ. ܘܥܕܡܐ ܠܒܥܝܪܐ. ܘܒܟܠܗܘܢ ܕܚ̈ܠܬܗܘܢ ܕܡܨܪ̈ܝܐ ܐܥܒܕ
ܕܝܢܐ ܐܢܐ ܡܪܝܐ. ܘܢܗܘܐ ܠܟܘܢ ܕܡܐ ܗܢܐ ܠܐܬܐ: ܥܠ ܒ̈ܬܐ ܕܐܢܬܘܢ ܒܗܘܢ. ܘܐܚܙܐ
ܠܕܡܐ ܘܐܦܨܚ ܥܠܝܟܘܢ. ܘܠܐ ܢܗܘܐ ܒܟܘܢ ܡܚܘܬܐ ܠܡܚܒܠܘܬܐ. ܟܕ ܡܚܐ ܐܢܐ
ܒܐܪܥܐ ܕܡܨܪܝܢ. ܘܢܗܘܐ ܠܟܘܢ ܝܘܡܐ ܗܢܐ ܠܕܘܟܪܢܐ. ܘܬܥܕܘܢܝܗܝ ܥܐܕܐ ܠܡܪܝܐ.
ܥܐܕܐ ܠܕܪ̈ܝܟܘܢ. ܢܡܘܣܐ ܠܥܠܡ ܗܘܝܬܘܢ ܥܒܕܝܢ ܠܗ.

Exod. XX. 1 — 17.

ܥܣܪܐ ܦܬܓܡ̈ܝܢ.

ܘܡܠܠ ܐܠܗܐ ܟܠܗܘܢ ܦܬܓܡ̈ܐ ܗܠܝܢ. ܐܢܐ ܐܢܐ ܡܪܝܐ ܐܠܗܟ.
ܕܐܦܩܬܟ ܡܢ ܐܪܥܐ ܕܡܨܪܝܢ. ܡܢ ܒܝܬ ܥܒܕܘܬܐ. ܠܐ ܢܗܘܘܢ ܠܟ ܐܠܗ̈ܐ
ܐܚܪ̈ܢܐ ܠܒܪ ܡܢܝ. ܠܐ ܬܥܒܕ ܠܟ ܟܠ ܨܠܡ ܘܟܠ ܕܡܘܬ: ܕܐܝܬ ܒܫܡܝܐ ܡܢ
ܠܥܠ: ܘܕܐܝܬ ܒܐܪܥܐ ܡܢ ܠܬܚܬ: ܘܕܐܝܬ ܒܡ̈ܝܐ ܠܬܚܬ ܡܢ ܐܪܥܐ. ܠܐ ܬܣܓܘܕ
ܠܗܘܢ ܘܠܐ ܬܦܠܘܚ ܐܢܘܢ. ܡܛܠ ܕܐܢܐ ܐܢܐ ܡܪܝܐ ܐܠܗܟ. ܐܠܗܐ. ܛܢܢܐ. ܦܪܥ
ܚܘ̈ܒܐ ܕܐܒ̈ܗܐ ܥܠ ܒܢ̈ܝܐ: ܥܠ ܬܠܝ̈ܬܝܐ ܘܥܠ ܪ̈ܒܝܥܝܐ ܠܣܢ̈ܐܝ. ܘܥܒܕ
ܐܢܐ ܛܝܒܘܬܐ ܠܐܠܦܐ ܕܪ̈ܐ: ܠܪ̈ܚܡܝ ܘܠܢܛܪ̈ܝ ܦܘܩܕ̈ܢܝ. ܠܐ ܬܐܡܐ ܒܫܡܗ ܕܡܪܝܐ ܐܠܗܟ
ܒܕܓܠܘܬܐ. ܡܛܠ ܕܠܐ ܡܙܕܟܐ ܡܪܝܐ ܠܡܢ ܕܝܡܐ ܒܫܡܗ ܒܕܓܠܘܬܐ. ܐܬܕܟܪ
ܝܘܡܐ ܕܫܒܬܐ ܠܡܩܕܫܘܬܗ. ܫܬܐ ܝܘ̈ܡܝܢ ܬܦܠܘܚ ܘܬܥܒܕ ܟܠ ܥܒܕ̈ܝܟ. ܘܝܘܡܐ
ܫܒܝܥܝܐ. ܫܒܬܐ ܠܡܪܝܐ ܐܠܗܟ. ܠܐ ܬܥܒܕ ܒܗ ܟܠ ܥܒܕ. ܐܢܬ ܘܒܪܟ ܘܒܪܬܟ.
ܥܒܕܟ ܘܐܡܬܟ. ܘܒܥܝܪܟ ܘܬܘܬܒܐ ܕܒܩܘܪ̈ܝܟ. ܡܛܠ ܕܒܫܬܐ ܝܘ̈ܡܝܢ ܥܒܕ ܡܪܝܐ ܫܡܝܐ
ܘܐܪܥܐ.

[Syriac text]

v. 24

[Syriac text]

Exod. XXII. 28.

[Syriac text]

Exod. XXXII. 1 — 5.

[Syriac text]

D

[Syriac text]

Exod. XXXIII. 19. 20.

ܐܡܪ. ܐܢܐ ܐܥܒܪ ܫܘܦܪܝ ܟܠܗ ܩܕܡܝܟ ܘܐܩܪܐ ܒܫܡܐ ܕܡܪܝܐ ܩܕܡܝܟ܂
ܘܐܪܚܡ ܠܡܢ ܕܪܚܡ. ܘܐܚܘܢ ܠܡܢ ܕܐܚܘܢ܂ ܘܐܡܪ. ܠܐ ܬܫܟܚ ܠܡܚܙܐ ܐܦܝ܂
ܐܚܬ. ܡܛܠ ܕܠܐ ܢܚܙܐ ܠܝ ܒܪܢܫܐ. ܘܢܚܐ܂

Exod. XXXIV. 5. 6. 7.

ܘܢܚܬ ܡܪܝܐ ܒܥܢܢܐ. ܘܩܡ ܥܡܗ ܬܡܢ. ܘܩܪܐ ܒܫܡܐ ܕܡܪܝܐ܂ ܘܥܒܪ
ܡܪܝܐ ܩܕܡܘܗܝ. ܘܩܪܐ ܡܪܝܐ. ܡܪܝܐ ܐܠܗܐ ܡܪܚܡܢܐ ܘܡܪܚܦܢܐ܂ ܢܓܝܪܐ ܪܘܚܗ.
ܘܣܓܝܐܐ ܛܝܒܘܬܗ. ܘܩܘܫܬܗ. ܘܢܛܪ ܛܝܒܘܬܐ ܠܐܠܦܐ ܘܙܕܝܩܐ܂ ܘܫܒܩ ܣܟܠܘܬܐ
ܘܥܘܠܐ. ܘܡܕܟܝܘ ܠܐ ܡܕܟܐ. ܦܩܕ ܣܟܠܘܬ ܐܒܗܬܐ ܥܠ ܒܢܝܐ ܘܥܠ ܒܢܝ ܒܢܝܐ܂ ܥܠ
ܬܠܝܬܝܐ ܘܥܠ ܪܒܝܥܝܐ܂

Levit. XIX. 1. 2.

ܘܡܠܠ ܡܪܝܐ ܥܡ ܡܘܫܐ܂ ܘܐܡܪ ܠܗ. ܡܠܠ ܥܡ ܟܠܗ ܟܢܘܫܬܐ
ܕܒܢܝ ܐܝܣܪܐܝܠ. ܘܐܡܪ ܠܗܘܢ. ܩܕܝܫܐ ܗܘܘ ܡܛܠ ܕܩܕܝܫ ܐܢܐ. ܐܢܐ ܐܢܐ
ܡܪܝܐ ܐܠܗܟܘܢ܂

v. 9. 10.

ܘܡܐ ܕܚܨܕܝܢ ܐܢܬܘܢ ܚܨܕܐ ܕܐܪܥܟܘܢ. ܠܐ ܬܓܡܪܘܢ ܣܘܦܗ ܘܥܠܠܬ ܚܨܕܟܘܢ܂
ܘܟܪܡܟܘܢ ܠܐ ܬܥܠܠܘܢ. ܘܦܪܛܬܐ ܕܟܪܡܟܘܢ ܠܐ ܬܠܩܛܘܢ. ܠܡܣܟܢܐ ܘܠܐܟܣܢܝܐ
ܠܐ ܬܥܠܠܘܢ. ܐܠܐ ܫܘܒܩ ܐܢܘܢ ܠܡܣܟܢܐ. ܘܠܥܠܡܐ ܕܦܠܚܝܢ ܠܐܠܗܐ. ܕܕܝܢܐ
ܫܒܘܩܘܢ. ܡܛܠ ܕܐܢܐ ܐܢܐ ܡܪܝܐ ܐܠܗܟܘܢ܂

v. 32.

v. 32.

*ܩܕܡ ܕܪܝܫ ܣܒܐ. ܗܘܝܬ ܩܐܡ. ܘܗܘܝܬ ܡܝܩܪ ܠܐܦܝ ܕܩܫܝܫܐ. ܘܬܕܚܠ
ܡܢ ܐܠܗܟ. ܐܢܐ ܐܢܐ ܡܪܝܐ ܐܠܗܟ.

Num. VI. 23 — 26.

*ܗܟܢܐ ܗܘܝܬܘܢ ܡܒܪܟܝܢ ܠܒܢܝ ܐܝܣܪܝܠ. ܐܡܪܘ ܠܗܘܢ. *ܢܒܪܟܟ ܡܪܝܐ.
ܘܢܛܪܟ. *ܢܢܗܪ ܡܪܝܐ ܐܦܘܗܝ ܥܠܝܟ. ܘܢܪܚܡܟ. *ܢܪܝܡ ܡܪܝܐ ܐܦܘܗܝ ܥܠܝܟ.
ܘܢܬܠ ܠܟ ܫܠܡܐ.

Num. X. 35. 36.

*ܘܗܘܐ ܕܟܕ ܫܩܝܠ ܐܪܘܢܐ. ܐܡܪ ܡܘܫܐ. ܩܘܡ ܡܪܝܐ: ܢܬܒܕܪܘܢ ܒܥܠܕܒܒܝܟ.
ܘܢܥܪܩܘܢ ܣܢܐܝܟ ܡܢ ܩܕܡܝܟ. *ܘܟܕ ܢܚܬ: ܐܡܪ. ܐܬܦܢܝ ܡܪܝܐ. ܠܘܬ ܪܒܘܬܐ.
ܘܠܘܬ ܐܠܦܝܐ ܕܐܝܣܪܝܠ.

Num. XXI. 5 — 9.

ܕܥܠ ܚܘܝܐ ܕܢܚܫܐ

ܘܐܬܪܥܡ ܥܡܐ ܥܠ ܐܠܗܐ ܘܥܠ ܡܘܫܐ. ܘܐܡܪܘ. ܠܡܢܐ ܐܣܩܬܘܢ ܡܢ ܡܨܪܝܢ:
ܕܢܡܘܬ ܒܡܕܒܪܐ. ܡܛܠ ܕܠܝܬ ܠܚܡܐ. ܘܠܐ ܡܝܐ. ܘܢܦܫܢ ܥܩܬ ܒܠܚܡܐ ܩܠܝܠܐ.
*ܘܫܕܪ ܡܪܝܐ ܥܠ ܥܡܐ ܚܘܘܬܐ ܚܪܘܦܬܐ ܘܢܟܬܘܗܝ ܠܥܡܐ. ܘܡܝܬ ܥܡܐ ܣܓܝܐܐ
ܡܢ ܐܝܣܪܝܠ. *ܘܐܬܘ ܥܡܐ ܠܘܬ ܡܘܫܐ. ܘܐܡܪܘ ܠܗ. ܚܛܝܢ ܕܪܛܢ ܥܠ
ܡܪܝܐ ܐܦ ܥܠܝܟ. ܨܠܝ ܩܕܡ ܡܪܝܐ: ܘܢܥܒܪ ܡܢܢ ܚܘܘܬܐ. ܘܨܠܝ ܡܘܫܐ ܥܠ ܥܡܐ.
*ܘܐܡܪ ܡܪܝܐ ܠܡܘܫܐ. ܥܒܕ ܠܟ ܚܘܝܐ ܕܢܚܫܐ: ܘܣܝܡܝܗܝ ܐܬܐ. ܘܟܠܡܢ
ܕܢܟܬ

ܕܢܟܬ ܠܗ ܚܘܝܐ: ܢܚܙܝܘܗܝ ܘܚܝܐ. *ܘܥܒܕ ܡܘܫܐ ܚܘܝܐ ܕܢܚܫܐ. ܘܐܩܝܡܗ ܥܠ ܐܬܐ.
ܘܟܠ ܕܢܟܬ ܠܗ ܚܘܝܐ ܠܓܒܪܐ: ܚܐܪ ܒܚܘܝܐ ܕܢܚܫܐ. ܘܚܝܐ.

Num. XXIII. 9. 10.

ܗܐ ܥܡܐ ܒܠܚܘܕܘܗܝ ܫܪܐ: ܘܒܥܡܡܐ ܠܐ ܡܬܚܫܒ. *ܡܢܘ ܡܫܟܚ
ܠܡܡܢܐ ܥܦܪܗ ܕܝܥܩܘܒ. ܘܡܢܝܢܐ ܕܪܒܘܬܗ ܕܐܝܣܪܝܠ. ܬܡܘܬ ܢܦܫܝ. ܡܘܬܐ
ܕܬܪܝܨܐ: ܘܬܗܘܐ ܚܪܬܝ ܐܟܘܬܗܘܢ.

ܚܙܐ

v. 21.

*ܠܐ ܚܙܐ ܐܢܐ ܥܘܠܐ ܒܝܥܩܘܒ: ܘܠܐ ܚܙܐ ܐܢܐ ܥܡܠܐ ܒܐܝܣܪܝܠ. ܡܪܝܐ ܐܠܗܗ
ܥܡܗ. ܘܫܘܒܚܬܐ ܕܡܠܟܗ ܒܗ.

Num. XXIV. 17 — 19.

*ܚܙܝܬܗ. ܘܠܐ ܡܢ ܗܫܐ. ܘܚܙܝܬܗ ܘܠܐ ܗܘܐ ܩܪܝܒ. ܕܢܚ ܟܘܟܒܐ ܡܢ
ܝܥܩܘܒ: ܘܢܩܘܡ ܪܫܐ ܡܢ ܐܝܣܪܝܠ. ܘܢܩܛܠ ܓܢܒܪ̈ܐ ܕܡܘܐܒ: ܘܢܣܒܐ
ܠܟܠܗܘܢ ܒܢ̈ܝ ܫܝܬ. *ܘܬܗܘܐ ܐܕܘܡ ܝܪܬܘܬܐ: ܘܬܗܘܐ ܝܪܬܘܬܐ ܠܒܥܠܕܒܒܘܗܝ.
ܬܗܘܐ ܕܝܠܗ. ܘܐܝܣܪܝܠ ܢܥܒܕ ܚܝܠܐ. *ܘܢܚܘܬ ܡܢ ܝܥܩܘܒ: ܘܢܘܒܕ ܫܪܟܐ
ܕܡܬܦܠܛ ܡܢ ܩܪܝܬܐ.

Deut. IV. 2.

*ܠܐ ܬܘܣܦܘܢ ܥܠ ܦܬܓܡܐ ܕܡܦܩܕ ܐܢܐ ܠܟܘܢ. ܘܠܐ ܬܒܨܪܘܢ ܡܢܗ. ܐܠܐ ܛܪܘ ܦܘܩܕܢܘܗܝ
ܕܡܪܝܐ ܐܠܗܟܘܢ. ܕܡܦܩܕ ܐܢܐ ܠܟܘܢ.

Deut.

Deut. VI. 4. 5.

ܘܫܡܥ ܐܝܣܪܐܝܠ܃ ܡܪܝܐ ܐܠܗܢ ܡܪܝܐ ܚܕ ܗܘ. ܘܬܪܚܡ ܠܡܪܝܐ ܐܠܗܟ
ܡܢ ܟܠܗ ܠܒܟ. ܘܡܢ ܟܠܗ ܢܦܫܟ ܘܡܢ ܟܠܗ ܚܝܠܟ܀

Deut. VIII. 3.

ܘܡܟܟܟ ܘܐܚܣܢܟ. ܘܐܘܟܠܟ ܡܢܢܐ ܕܠܐ ܝܕܥܬ. ܘܠܐ ܝܕܥܘ ܐܒܗܝܟ܃ ܕܢܘܕܥܟ
ܕܠܐ ܗܘܐ ܒܠܚܡܐ ܒܠܚܘܕ ܚܝܐ ܒܪܢܫܐ. ܐܠܐ ܒܟܠ ܢܦܩ ܦܘܡܗ ܕܡܪܝܐ ܚܝܐ
ܒܪܢܫܐ܀

Deut. XVI. 18. 19.

ܕܝܢܐ ܘܣܦܪܐ ܬܩܝܡ ܠܟ. ܘܢܕܘܢܘܢ ܠܥܡܐ ܕܝܢܐ ܕܩܘܫܬܐ. ܠܐ ܬܨܠܐ ܕܝܢܐ.
ܘܠܐ ܬܣܒ ܒܐܦܐ. ܘܠܐ ܬܣܒ ܫܘܚܕܐ. ܡܛܠ ܕܫܘܚܕܐ ܡܥܘܪ ܥܝܢܐ
ܕܚܟܝܡܐ ܘܡܗܦܟ ܡܠܝܗܘܢ ܕܙܕܝܩܐ܀

Deut. XVIII. 15. — 19.

ܢܒܝܐ ܡܢ ܓܘܟ. ܡܢ ܐܚܝܟ. ܐܟܘܬܝ. ܢܩܝܡ ܠܟ ܡܪܝܐ ܐܠܗܟ. ܠܗ
ܬܫܡܥܘܢ. ܐܝܟ ܕܫܐܠܬ ܡܢ ܡܪܝܐ ܐܠܗܟ. ܘܐܡܪ ܠܝ ܡܪܝܐ. ܐܢܐ ܐܩܝܡ
ܠܗܘܢ ܢܒܝܐ ܡܢ ܓܘ ܐܚܝܗܘܢ ܐܟܘܬܟ. ܘܐܬܠ ܡܠܝ ܒܦܘܡܗ. ܘܢܡܠܠ
ܥܡܗܘܢ ܟܠ ܕܐܦܩܕܝܘܗܝ. ܘܓܒܪܐ ܕܠܐ ܢܫܡܥ ܠܡܠܘܗܝ ܕܢܡܠܠ
ܒܫܡܝ܃ ܐܢܐ ܐܬܒܥ ܡܢܗ܀

Deut. XXI. 22. 23.

ܘܐܢ ܢܗܘܐ ܒܐܢܫ ܚܛܝܐ ܕܕܝܢܐ ܕܡܘܬܐ: ܘܢܬܩܛܠ ܘܬܠܐ ܬܗܘܐ
ܡܬܩܛܠܐ. ܠܐ ܬܒܘܬ ܫܠܕܗ ܥܠ ܩܝܣܐ ܐܠܐ ܡܩܒܪܘ ܬܩܒܪܝܗܝ ܗܘ.
ܒܝܘܡܐ ܗܘ ܕܠܝܛ ܗܘ ܡܢ ܐܠܗܐ ܟܠ ܕܬܠܐ. ܘܠܐ ܬܛܢܦܘܢ ܐܪܥܐ ܕܡܪܝܐ ܐܠܗܟ
ܝܗܒ ܠܟ ܝܪܬܘܬܐ.

Deut. XXVII. 26.

ܠܝܛ ܗܘ ܟܠ ܐܝܢܐ ܕܠܐ ܢܩܘܡ ܟܠܗܝܢ ܡܠܘܗܝ ܕܢܡܘܣܐ ܗܢܐ: ܠܡܥܒܕ ܐܢܝܢ. ܘܢܐܡܪ ܟܠܗ
ܥܡܐ ܢܗܘܐ ܐܡܝܢ. ܐܡܝܢ.

Deut. XXIX. 29.

ܟܣܝܬܐ ܕܡܪܝܐ ܐܠܗܢ ܐܢܝܢ. ܘܓܠܝܬܐ ܕܝܠܢ ܘܕܒܢܝܢ ܠܥܠܡ: ܠܡܥܒܕ ܟܠܗܘܢ. ܘܢܩܘܡ
ܟܠܗܝܢ ܡܠܘܗܝ ܕܢܡܘܣܐ ܗܢܐ.

Deut. XXX. 11 — 14.

ܦܘܩܕܢܐ ܓܝܪ ܗܢܐ ܕܡܦܩܕ ܐܢܐ ܠܟ ܝܘܡܢܐ: ܠܐ ܗܘܐ ܩܫܐ
ܡܢܟ. ܐܦܠܐ ܗܘܐ ܪܚܝܩ. ܠܐ ܗܘܐ ܒܫܡܝܐ ܗܘ: ܕܬܐܡܪ ܡܢܘ ܢܣܩ
ܠܢ ܠܫܡܝܐ: ܘܢܣܒ ܠܢ: ܘܢܫܡܥܢ ܐܠܗ ܘܢܥܒܕܝܘܗܝ. ܘܠܐ ܗܘܐ
ܒܥܒܪܐ ܕܝܡܐ: ܕܬܐܡܪ ܡܢܘ ܢܥܒܪ ܠܢ ܠܥܒܪܐ ܕܝܡܐ: ܘܢܣܒ ܠܢ: ܘܢܫܡܥܢ ܠܗ:
ܘܢܥܒܕ. ܐܠܐ ܩܪܝܒ ܗܘ ܠܟ ܦܬܓܡܐ ܛܒ. ܒܦܘܡܟ ܘܒܠܒܟ
ܠܡܥܒܕܗ.

Deut. XXXIV. 5. — fin.

ܘܡܝܬ ܬܡܢ ܡܘܫܐ ܥܒܕܗ ܕܡܪܝܐ: ܒܐܪܥܐ ܕܡܘܐܒ: ܥܠ ܦܘܡ ܕܡܪܝܐ.
ܘܩܒܪܗ.

An den Buchbinder.

Die Conjugations-Tabellen nebst denen von den Suffixen rc. mögen nun entweder in einen ganz besondern Band oder nur hinten an dem deutschen Text der Grammatik angebunden werden; so muß es auf folgende Weise geschehen.

Zuerst kommen die Conjugations-Tabellen nach ihren Nummern. Auf diese folgen die Paradigmen der Suffixen, welche oben mit römischen Ziffern paginirt sind, und zur Signatur A — D haben. Hierauf kommen die Paradigmen der Nennwörter, die zwar keine Seitenzahl, wohl aber unten die Signatur †, †† .... haben. Nach diesen folgen, wie auch schon der Custos anweiset, die Excerpta Pent. Die Conj. Tabellen in Folio werden in Quart gefalset, und auf der mittlern Perpendicular-Linie eingeheftet. Der übrige Theil, welcher beim Aufschlagen sodenn über das Quart-Format heraushienge, wird auf eben dieser mittlern Linie der Länge herunter durchschnitten, damit zwey Blätter werden und iedes Blatt für sich eingeschlagen werden könne.